谎言心理学

严肃又有趣的
测谎理论与实践

我们几乎每天都会说谎，
真正的测谎其实充满了科学性

郑红丽

著

Psychology

展现人类为识破谎言所付出的智慧和努力············

············梳理从古至今那些奇葩 or 不奇葩的测谎方法

专业研究人员带你剖析谎言发生和破解的真实逻辑

U0129702

中国法制出版社
CHINA LEGAL PUBLISHING HOUSE

图书在版编目(CIP)数据

谎言心理学：严肃又有趣的测谎理论与实践/郑红丽著.—北京：中国法制出版社，2022.8

ISBN 978-7-5216-2830-2

Ⅰ.①谎⋯　Ⅱ.①郑⋯　Ⅲ.①谎言—心理学分析　Ⅳ.①C912.69

中国版本图书馆CIP数据核字（2022）第145041号

策划编辑/责任编辑：吕静云（lvjingyun0328@sina.com）　　　　封面设计：周黎明

谎言心理学：严肃又有趣的测谎理论与实践
HUANGYAN XINLIXUE: YANSU YOU YOUQU DE CEHUANG LILUN YU SHIJIAN

著者 / 郑红丽

经销 / 新华书店

印刷 / 三河市紫恒印装有限公司

开本 / 710毫米×1000毫米　16开　　　　　　　　印张 / 24.25　字数 / 313千

版次 / 2022年8月第1版　　　　　　　　　　　　2022年8月第1次印刷

中国法制出版社出版

书号ISBN 978-7-5216-2830-2　　　　　　　　　　　　　　　　定价：69.80元

北京市西城区西便门西里甲16号西便门办公区

邮政编码：100053　　　　　　　　　　　　　　　　传真：010-63141600

网址：http://www.zgfzs.com　　　　　　　　　　编辑部电话：010-63141832

市场营销部电话：010-63141612　　　　　　　　印务部电话：010-63141606

（如有印装质量问题，请与本社印务部联系。）

前　言

在日常生活中，谎言几乎无处不在。大量的科学研究也已证实：说谎是一种日常生活事件，且在人类社会的早期就已经存在。从古至今，几乎所有类型的人类社会都把说谎视为不道德、不可取的行为，因为它本质上就是"口是心非"，隐瞒真实的想法和意图，并被用来欺骗。但是，与这种道德要求或社会规范相左的是，每个人都必须承认：我们每天都会说谎。这也意味着我们会在不经意间被他人欺骗。所以，人类也执着于去"识别谎言"，保护自己或自己关心的人免受谎言的伤害。

包括古老的中国文明在内，历史上几乎所有的人类社会都会尝试使用一些方法来"识别谎言"。特别是进入20世纪时，一种借助医学仪器（更为准确地说是生理采集仪器）、科学性更强的现代测谎方法——Polygraph测谎技术出现了，使得人类"识别谎言"的研究与探索前进了一大步。如今，我国的测谎专业人士及科研人员也在从事着谎言和测谎领域的实践与前沿研究，并取得了不俗的成果。特别是在实践中形成了一套具有中国特色的测谎测试方法，使得Polygraph测谎技术在我国司法领域能够大显身手，有时它甚至会出现在一些重大案件侦办的关键位置上。在广泛应用的同时，它也引发了公众和媒体的关注。

不过，说谎是一种人类特有的、带有强烈社会属性的心理和行为现象，相当复杂。所以，在应用中我们也面临着一些困扰。例如，我们每个人都说过谎，也会被人用谎言欺骗，由于这种熟悉度，我们可能会自认为很了解谎言。但事实却是，关于"什么是谎言"这一基本问题，我们实际上都无法回答，这也使得测谎技术的理论基础一直暧昧不明。此外，人们一方面从未放弃过对有效测谎方法的探索，而且往往将其置于时代研究的最前沿；另一方面，也有不少人将之称为"垃圾科学""伪科学"。这种独特的两极化态度为何会出现？该如何化解？我们又是否可以找到更有效、另辟蹊径的测谎新思路或新方法？

以上种种，反映了我国实践领域在广泛应用测谎技术时所面临的现实困境，也是我们不能回避的问题。当然，"识别谎言"是一个全世界的人们普遍关注的问题，也是人类从古至今都在致力于解决的问题，在测谎方法的源流发展中，其他国家也会遇到类似的困境，有时候甚至问题更多。我们也在本书中回顾了国外测谎实践的历史源流，希冀有助于我们厘清本领域的发展脉络，由此对我国测谎的实践与研究有所借鉴。

郑红丽

2022 年 8 月

目 录
CONTENTS

第一章　匪夷所思的测谎历史 001

　　1.1　神裁法与酷刑 / 003

　　1.2　所罗门式测谎 / 012

　　1.3　陪审团 / 015

　　1.4　科幻小说中的"读心术" / 019

　　1.5　前科学研究 / 025

第二章　说谎与欺骗：你每天会说多少谎 029

　　2.1　哲学家眼中的说谎 / 030

　　2.2　说谎与社会规范 / 036

　　2.3　日常生活中的谎言 / 040

　　2.4　谎言是如何构成的 / 050

　　2.5　小孩子的第一次说谎 / 053

第三章　说谎时你的身体在做什么 065

　　3.1　说谎时大脑发生了什么 / 066

　　3.2　说谎时身体的变化 / 073

　　3.3　失败的测谎者 / 081

第四章　你不知道的行为测谎 ·· 089

4.1　人格类型与三种行为 / 091

4.2　身体语言分别在告诉我们什么 / 100

4.3　眼睛会告诉你什么 / 106

4.4　表情与微表情真的靠谱吗 / 117

第五章　严肃的有趣研究之言语测谎 ······························· 125

5.1　言语线索的秘密 / 127

5.2　语言文本分析 / 130

第六章　科学方法之仪器测谎 ·· 141

6.1　测谎仪的大名：polygraph / 142

6.2　科学测谎的先驱们 / 147

6.3　第一台测谎仪的诞生 / 158

6.4　测谎仪的改进 / 160

第七章　揭开神秘面纱之测谎测试操作 ······················· 169

7.1　被忽视的步骤：犯罪心理分析 / 171

7.2　测谎前如何进行编题 / 177

7.3　测谎人员必须懂得的访谈技术 / 191

第八章　不要被影视剧误导——生理数据分析与解读 ········ 199

8.1　脉搏（血压）指标在传递什么信息 / 202

8.2 呼吸指标有什么指示作用 / 205

8.3 皮电指标在告诉我们什么 / 207

8.4 声音压力有多有趣 / 212

8.5 指脉与动作亦不要忽视 / 216

第九章 得出测谎结论 ⋯⋯⋯⋯⋯⋯⋯⋯⋯⋯⋯⋯⋯⋯⋯⋯⋯ 223

9.1 什么是ROC曲线 / 224

9.2 测谎结论报告怎么做 / 231

9.3 伦理与标准 / 235

第十章 测谎的应用——日常生活测谎实践 ⋯⋯⋯⋯⋯⋯⋯ 243

10.1 公众人物的谎言识别 / 245

10.2 雇前人事筛选 / 249

第十一章 测谎仪审讯实践（案例研究）⋯⋯⋯⋯⋯⋯⋯⋯⋯ 259

11.1 杀人案件的测谎 / 260

11.2 纵火案件的测谎 / 265

11.3 重大盗窃案件的测谎 / 271

11.4 抢劫案件的测谎 / 276

第十二章 性犯罪人评估和矫治的测谎实践 ⋯⋯⋯⋯⋯⋯⋯ 281

12.1 婚姻忠诚测谎 / 282

12.2 性犯罪人测谎技术 / 286

12.3　美国性犯罪人测谎实践 / 298

12.4　英国性犯罪人测谎实践 / 303

第十三章　争议与困顿 ·· 307

13.1　倡导者、反对者与背叛者 / 308

13.2　打败测谎仪——反测谎 / 319

13.3　测谎仪与CIA / 323

13.4　测谎准确率 / 327

13.5　神秘光环与不确定性 / 332

第十四章　测谎与法律：被拒于法庭之外 ···················· 339

14.1　那些经典的案件 / 340

14.2　中国的情况 / 349

14.3　其他国家或地区的情况 / 351

第十五章　未来的方向 ·· 355

15.1　脑电（脑指纹）测谎 / 357

15.2　AI技术：测谎机器人 / 366

参考文献 ··· 374

第一章

匪夷所思的测谎历史

看过电影《罗马假日》的人，肯定会对其中一个情节印象深刻。男主格利高里·派克带着女主奥黛丽·赫本参观一个大理石雕刻的脸谱——真理之口（Mouth of Truth），并说"传说经常说谎的人只要把手伸进去，手就会被咬掉"。随后派克把手伸进大理石脸谱的口中，收回时佯装自己的手被真理之口"吃掉"……

这个大理石其实是海神波塞冬的儿子特里同的面谱。因为古罗马人认为它代表了神的意志与判决，所以用来测谎，因此它又被称为"测谎石"。这可能是世界上现存最古老、也最有名的测谎仪了。

关于"测谎石"，最常见的说法是罗马君主为了检验大臣是否忠诚而设立，也就是我们现在所说的**"政治忠诚度测试"**。此外还流传着另一种说法——它是被用来检测**婚姻忠诚度**的。相爱之人将手放入"真理之口"，心中默念对方的名字7次，如果手没有被咬掉，能完好无损地拿出来，就证明是真爱。所以古罗马人用它来检测女性是否贞节。传说有一位罗马贵族，怀疑自己的妻子不忠，将其带到"真理之口"前测谎。突然一位青年从人群中跑出来，亲吻这位妻子，并大声解释说，他因为同情这位可怜无辜的女性而忍不住献上"高尚之吻"。然后这位妻子才把手放入"真理之口"，并大声宣誓："除了我丈夫和刚才吻我的青年，从来没人碰过我！"最后她的手完好无损地取出，"测谎石"宣告她是清白的。但事实是，这位妻子确实出轨了，而亲吻她的青年就是她的出轨对象。通过在大庭广众之下的亲密行为，狡猾的妻子成功地打败了"测谎石"！

这个故事似乎表明，即使是万能的测谎仪也可以被骗过，也可能会出错。不过稍加反思就会发现，"测谎石"本身没有判决错误，只是因为人为操作而导致用它来测谎的人（如神职人员）解读错了。所以，有趣的事实是：**测谎仪本身并不会直接宣布"谁说谎"，而是需要有人来解读它。**

"测谎石"的存在也告诉我们：对于测谎或揭露欺骗的需求并不是现代社会所特有的。从人类出现以来，为了维护自身或家族的利益，谎言、欺骗、背离契约等做法就一直存在，也深深困扰着人类自身。虽然有时候我们自己也会说谎、骗人，且为能骗过别人而暗中窃喜，但几乎所有的人都不希望与骗子共度时光，并尽量避开他们。鉴于此，寻找一种可靠的方法来识别谎言与欺骗的尝试，和人类的历史一样古老。"测谎石"的存在则正是反映了人类社会早期的测谎探索。

不过因为受当时的条件所限，神被奉为万物的创造者，是自然和人世的主宰。人类也深信神无所不在，神意永远是公平和正义的，并会以某种方式揭示真相和禁止不道德行为。所以，测谎的最早形式是通过神意来辨曲直，也就是所谓的"**神裁法**"。

但幸运的是，这些建立在迷信或某种宗教信仰基础上的测谎探索，虽然匪夷所思，但有些确实含着科学原理以及智慧的光芒，所以使用起来也并不是完全无效。

1.1　神裁法与酷刑

史无渊源，如鱼离水。回顾人类历史就会发现，几乎所有的不同文化、不同种族的人类祖先都曾尝试着使用"神裁法"来追求真相。

神裁法

在大约公元前1750年的巴比伦，判断是否有罪的方法就是把烧得通红的刀片放在嫌疑人的舌头上。在这个把水视为珍宝的干旱地区，因为口内缺乏唾液而被灼伤的现象自然会被看作神的惩罚。所以人们可以由此推断，只有清白无辜者的舌头不会像有罪者那样被灼伤。人们则只需根据嫌疑人舌头被烧伤的程度来作出最后的判决。

在古老的非洲，人们会将一块烧热的石头放到嫌疑人的舌头上，如果口内唾液丰富则能保护舌头不被烫伤，而如果口舌干燥则会受伤。

为什么当时的人能够认同这种看似荒谬的神裁法呢？一个古老的故事也许可以很好地给予解释。波斯国王大流士一世任命先知但以理在宫廷中担任重要职务，而但以理在宫廷中的敌人散布不利于他的谣言，大流士相信了这些流言蜚语，下令把但以理扔进狮子坑。第二天，大流士前来查看，发现但以理竟然和狮子相安无事，很显然是受到了上帝的庇佑。大流士意识到自己犯下了严重错误，于是释放了但以理，并把诬告者投入了狮子坑。诬告者的结局肯定是尸骨无存，也再次"彰显"了神意——**神明察所有谎言与欺骗，会保护那些被推入险境的无辜者免受伤害，并惩罚恶人。**

还有一些测谎史学家考察后发现，在大约公元前1000年的中国，如果要判定一个人是否诚实，就要求那个人咀嚼生米并吐出来。能吐出来的人被认为是诚实的，而不能吐出来的则被判为说谎者。有些学者还指出，这种做法在当时的中国很普遍。不过作为中国人自己，我们并没有在相关文献中找到这种说法。同时也有学者指出这其实是发生在古印度而非中国。这一方法的变体也在其他古老地区出现过，同样是让嫌疑人咀嚼食物，只不过用的不是生米，而是一片干酪面包。如果它粘在嫌疑人的上颚上，嫌疑人则被认为是不诚实的。

不过在中国古代文献中，也不乏"神裁法"的例子。《墨子·明鬼

《下》更是详细地记载了这样的事件：

> 从前齐庄君的臣子，有称作王里国、中里徼的。这两人争讼三年狱官不能判决。齐君想杀掉他们，又担心杀了无罪者；想释放他们，又担心放过了有罪者。于是使二人杀一头羊，在齐国的神社盟誓。二人答应了。他们在神社前挖了一条小沟，杀羊而将血洒在里面。读王里国的誓词，读完了，没什么事。读中里徼的誓词不到一半，死羊即跳起来触他，把他的脚折断了，桃神上来敲他，把他杀死在盟誓之所……诸侯传告说："各发誓时不以实情的人，鬼神的惩罚来得是这样的惨痛快速。"（此为文言文译文）

这种测谎的方式在当时并非一时兴起或小打小闹，很多时候都是以法律法规的形式存在的。"神裁法"（这里指英文"ordeal"）一词的词源就来自古日耳曼人的裁判法——将嫌疑人的手浸入沸水中，受神主宰，手无损，则无罪。因此，即使到了中世纪，对某些无法通过其他方法判决的特殊案件仍依照日耳曼人习惯法采用神裁的方式，而通常的做法就是要求嫌疑人赤足走过烧红的犁头或将手放入沸水。时至今日，英文中还有一句成语——Go Through Fire and Water（现在一般译为"赴汤蹈火"），其实就反映了曾经用火烤或水淹来辅助识别谎言的形式。

公元前1762年，古巴比伦王国汉谟拉比将法典刻在神殿矗立的一根高225米的黑色玄武岩柱上，约8000字，共282条。这是被发现的人类第一部法典——《汉谟拉比法典》。法典中的第2条规定，自由民检举他人犯有巫蛊罪，如不能证实，则将被告投入河水中，视其是否被淹死以定结果；第132条规定，男人控告其妻子与人通奸，在休掉她之前，他必须提供有力的证据；如无证据，则将妻子投入幼发拉底河，让神审判。如果神认为她是清白的，她会安全到达对岸；如果确实有

罪，必然会被淹死。这可能是人类最早的成文形式的"神裁法"。

14世纪时古塞尔维亚的《斯蒂芬·杜尚法典》第152条也规定，如果被告想证明自己的清白，就应该接受烧红的铁块的考验，即他必须从教堂门口燃烧的火堆中取出烧红的铁块，并用手拿到祭坛上去。然后观察其烫伤的伤口的愈合情况：如果伤口溃烂，久未愈合，那么便认为是神在惩罚他，据此就可以判定他是有罪的。

古印度的《那罗陀法典》也有明确的"神裁法"规定。例如，其中第102条规定了8种"神裁法"：火审、水审、秤审、毒审、圣水审、圣谷审、热油审和抽签审。

可见，"神裁法"的具体方法有许多种，各个国家和地区也不尽相同，但是都毫无例外地将此方法建立在这样一种假说的基础上：**神的面前没有谎言，而且祂不会让一个正义的人受苦、不公盛行。**不过，因为**神并不能直接出面进行裁判，所以需要通过一些具体的方式（如火烤、水试等）来间接传递。**而这些方式则往往完全依赖于将当事人置于肉体痛苦、恐惧或极大的死亡风险之中。

如今绝大部分人类社会不再需要依靠神的干预来伸张正义，并相信所谓的"超越人类的控制而听凭命运的安排"是一种假象。那么从概率论的角度来看，排除"神裁"因素之后就只剩下"偶然性"因素。因此，所有的"神裁法"的准确率应在概率水平，也就是50%的瞎猜水平。但在实践中，它们的准确率可能远远不止50%。因为这些古老朴素的测谎方法虽然看似充满了宗教信仰，但其中至少有一部分是具有科学性的：

恐惧或压力导致自主神经的活动，而自主神经又控制着人的唾液分泌。有罪者由于害怕被揭穿而产生的恐惧导致唾液分泌的减少，所以口中嚼碎的生米因为缺乏唾液从而保持干燥，没有粘在一起，所以很难吐出。诚实的人唾液分泌正常，大米变湿容易吐出。而神明并没有像唾液腺那样参与这个过程。我们并不知道古人在使用这一"神裁法"时，是否知道这一原理。但很有可能最初的发明来自对生活的观察。因为日常生活的经验告诉我们：当我们紧张或害怕时，会觉得口干舌燥，有时候会不自觉地舔干燥的嘴唇。也许正是因为这是人类的普遍经验，类似的口干测试广泛存在于各种不同文化的社会中。有的口干测试则相对残酷，通常是将某种烧热的物品（如烧红的刀刃、铁块）放在舌头上。如果这个人是诚实的，嘴里的正常唾液就会保护舌头不被烫伤；如果这个人在说谎，嘴巴会变干，导致舌头被烫伤。

同样，《汉谟拉比法典》中将嫌疑人投入河水中看其是否沉没来判罪的方法也有着一定的道理：作为有罪者，由于心理紧张和恐惧，会形成肌肉紧张而不能很好地浮在水面上；相反，无辜者没有紧张情绪，肌肉放松则会浮在水面上。

而《斯蒂芬·杜尚法典》通过观察烫伤的伤口的愈合情况来判定嫌疑人是否有罪，这也可以用当代科学研究的发现加以解释。真正的有罪者由于害怕事情败露，整日提心吊胆，处于长期的恐惧和焦虑中。而现代心理学的研究表明，长期处于情绪紧张下往往会导致个体出现身体上的溃疡或是伤口不易愈合。

除了以上基于生理心理学的科学原理，这些原始的判断是否有罪或是否说谎的方法中，还蕴含着现代测谎技术的一些基本思想：

1. 基于对生理或行为的实际观察，然后推论其心理状态，从而甄别真假或者有罪与否；

2. 这些待观察的生理或行为表现大多不是被动等待它们出现，而是通过特定的仪式或方法引发（如将人投入水中）；

3. 为了更好地找到说谎或有罪的线索，需要有一个比较的基线。常常是两个人比较，其中的一个作为正常的参考，或者说正常表现的基线。如果第二个人和他有着明显的不同，那么第二个人就是说谎或有罪的。

此外，我们还会发现："神裁法"并不是用在所有的争议中，这点可以从上述各种法典的相关法条看出。事实上，它们只有几个法条规定使用"神裁法"，而其他绝大多数还是依靠理性、证据、证人证言等来解决。而且这些"神裁法"的法条还有一个特别有趣的共同点，即它们似乎都是解决通奸（婚姻忠诚度）这类的案件。这其实并不是巧合，而是这类的案件是最可能缺乏可靠证据或证人做判断依据的。所以，有趣的事实是：**无论是过去的"神裁法"，还是现代的测谎技术，其实都是在人们缺乏充分证据、正常判断方式失效的情况下才使用的。**

酷刑

在"神裁法"中，我们似乎看到了另外一种获取真相的方法——酷刑的影子。因为一些神裁的方式会给当事人带了极大的肉体痛苦，如将烧红的铁块放在舌头上。这其实看起来更像是一种酷刑。

第13版的《不列颠百科全书》这样解释酷刑："酷刑（Torture），源于拉丁语'torquere'（扭曲之意），是对变态的才智所设计的造成疼痛的众多方式的一种统称。"[1]

很多人相信酷刑是在"以眼还眼，以牙还牙"基础上发展出来的。《汉谟拉比法典》第282条法规中，有相当部分是根据传统的"以眼还眼，以牙还牙"的同态复仇进行惩罚：如果一个人打断了另一个人的骨

---

[1] Donnelly M. P., Diehl D., Big Book of Pain: Torture & Punishment Through History. The History Press, 2012: p.1. （［美］马克·唐纳利、丹尼尔·迪尔：《苦痛之书：历史上的酷刑与惩罚》，历史出版社2012年版，第1页。）

头，那么他自己的那根骨头也要被打断；若一人故意挖出他人的眼睛，那么他自己的眼睛也会被挖出。其中特别有意思的一条法规是，倘若医生在手术过程中使病人不治而亡，或使病人留下残疾，那么医生就要被砍掉双手——显然是为了防止以后治疗失当。在这种意义上，酷刑是基于犯罪人已犯罪行所给予的惩罚。

不过，也有不少学者更深刻地指出，酷刑是在"神裁法"的基础上发展出来的。最早的"神裁法"是由神职人员实施的，当嫌疑人接受带有肉体折磨的神裁时（通常涉及难以忍受的高温或溺水），如果没有受伤或者伤害较轻，神职人员会宣布他受到了神的庇护，是无辜的。如果他受伤严重，奄奄一息，神职人员则宣称他有罪，受伤其实是来自神的惩罚。这时候，神职人员会鼓励有罪者通过坦白、认罪来重新获得神的眷顾。所以对于接受审判的人来说，"神裁法"关注的不仅仅是正在调查的事实，也关乎他们的信仰。当有罪者坦诚自己的罪行，找回信仰，他们所遭受的肉体折磨也会随之结束。而随着社会发展，神职人员的作用逐渐隐去，改由国家或者君主的名义（行政）进行裁判。宗教意义的消失，就只剩下肉体的折磨以及对口供的追求，也就是酷刑了。

另外，在有些地方如古希腊，酷刑的主要目的不是惩罚，而是与"神裁法"一样，为了获取真相。古希腊是一个自认为文明的民族，早在公元前1179年，古希腊法律就禁止私人之间"同态复仇"的杀戮，规定死刑只能由国家的法庭来判决。但古希腊仍然存在酷刑，使用酷刑的目的并非惩罚，而是为了获取更多的信息，弄清事实真相。为此，他们发明了轮刑、拉肢刑等。例如轮刑，嫌疑人被绑在一个车轮上，然后一直旋转，直到他供出甄别真假所需的所有信息。但这种轮刑非常残酷，有时候强烈的"旋转"会导致受刑者因自己的呕吐物窒息死亡，或者因脑溢血、心脏病发作而死亡。但包括"开明""有智慧"的哲学家都赞同使用这类酷刑作为一种挖掘信息的手段，如亚里士多德赞成使用这些方法，因为它们能够提供"一种似乎绝对可信的证据"。

所以，酷刑其实服务于以下两个目的：

1. 对实施了罪行的人施加惩罚；
2. 获取信息来甄别真假。

基于第二种目的，可以说，酷刑其实也算是一种测谎技术，只不过它借助的不是仪器，而是制造痛苦。除了最初的宗教意义，它背后的原理简单粗暴——**只要有足够的痛苦，任何人的嘴巴都能被撬开**。

酷刑非常不人道，英国在1215年的《大宪章》中就明确规定禁止使用酷刑，到了17、18世纪，各国反对酷刑的声音也越来越大。但直到今天，酷刑仍没有完全消失，而是换了一种形式存在——刑讯逼供。刑讯逼供的主要用途不再是在没有证据的情况下定罪，而是为了获得更多信息用于佐证。换句话说，酷刑被用作一种犯罪知识测试，用于获取更多的关于案件的信息，如是否有同伙、凶器的去向等。有趣的是，测谎中也有一种具体技术——犯罪知识测试法GKT（见第七章）。此外，培根（酷刑的坚定反对者）也认为在最严重的情况下可以公正地使用酷刑，如涉及叛国罪，目的是及早发现或阻止危害国家安全的大阴谋。所以，英国在明确废除酷刑后，在伊丽莎白时代又重新允许警方或其他侦查人员使用刑讯逼供。

不过，一般人不太知道的事实是：**无论是"神裁法"，还是酷刑，很大程度上是在心理层面运作的**。特别是在近现代，审讯人员往往并不会真正使用酷刑。我们的成语**"请君入瓮"**就是一个最好的例子。当来俊臣将大瓮架在火上，对周兴说一句"宫内有人告发你，请你进瓮吧"。周兴马上磕头认罪。所以，要说服一个潜在的嫌疑人开口，第一个步骤不是马上施加酷刑，而是向他展示刑具，并信誓旦旦地表示如果他不招供，这些刑具都将用在他身上。对于一般人来说，除非蠢笨如牛，都能想象这些刑具的残酷，因此当下唯一的打算就是立即和盘托出自己知道的一切事情，以及（有时候是）自己不知道的很多事（屈打成招）。但也有人意志非常坚定，或深知如果供认会招致更大的伤害，会无视这些心理胁迫，因而将不得不承受切实的折磨。

但无论如何，反对酷刑是人心所向，大势所趋。到了20世纪初的美国，警察已经不太敢使用非常残酷的刑讯方式。他们更多使用的方法包括：超过必要时长的拘留或隔离、不给食物和水、用强光照射、不允许睡觉或上厕所、用橡胶管和其他一些不会留下伤痕的器械鞭打、许诺招供后给予某些好处，等等。其中有些也许是不合法的，但只要嫌疑人签下一份声明，表示自己做出供述是自愿的，那么这份口供通常在法庭上都是可以被采纳的。

当时的哈佛大学心理学教授雨果·闵斯特伯格（Hugo Münsterberg）（详见第六章）强烈谴责警察在审讯中使用上述方法，认为虽然这些方法相对不那么残酷，但仍属于一种"软"酷刑，并将其称为"三级酷刑（Third–Degree Torture）"，而这类的审讯则被称为"三级审讯（Third–Degree Interrogation）"。

同时，越来越多的人意识到，"酷刑之下获得的供词是绝对真实可信的"这种信念是错误的。无数的屈打成招的例子说明，酷刑确实能撬开人们的嘴巴，但嘴巴说出来的不等于事实。事实是：**当个体在遭受酷刑时，为了让痛苦立即停止，除了招认事实，还可能会招认他的审讯者想听的任何话。**

1931年，威克沙姆委员会[①]的报告，对警察审讯中的暴力行为进行了谴责，并呼吁立即进行改革。所以从20世纪30年代开始，在警界精英们的倡导下，美国警方致力于改革，借助科学技术让侦查和审讯逐渐专业化、技术化。

----

① 即胡佛总统的法律观察和实践国家委员会。

而闵斯特伯格也乘势提出，当时新兴的心理科学可以帮助犯罪调查，因为最新的心理学技术就像"最微妙的心理机制的放大镜，通过它，犯罪心理可能会被揭开"。这些技术包括催眠、测谎仪等。而测谎仪可能是其中至关重要的一种，因为它后来成为美国警务实践中使用最广泛的心理学技术。

总之，无论是"神裁法"、还是酷刑，抑或后来的三级酷刑，其实都是用来确定某人的思想、记忆和意图的真实性。所以，从某种角度来看，它们都属于谎言的不同检测形式。而有意思的是，**它们也都与身体有关，使得在漫长的人类历史中，谎言、身体和追求真相一直纠缠在一起**。不过，正如前面我们所提到的，它们很大程度上是在心理层面运作的。而历史上还有一些测谎的方法不依靠身体，而是直接运用人类的高级心理——智慧。

1.2 所罗门式测谎

"神裁法"和酷刑都属于基于生理或心理生理来获取真相的方法。但长期以来，还存在利用心理或者说智慧来识别谎言的方法。在这种方法实践中，最广为流传的应是所罗门王智慧地裁判两母争一子案：

有一天，有两个做妓女的妇人来见王，站在他面前。其中一个妇人说："我主啊，我和这妇人同住；她与我在房子里的时候，我生了一个孩子。我生了孩子以后的第三天，这妇人也生了一个孩子。我们都住在一起。除了我们两个人在房子里，再没有别人与我们一起在这房子里。夜间，这妇人睡觉的时候，压死了她的孩子。她却在半夜，趁着婢女睡着的时候起来，从我身旁把儿子抱去，放在她的怀里；又把她死了的儿子放在我的怀里。第二天早上我起来，要给我的儿子喂奶的时候，发觉他死了。那天早晨我再仔细察看，发觉他并不是我所生的儿子！"那个妇人说："不！活的儿子是我的，死的儿子才是你的。"但这个妇人说："不！死的儿子是你的，活的儿子才是我的。"她们在王面前争辩。王说："这个妇人说：'活的儿子是我的，死的儿子才是你的。'那个妇人却说：'不！死的儿子是你的，活的儿子才是我的。'"王就吩咐："给我拿一把刀来！"仆人把刀带到王面前。王说："把活的孩子劈成两半，一半给这个妇人，一半给那个妇人。"那活孩子的母亲由于爱子心切，就对王说："我主啊，把那活的孩子给她吧，千万不可杀死他！"另一个妇人却说："这孩子也不归我，也不归你，把他劈开吧！"王回答说："把活孩子给这个妇人，千万不可杀死他，这个妇人是他的母亲。"

从现代测谎技术的原理来看，在这个识别真假母亲的案件中，所罗门王给两位妇人提出了一个问题：要不要把孩子劈成两半？然后分析她们的回答（也就是说话的内容），不同意这样做的妇人是孩子的母亲，因为她宁愿自己失去孩子伤心，也不愿伤害自己的孩子一丝一毫。这种所罗门式的测谎是典型的心理分析方法。

圣驴测试

古印度（约公元前500年）也记载着类似依靠分析人的心理活动来测谎的办法——圣驴测试。神职人员将所有嫌疑人带到一间黑屋子里，并告知嫌疑人，里面有一头"圣驴"，说谎（或有罪）的人拽住它的尾巴时，它就会嘶叫；而对诚实的人则不会。然后神职人员要求所有人依次进入黑屋子，并拉一下驴的尾巴。由于诚实无辜的人不害怕驴会嘶叫，都会按要求拉一下驴的尾巴。而说谎者由于害怕，利用不易被发觉的环境条件，往往不会真的去拉驴尾巴。而事实上，所谓"圣驴"只是普通的驴子，并不具有"裁判"的神力，只是其尾巴上涂有黑色的烟灰。因此，没有拉驴尾巴的、心虚的有罪者，走出屋时手仍是干净的，而诚实者手上则有烟灰。据此，神职人员就能很轻松地判断出谁在说谎。但在这里，心理分析依据的是行为而非说话的内容。

"五听"技术

在我国古代，也有类似的所罗门式测谎技术，这就是源自《周礼·秋官·小司寇》的"五听"技术。简单来说，"五听"就是系统利用和分析各种信息来辨别诉讼中陈述的真假，其核心技术和原则具体如下：

1.察色判断：通过观察当事人的表情和神色，判断其有无异样，从而发现案件疑点，为查明案件真相提供线索。察色判断要求法官深入地洞察当事人每一个细微的神情，敏锐地把握其中的端倪，从而为发现案件事实奠定基础。

2.闻声判断：以心理学为依托，依据一般情况下正常人所表现出来的心理状态，通过聆听当事人的声音（如哭声）来判断案件的蹊跷，从而为查明案件真相提供线索。

3.言辞判断：通过甄别当事人的陈述或供词，发现其中的真伪，从而为进一步调查取证和探明真相提供条件。

4.情理判断：从一般人情、常理入手，通过探究案件事实中不合情理的情节，揭示其中的深层原因，从而查明案件的真相。

5.事理判断：通过对一般事理即事物本身所具有的属性进行分析，揭示案件的疑点，为正确查明案情提供线索。

可见，所罗门判案实际上是利用了"情理判断"，而"五听"技术所使用的识别谎言的方法则更为全面。它不仅提供了可以通过"事理""情理"识别谎言的原则，还提出可通过当事人的表情、陈述的内容，以及陈述的形式（说话时声音的高低、大小、是否异常等）来判断真伪。而根据测谎研究学者的总结，测谎方法共有三种：

1.观察人们的非言语行为。他们所做的动作，他们是否出现笑容、视线闪躲，他们说话的音调、语速、是否出现口吃，等等；

2.分析说话的内容，也就是言语测谎；

3.检查人的生理反应（血压、心率、手掌出汗等）。

我们可以发现，第一种和第二种方法都已经被纳入我国古老的"五听"技术中。所罗门王使用的是第二种，而"圣驴测试"则是第一种。不过，要特别说明的是，无论是过去还是现在，人们甄别有罪者的方法主要还是依靠证据，以及可靠的证人。"神裁法"和所罗门式测谎，都是在无法获得证据或证人的情况下才不得不使用的手段。因为我们不得不承认，有时候确实存在着无法获得证据或证人的情况，这也是时至今日，很多的国家还保留着陪审团制度的原因。而从测谎的角度来看，**陪审团其实也是一个大型测谎系统**。

1.3　陪审团

对于陪审团制度设立的原因，有些学者做了分析，认为是针对当时"神裁法"和立誓免罪的不足。关于"神裁法"，我们已经有所了解，它过于依赖宗教的力量。而所谓立誓免罪，则过于简单。所谓"立誓免罪"，主要适用于较高社会阶层的人，其可以通过发誓说自己没有犯罪来得到无罪的判决结果。不过这显然缺乏说服力，所以他需要找其他的人一起发誓，使得其可信度增加。而这些帮助一起发誓的人被称为"誓言助手"。"立誓免罪"的规则是：如果嫌疑人能够发誓，并能够召集一定数量的"誓言助手"共同发誓，那么他就有可能被免罪。"立誓免罪"是陪审团的早期形式之一，所以直到今天，陪审团仍保留着宣誓仪式。

到20世纪初，陪审团历经数百年的发展，已成为西方司法系统的核心。在刑事案件中，陪审团的主要职责就是定罪，也就是做出嫌疑人有罪或无罪的裁决，而具体量刑由专业法官确定。那么，在定罪环节，也就是判断嫌疑人是否有罪的环节，实质上是靠控（检察官）辩（辩护律师）双方向陪审团"讲故事"并举证，然后由陪审团评判谁讲的更可信的过程。

可见，陪审团的核心作用就是确定控方、辩方及相关证人的说法或"故事"的真实性。所以有些学者说，陪审团已成为初审法庭的"测谎仪"。

保护陪审团

首先陪审团是由普通民众组成，可想而知，如果排除其他考量，仅仅依靠自己的常识来担任事实的发现者，肯定能力不足。所以，一直以来，对陪审团能力和公正性的担忧和抱怨持续存在。有批评者收集了很多陪审团成员作出判断的理由：

"这个证人的非语言行为是自信，没有任何形式的视线闪躲"；

"被告显得很局促，满脸通红地否认参与犯罪"；

"作为死者的弟弟，他对自己姐姐死亡的事，反应明显违背常理"；

……

特别是美国种族因素对陪审团裁决的影响，让这一制度备受质疑。无数的研究以及确实的数据都证明，当陪审团都为白人时，对黑人被告明显不利。

其次就是专家证人。尽管陪审团制度有其合理性，但面对复杂、专业的情况则无法了解真相。最典型的就是关于轮胎磨损是否导致车祸的真正原因。陪审团成员几乎不具备相关的专业知识，所以他们的判断显然会有问题。因此，法庭将一些专业人士作为证人引入，也就是所谓的"专家证人"。与此同时，法院为了避免专家证人篡夺陪审团的角色，划定了基本规则来"保护陪审团"，即使专家证人在查明真相中更重要、更准确，都不能取代陪审团对案情事实进行综合判断，给出最后有罪与否的判决。

除此之外，我们在许多案例中还会看到，陪审团容易被一个聪明的骗子操纵，或者说一群聪明的骗子（如律师"梦之队"）操纵。一种极端的说法是：辩护就是向陪审团讲一个故事，陪审团觉得你讲得精彩，就会判你赢。

虽然陪审团在查明真相方面存在着**不确定性**，但是英美法系仍坚持此制度。因为陪审团由社会一般民众随机组成，同时陪审团也是本社区居民，也代表了本社区的价值和规范。陪审团所具有的社会和社区的正义力量让司法忽略了它在**查明真相上的不确定性**。所以**陪审团是一个不需要证明自己测谎有多准就可以定罪的测谎仪**，而正是这一点使其从测谎实践的历史中脱颖而出。也让它有能力对其他测谎仪评头论足，即使它可能更容易出错。因为**它是最后的仲裁者**！

陪审团与测谎仪

早在1930年，一项刑事案件审判中，新生的指纹鉴定技术表明此案初审的陪审团意见是错误的。但法庭排除了此项技术结果，理由是它挑战了陪审团的权限，因为对于最终问题——被告是有罪还是无罪，最终的仲裁者是陪审团。而当指纹鉴定技术变成测谎技术时，这种矛盾更加尖锐。因为测谎仪本身就是用来确定某人是有罪还是无罪的，它与陪审团太相似了。所以，测谎仪在法庭上并不讨喜，甚少被直接作为证据使用。在法庭上，针对测谎仪，法官最常对陪审团发出的警告如下：

陪审团的女士们、先生们，测谎仪相关的问题没有纳入本案中。已确定，在本案的审判中不接受测谎仪作为证据。

有意思的是，还有人专门研究过陪审团成员对测谎仪的看法，不过使用的是模拟陪审团——美国俄亥俄州立大学的学生模拟陪审团成员。研究要求成员在四种证据的基础上给出裁定：

1.法庭证据（在被害人公寓发现的毛发样本和指纹与嫌疑人相符）；
2.医学证据（现场发现的精液与嫌疑人相符）；
3.证人证言（一位目击者作证说他看见嫌疑人离开了被害人所在的那栋建筑，并且嫌疑人似乎在他的夹克里藏了东西）；
4.测谎证据（表明嫌疑人有罪的测谎测试结果）。

研究的结果一点都不令人意外，陪审团成员总体上认为最后一项证据，即测谎证据最不令人信服。

很多法官（如谢弗案，见第十四章）也明确表示：之所以排斥测谎结论并不一定是因为觉得它不准确，而是它特有的"神秘色彩"可能会对陪审团有着无法控制的影响。

而所谓的"神秘色彩"则来自测谎仪在流行文化中的广泛传播。在电影、电视、小说（特别是科幻小说）中，测谎仪往往被塑造成绝对可靠、客观、法律上可接受的技术形象。可以说，**在法庭之外，测谎仪是相当成功的**。当社会上出现一些有争议、一时无法确认真假的事件时，人们常常第一想到的就是"上测谎仪"。而法庭担心这些虚构的测谎仪的形象，可能会影响陪审团成员的裁定。

1.4 科幻小说中的"读心术"

2003年10月，美国公共电视网和著名科学杂志《连线》做了一期节目，介绍了当时最新的测谎技术。节目的宣传广告简明扼要且耸动："我们将读心术变成了一门科学。"节目中还声称通过大脑成像技术，不仅可以可视化大脑生理结构，还可以**可视化思想**。似乎这样的测谎技术已经实现了科幻小说中的"读心术"。但其实这种说法为时过早。

不过无论如何，人类对于测谎技术的终极梦想，也是长久以来追寻的"终极杀器"就是"读心术"。换句话说，我们想象这一技术可以做到像广告文案所承诺的：**读取（可视化）我们的思想**。客观地说，到目前为止，"读心术"仍只存在于科幻小说里，而且实现它的可能性相当渺小。

"读心术"科幻小说最盛产的时期大约是20世纪30年代至50年代。之所以是这个时期，和当时发生的一些事件及风潮有关。

首先是1921年现代测谎仪的诞生，以及30年代开始的警察改革，倡导使用科学技术来应对犯罪。这使得不少人对"神奇而科学"的打击犯罪技术着迷，如"测谎仪""真相血清（吐真剂）"。其实，很少有人知道的有趣事实是：**侦探主题的科幻小说几乎是和现代测谎仪同时诞生的，但是比现代测谎仪更为超前，带有科幻色彩**。

其次在这个时代，**心灵感应理论**被普遍认为是一种科学（其实并不是），而且相当流行。该理论认为人在思考的同时会产生一种能量波动，波长不同，就像是一种信息，这种信息如同信号码一样，透过这些信号码就能读取思想，完全不需要语言，而且可以远距离传播。测谎专家巴克斯特（见第六章），后半生离开了测谎领域，转向研究的新领域就是心灵感应。

还有就是当时（1929年）人们刚刚发现人类大脑皮层存在着电活动，并且将这一脑电活动用图谱的形式绘制出来，也就是所谓的脑电图（EEG）。按照科幻小说的描述，就是"思想可以被机器读取，并将其转化为图像"。

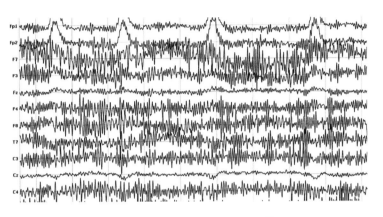

图1-1 脑电仪采集到的EEG图谱[①]

这个时期代表性的科幻小说包括：厄普顿·辛克莱的《心理电台》（1930年）、梅拉布·埃伯特的《思想翻译机》（1930年）、保罗·恩斯特的《来自大脑的井》（1933年）、斯坦利·温鲍姆的《理想》（1935年）、阿尔弗雷德·贝斯特的《被毁灭的人》（1951年）、杰克·芬尼的《天外魔花》（1954年），等等。

不过也有学者认为，从1909年的侦探科幻小说《路德特兰特的成就》到1996年詹姆斯·哈尔佩林的《测谎仪》，整个20世纪的犯罪和科幻小说文学，都在宣传超出当时科技水平的测谎的可能性。从犯罪心理学和测谎的角度来看，这些科幻小说的叙述可以总结为以下四点：

1.思想是一种能量，能量是可以测量的，所以通过机器可以让思想

----

① 图源自本人实验研究。

转化为声音和图像，让思想可测，让思想可见；

2.在违背个人意愿的情况下，思想仍然可测、可见；并且难以操控，甚至连本人都无法改变；

3.原始、兽性和危险的思想存在于隐藏的自我之中以及大脑的古老脑区中；

4.在刑事司法案件中，思想可以作为主观故意的证据。

接下来，我们将简单介绍几部非常有代表性的科幻小说。

路德·特兰特：作为侦探的心理学家

从1909年开始，芝加哥报刊记者埃德温·巴尔默（Edwin Balmer）和威廉·麦克哈格（William MacHarg）在汉普顿杂志上连载侦探小说。小说的主人公是一位名叫路德·特兰特（Luther Trant）的侦探，但他同时也是一名心理学家。故事以芝加哥为背景，有意思的巧合是，现实中芝加哥即将（1920年至1940年，见第六章）成为全世界测谎研究的中心。

与夏洛克·福尔摩斯使用演绎法分析破案不同，作为心理学家的主人公特兰特依赖心理学实验仪器如电流计、体积描记器、血压计和呼吸器等来破案。在调查公司审计员被谋杀的案件中，他利用血压计来测量嫌疑人——公司总裁。特兰特向该总裁展示了测试图谱，并且向其进行了详尽解释，以说明血压计看似简单，却有着神奇且强大的"读心"作用：

如果我把它放在这里，我会告诉你它是多么完整，多么无情。如果记录显示是在标记为"1"的位置，说明你的脉搏和呼吸变得急促，你对我的问题有点惊慌失措；如果在标记为"2"的位置，说明你的焦虑和恐惧增加了；而如果是在位置"3"，就会认定你有罪。你眼睁睁看着这些出卖你的曲线，但是无法阻止……虽然你外表不为所动，并屏住了呼吸，但你的脉搏却惊恐万分……韦尔特先生，这些都将作为本案的证据，连带我作为测谎人员的证词，都将放到陪审团面前。

思想翻译机

梅拉布·埃伯特（Merab Ebertle）的《思想翻译机》（*The Thought Translator*）是1930年发表的一篇短篇科幻小说。科学家阿尔弗雷德·麦克道威尔发明了一个新仪器，并且是便携的。它可以将思想转化为可见的图像和声音，但小说没有叫它"读心术"，而是给了一个更贴切的名字："思想翻译机。"

麦克道威尔使用自己的这个设备，帮助调解三个好友之间的误会。他们分别是法官、法官的"青梅竹马"艾丽西亚，以及一名记者。翻译机可以将思想翻译成三种可见的形式：噪音、语音和图片。

噪音：是"各种混在一起、无法区分的声音"，反映了思想的混乱；

语音：当法官的思想被翻译成语音时，"声音非常清晰，是他迄今为止未说出口的想法"，以至于"他开始回过头来，惊讶、困惑——反复确认自己的嘴巴并没有在动"……并解释说"这不是我的声音，是我的想法充满了房间"；

图片：当思想被转化为图片时，被投射到实验室的南墙上。这些图片"一一浮现成清晰的图像，然后褪去。先是孩子，然后是大人……"

三个人都曾努力防止思想的自我暴露，保持沉默，"紧紧地闭上了嘴巴"。但很遗憾，思想不是那么容易沉默的。只要思想在，机器就会自动翻译，完全不受本人身体控制的影响。所以，它可以拯救人类："通过使用它，无辜的人永远不会被绞死，或被送上电椅冤死。正义找到了出路。"

而这三位好友，通过"思想翻译机"，建立了更真实、更明朗的生活：法官明白了几十年前艾丽西亚为什么拒绝了他的追求；艾丽西亚知道了她是如何被她最好的朋友欺骗而错失真爱；而记者则了解了哪些信息是合适报道给公众的。

被毁灭的人：心灵感应式的读心术

阿尔弗雷德·贝斯特（Alfred Bester）的《被毁灭的人》（*The Demolished Man*）（1951年）曾获首届世界科幻大奖"雨果奖"，可能是最有名，也最经典的科幻小说了。与《思想翻译机》有所不同，前者将思想翻译分为声音和图像，而后者则是翻成图片和象形文字。

小说想象的世界是24世纪的纽约市，因为拥有一支"超能力"警察系统，他们用心灵感应来监控思想、情绪和意图，所以纽约市几乎无人犯罪。特别要说一下的是，他们的"心灵感应能力不是先天的，而是将具有生物潜质的优秀个体通过适当的培训获得的"。

企业巨头赖希，由于患有精神疾病以及潜在的欲望，谋杀了自己的竞争对头，并试图逃避心灵感应警察的侦查。而负责此案的警察鲍威尔具有将对方的思想翻译成图片和象形文字、看到他人身上真相的能力。这种"最新的读心能力超过以前过时的测谎仪"，通过它最终认定了凶手。

从心理学的角度来看，这里心灵感应式的读心术与麦克道威尔的"思想翻译机"相比，有着很大不同。"思想翻译机"只检查意识的水平，主要是把我们藏在心里的话表达出来。但心灵感应警察的读心术还会检查那些藏在大脑深处的、隐秘的、兽性的、原始和危险的无意识内容。

大脑扫描测谎仪

20世纪末，科学技术进一步发展，功能性磁共振成像fMRI（functional magnetic resonance imaging）技术出现并开始应用。对于这个技术，我们普通人最常了解的就是在医院做身体检查时的磁共振检查了。另外，测谎仪也已经在多个国家应用，尤其是在美国的一些领域常规性使用。

1996年，美国作家詹姆斯·哈尔佩林（James Halperin）出版了科幻小说《测谎仪》（*The Truth Machine*）。小说幻想的是2024年的世界，神童出身的阿姆斯特朗所发明的阿姆斯特朗大脑意象扫描仪（简称ACIP）在众多的测谎仪中脱颖而出。ACIP是一个类似fMRI的仪器，对大脑进行扫描，如果识别为"说谎"就会亮灯。ACIP扫描在社会中无所不在，让所有谎言和欺骗无所遁形，"重塑了人性……2000年全国凶杀案的死亡人数超过45000人，而2037年不到500人，而且都不是有预谋的凶杀"。ACIP还帮助人们纠正了以往有关爱的一些错误认识，如"真爱会让人将爱人的需求置于自己的需求之前"这种认识，经过ACIP测谎发现，这是个彻头彻尾的谎言。ACIP如此强大，最后的结果就是"很少有人会费心去看ACIP的灯了。被测者只要知道要接受ACIP就说实话了"。这就是所谓的测谎的威慑作用，现实中我们也会看到这样的效果（见第十二章）。

而文学作品的戏剧性就在于，人们发现ACIP有一个致命问题。它的发明者阿姆斯特朗25年前曾犯下杀人罪，但他修改了ACIP的程序，使其不能查出自己的谎言。最终，阿姆斯特朗牺牲了自己保全了ACIP和整个国家的利益。

《测谎仪》虽然是一部科幻小说，但并非完全天马行空。在小说写作的时期，其实已经有科学家开始尝试用脑电图EEG和fMRI之类的技术来测谎（见第三章和第十五章）。

除了以上的一些比较有代表性的科幻小说，还有一些测谎人士跨界操刀。可以想见，他们几乎都是为了宣传测谎仪。例如，测谎专家基勒（见第六章）的妹妹艾洛伊丝（Eloise）为了推广她的哥哥，写了一个短篇小说，发明家利用自己发明的测谎仪正确地找到了偷窃的管家。最后管家真心忏悔并很快得到了主人的原谅。可见，艾洛伊丝想要宣扬的是，测谎仪不仅可以准确、高效测谎破案，还能帮助净化人们的心灵。

另外就是自称"测谎仪之父"的威廉·M.马斯顿（William Moulton Marston）（见第六章），他参与创作了"神奇女侠"漫画，其武器叫"诚实绳索"。而当人被"诚实绳索"所捆绑时，说的都是实话。

托马斯认为这些"读心术"的科幻小说有助于向公众宣传测谎技术，并让大家喜爱上这项技术。这在某种程度上，让测谎仪在未来面临各种攻击和质疑时仍存活了下来。阿尔德甚至声称："**测谎仪不可能被科学杀死。因为它不是由科学产生的，它的真正栖息地是在科幻小说、电视电影、漫画书和新闻媒体中。**"

不可否认，这些科幻小说向公众潜移默化地输送了一些观念，如对科学技术的乐观信仰、相信我们的身体可能会背叛我们自己等。但这些又反过来影响了公众对测谎仪的观念和态度，让测谎仪蒙上了一层神秘的色彩，这并非完全无害。因为一些"读心术"确实与真正的科学相去甚远，很容易被认为是玄学而非科学。

而最重要的是，它们切实启发和引导了测谎仪的发展。一些小说中的关于测谎仪的设想后来真的在现实世界实现了，如大脑扫描测谎。

1.5 前科学研究

其实在古代，使用"神裁法"的同时，还存在着极少数的使用"科学"方法测谎的尝试。

古希腊的亚历山大大帝去世后，马其顿王国分裂成几个国家，面积最大的是塞琉古帝国。相传公元前3世纪，帝国第一位皇帝在妻子去世后娶了一位16岁的新皇后。但前皇后所生的儿子安条克却暗恋他的继母，而他的身份使他只能把爱埋在心里，情感上的痛苦让他的身体逐渐开始虚弱，最终病倒。当时的古希腊名医埃拉西斯特拉图斯正任塞琉古帝国的御医，他检查后发现安条克没有任何身体上的问题，开始怀疑问题可能出在精神上。于是御医开始观察安条克的精神变化。他发现所有女人在探望安条克时，安条克的神情变化都是正常的，唯独新皇后探望时，安条克会出现脸红心跳等恋爱征象。御医于是判断安条克是害了相思病，而且暗恋对象正是自己的继母。为了进一步确定自己的判断，御医边与安条克谈论新皇后边为他把脉，脉搏也印证了御医的猜想。事实上，这位御医已经发现心脏并不是如人所说的是思想的中心，而是类似一个血液泵。他还发现了大脑与神经系统的联系，并且是最早发现大脑与小脑区别的医学家之一。

同样是在古希腊，大约在公元2世纪，著名医生盖伦在治疗患者时有了一个有趣的发现。为了治疗一名女患者，他曾连续四天测量其脉搏。结果发现，在第一天和第四天，女患者提到她与一名男性舞蹈演员相爱，而在第二天和第三天，却提到了另一名男性舞蹈演员的名字。女病人在提到这两名男性舞蹈演员时，其脉搏的跳动速度是不一样的。盖伦之所以使用这种方法，是因为他通过解剖动物发现，动脉是含有血液的，而不是一些所谓"生命力"之类的神秘物质。他还发现心脏的跳动与动脉的脉搏两者之间存在着相关性。并且认为，从理论上说情绪应始于头脑，并且可以通过生理变化检测，如脉搏的突然变化，来识别情绪。正是结合上述发现以及女患者的案例，盖伦得出结论：**比较人的脉搏速率可以用于测谎。**

1730年，著名作家笛福（《鲁滨逊漂流记》的作者）写了一篇关于预防街头抢劫的文章："**恐惧总是伴随着负罪而来，在小偷的身体里，血液在颤动。**"因此，他建议利用"把脉"来识别犯罪人："抓住他的手腕，感觉他的脉搏……紊乱的心跳、不平稳的脉搏和突然的心悸将明明白白地表明他就是犯罪人，无论他是如何厚颜无耻或巧舌如簧"，并认为这种方法更有效、更人道。

虽然这些尝试都没有借助任何仪器，但他们识别说谎或有罪的方法显然是医学科学的方法。而来自科技研究领域、社会学、文学研究、科学史和科学哲学的各类学者都已经确定，测谎仪起源于19世纪的生理心理学、生理学和犯罪学。因为19世纪见证了"技术文化"信仰的崛起，科学家们沉迷于发明各种仪器来测量和观察各种现象。当时生理学和医学也不例外，从1860年开始，欧洲生理学家开发了一系列测量和记录人体血压、脉搏和呼吸等特征的仪器。这些仪器可以帮助我们测量肉眼看不到的变化。

当时著名的瑞士心理学家卡尔·荣格也尝试使用仪器来测量自己的病人。他使用的是当时新发明的测量皮肤电阻的电流计。荣格将这个电流计和心理学的自由联想实验结合起来：向病人提问一个单词如"医生"，然后让病人说出他马上联想到的单词，荣格在让自己的病人做这样的联想的同时，还记录下他们皮肤电阻的变化。他主要是想比较罹患癫痫的病人和其他人的区别。可见，荣格关注的是对异常心理的测量，与有罪或说谎心理并没有直接的关系。但是他奠定了用技术或仪器"检测"个体心理状态的思想基础。从**"测量生理"**到**"通过测量生理检测心理"是一个质的飞跃**。

除了这些生理心理学、心理学的探索，还有很多学者认为，测谎仪的出现还和当时的犯罪学以及人们对犯罪人的认识转变有关。19世纪之前，人们普遍认为人之所以犯罪是道德败坏、自由意志选择的结果。但是随着人们开始对人体进行测量，有些学者提出，人之所以犯罪，是因为其在生理上，特别是颅骨天生就与正常人不同。这些异常颅骨的人在心理或性格上更邪恶。所以他们犯罪是不可避免的，即**"天生犯罪人"**理论。如果这种概念是科学的，那么我们只要将那些天生身体或颅骨异常的人测量出来，我们的社会将不再会有犯罪。这种观点在当时风靡一时，正如有学者指出的："**天生犯罪人概念像一个色彩丰富而另类的毯子，它将科学测量数据与民间说法智慧地编织在了一起，将科学技术进行了富有想象力的使用，去幻想实现一个无犯罪社会的梦想。**"[①]

[①] Bunn G. C.,The Truth Machine: A Social History of the Lie Detector, JHU Press, 2012: p.28.（［英］杰弗里·布恩：《真相机器：测谎仪的社会学史》，约翰霍普金斯大学出版社第2012年版，第28页。）

如今这种学说已经被证明是错误的，虽然它看起来很科学，我们将之称为"前科学"。不过它开创了一种从生理科学借用技术或仪器来检查犯罪心理状态的可行性方法。在这里，识别谎言或有罪的不再是证词，而是我们的身体。虽然与"神裁法"有些相似，但它使用的是确实的仪器。就像医生用温度计来确定是否有发烧；犯罪学家或犯罪心理学家似乎也可以用他的仪器来确定是否有说谎或犯罪心理。而"天生犯罪人"的提出者龙勃罗梭（见第六章）更是成为科学仪器测谎的第一人。

第二章

说谎与欺骗：你每天会说多少谎

我们每个人都说谎，也常常被人用谎言欺骗，这种熟悉度让我们自认为：我们了解谎言，而因为了解，所以我们也应该善于运用或识别谎言。但科学的研究告诉我们，这种"认为"与真实的情况不符。**事实是：对于一般人来说，我们既不了解说谎，也不太善于说谎，更不善于识别谎言。**

2.1 哲学家眼中的说谎

谎言通常被描述为一种人类特有的、基本的社会行为——相互隐瞒真实想法、感受和意图。它是一种社会而非个性化的心理和行为现象，所以相当复杂。而早期对谎言的哲学探索则证明了谎言的复杂性。

从古至今，哲学家一直都在探讨说谎相关的议题，包括真相、知识、意图、道德、正义和语言。有关说谎的著名论章诸如：奥古斯丁的《论谎言》和《反对说谎》、阿奎那的《谎言足以分成正规的、玩笑的、恶意的吗？》、康德的《论出于利他动机说谎的假设权利》、西德卫克的《义务的分类——讲真话》、哈罗德的《修正功利主义》、鲍农费的《"讲真话"意味着什么》以及当代哲学家博克的《说谎：公共与私人生活中的道德选择》。

柏拉图可能是第一个明确讨论谎言的哲学家，但是他对谎言的思考是在一个更广泛的正义和道德考量框架下，所以几乎没有很多的实质性讨论。不过，他提出的"高贵的谎言"这一说法却广为流传、影响深远。

柏拉图："高贵的谎言"

柏拉图在《理想国》中通过苏格拉底之口，对于"谎言"和"欺骗"，相当详细地论述了自己的观点。

他说，谎言或虚假对于神明虽然无用，但对于凡人则是一种有用的药物。这点和前述的"神裁法"一脉相承，因为对于神来说，谎言是永远达不到欺骗的目的的。

柏拉图还说，口头的谎言仅仅是心灵状态的一个复制品，只是形象而已，不是完全纯正的谎言。

至于"高贵的谎言"，则起源于古希腊时期广为流传的"腓尼基人传说"。根据这个传说，上帝分别用金、银、铁、（黄）铜[①]创造了统治者、辅助者（军队）、农民和手工业者。柏拉图以为，这些由不同金属制造出来的人，由于先天素质存在着等级，就应当处在恰如其分的位置上，半点错乱不得。而如果每个人"各行其事"，即当生产者、护卫者和统治者在城邦里各做各的事而不相互干扰时，便有了正义，从而也就使国家成为正义的国家。柏拉图明知这种金银铜铁血统论或者说天生等级说是谎言，但是他认为只要是有利于国家和社会的，就是正义的，是"高贵的谎言"。不仅要设法使统治者和士兵们相信，而且也要尽力使城邦里的其他人相信。总之，为了国家利益，谎言也好，欺骗也罢，均可以成为有用和可用的手段，甚至成为统治者的高明手腕。可见，在哲学家看来，**说谎或欺骗在某种程度上可能会促进社会关系的建立和保**

----

① 根据原文，此处的铜是指黄铜，顺序为金、银、铁、（黄）铜，不过有时候为了符合中国人的语言习惯，也会被译为"金银铜铁"，本书有时也采用这一说法。

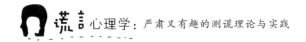

持，让有分歧的人们团结合作，是人类组织能力的重要组成部分，也是人类社会良好运行的保证。

柏拉图的这些关于说谎的思想也证明了说谎的复杂性，因为谎言总是与知识、道德、正义和法律等问题联系在一起。

不过柏拉图关于谎言的讨论可能给未来的哲学家提供了一个不好的先例，因为将谎言放在一个更广泛的框架下，特别是与道德联系起来，让谎言变得越来越复杂、难以把握。后来者奥古斯丁在研究谎言之初，对此深有体会。

奥古斯丁：八大谎言

对谎言最实质性的讨论来自中世纪的神学家奥古斯丁。奥古斯丁最有名的著作应该是《忏悔录》。不过较少人知道的是，他曾专门写了两篇关于谎言的文章：《论谎言》和《反对说谎》。

奥古斯丁认为讨论的第一步是要回答"什么是谎言"，但是他发现，找到这一答案的过程就如同在一条"充满黑暗角落"的小径上追寻，"蜿蜒曲折"，"常常在某一刻似乎就要发现，但却从手中溜走了，然后又亮了，然后再一次消失"。

为了更好地理解复杂事物，也许将其进行分类研究是比较有效的方法。所以奥古斯丁开创性地对谎言进行了系统而深入的分类工作。这就是经典的八大谎言：

1. 针对宗教教义的谎言；

2. 对任何人无益却有害他人的谎言；

3. 有益于某人但同时伤害其他人的谎言；

4. 以说谎为乐的谎言；

5. 在交谈中为取悦他人而说的谎言；

6. 无害于他人且有助于某人的谎言；

7. 无害于他人且可挽救某人生命的谎言；

8. 无害于他人且可挽救某人名誉的谎言。

但奥古斯丁最终也没有找到一个关于说谎的完美定义，不过他找到了一个关于说谎的必不可少的本质：**口是心非，说谎者的心是双重的**。也就是说，说谎者有一个双重思想：一方面，他知道真实的事情但却不说；另一方面，他说的是内心自认为是虚假的事情。结合他的八大谎言分类可见，在奥古斯丁看来，谎言就等于"口是心非"，哪怕是出于善意，如"无害他人且可挽救某人生命"，但在奥古斯丁看来，仍属于谎言。

奥古斯丁关于说谎的讨论最后也如柏拉图一样，走向了道德领域。也就是如果一个人说谎，是对还是不对呢？根据他对《圣经》的解释，他认为人是按照上帝的形象造的，既然上帝是诚实的，那么人的本性也应该是不说谎的。而谎言来自撒旦，他是谎言之父。人不应该远离上帝而亲近撒旦，所以他的结论是：人在任何情况下都不应该说谎。哪怕是那些出于善意的谎言，也是不道德的，不应被容许。也可以说，奥古斯丁有一种美好理想，即我们因为崇敬上帝而"总是"并且"只"说出我们心中所想。这被称为"奥古斯丁的理想"。

不过最后，奥古斯丁也表示，有时候人很难知道真相在哪里结束，而谎言从哪里开始。也就是谎言的"不确定性"，这直接导致了测谎理论的不确定性。

到了13世纪，意大利神学家阿奎那将八大谎言归纳为四大类，分别为恶意谎言、习惯谎言、玩笑谎言和正规谎言。同时也使得"八大谎言"进一步被世人所了解和熟悉。

表2-1　阿奎那对谎言的分类

恶意谎言	1.针对宗教教义的谎言
	2.对任何人无益却有害他人的谎言
	3.有益于某人但同时伤害其他人的谎言
习惯谎言	4.以说谎为乐的谎言
玩笑谎言	5.在交谈中为取悦他人而说的谎言
正规谎言	6.无害于他人且有助于某人的谎言
	7.无害于他人且可挽救某人生命的谎言
	8.无害于他人且可挽救某人的名誉

博克：白色谎言

当代哲学家中，论述说谎最有名的大概就是西塞拉·博克（Sissela Bok）了。这位哈佛大学的教授在1978年出版了非常经典的著作《说谎：公共与私人生活中的道德选择》（*Lying: Moral Choice in Public and Private Life*）。

博克认为，说谎对被欺骗者、说谎者和社会都有负面影响：

对被欺骗者而言，谎言影响了他们对相关事情的判断能力，并可能因此不再愿意轻信他人。

对说谎者而言，因为说谎会使其获利，可能会导致其越来越喜欢说谎，并逐渐成为此人的人格特质，他人对其的信任度将会逐渐降低。

对社会而言，说谎可能会成为个体间相互模仿或相互报复的方式或方法，从而使得说谎行为在社会上逐渐蔓延，最终导致人与人之间的信任度降低，整个社会诚信丧失。

所以博克主张，说谎行为原则上不应被容许。但是，与奥古斯丁不同，博克只是说"原则上"，也就是说，有些说谎是可以被容许的。

　　什么样的谎言可以被容许？有正当性（或能公开解释）的谎言可以。在所有说谎或欺骗行为中，博克认为紧急原因是最有说谎正当性的。例如，当生命遇到危险时，如果说谎可以解除这一危险，并且这种类型的说谎不会导致说谎者出现爱说谎的倾向，也不会鼓励他人说谎，这种说谎就具有正当性。除这一例子外，还有一种情况下的说谎也有正当性，就是对公开的敌人说谎。因为在这种情况中，个体不能期待敌人会诚实以对，只能以说谎方式来使原本不公正的事情变得公正，因此说谎具有正当性。除这两类情况外，说谎原则上少有正当性。

　　另外，博克还提出了一种特别的谎言——"白色谎言（white lie）"。所谓白色谎言，博克将其定义为：不具有伤人意图，且无道德问题的虚假陈述。这类谎言，既非具有正当性也不具有伦理上的不当性。在伦理层面，相较于其他具有伤害性或威胁性的谎言，不需要给予责难。

　　基于系统的梳理与分类，博克最后提出了自己关于"欺骗"和"说谎"的界定：

　　"欺骗"是个体企图误导他人，给予他人错误的信息，使其相信个体自己所不相信的事。个体可以通过不实的陈述、隐瞒、手势、作为或不作为（沉默）等方式来达成目的。

　　而"说谎"仅是众多欺骗形式的一种，指个体以口语的方式传达信息，故意引导他人相信自己所不相信的信息。其中个体须同时有欺骗的内在企图与口语表达的外显行为，才能构成说谎行为。

　　这样的说谎定义也许并不完美，没有达到"黑暗小径"的尽头，但博克至少抓住了一丝光亮，且没有让它溜走。

2.2　说谎与社会规范

从哲学家的讨论中，我们会发现，几乎所有的人都认为说谎是不道德的行为，违反社会规范。无论是柏拉图、奥古斯丁、康德还是博克，说谎本质上就是"口是心非"，而正是这一点使谎言的道德缺陷成为可能：它被用来欺骗。所以，从古至今，几乎所有的人类社会都把说谎作为违反社会规范的行为、应该被禁止的行为。

生活于公元前7世纪的古希腊诗人赫西俄德在《工作与时日·神谱》中说到人类第五代——黑铁时代①（赫西俄德生活的时代）的人类，是堕落的人类，并有可能堕落到极点，最终毁灭。他描述的人类所具有的劣性就包括了说谎这一行为：

现在的确是一个黑铁种族：人类白天没完没了地劳累烦恼，夜晚不断地死去。诸神加给了他们严重的烦恼。尽管如此，还有善和恶搅合在一起……父亲和子女、子女和父亲关系不能融洽。主客之间不能以礼相待，朋友之间、兄弟之间也不能如以前那样亲密友善。子女不尊敬瞬即年迈的父母，且常常恶语伤之……恶人用恶语中伤和**谎言欺骗**高尚者。

比较有意思的是，在一些传统宗教规范中，说谎行为常常与杀人、奸淫等这些特别恶劣的行为并列作为"禁止性行为"。比如，在佛教中，

---

① 在赫西俄德看来，人类具有一个"五代史"的过程，即由黄金时代、白银时代、青铜时代、英雄时代到"现在"的黑铁时代的过程。前四个时代的人在赫西俄德看来是纯粹的：纯粹的善、无知、恶与正义。而第五代的人则是不纯粹的。前四代人有着神圣的起源，是由神创造的。而第五代人类，则是由英雄时代的人过渡而来的，他们失去了神圣性，人与神相分离。

"妄语"被作为"犯淫戒、犯盗戒、犯杀人戒、犯大妄语戒"四大重罪之一。

在我们现代社会，一些与说谎或者欺骗相关的行为会受到法律的惩罚，如伪证罪、诈骗罪等。此外，几乎所有的人类社会都会要求我们的孩子从小"做人要诚实""不准撒谎"。实证研究的结果也充分证实了这一点。西欧10个国家中有9个国家的父母在教育孩子时，首先要求孩子要做到的品德是"诚实"。而萧伯纳则一针见血地指出：只有在创造出一个诚实的世界之后，我们才能将"诚实是最好的策略"这一观点诚实地告知我们的孩子。

一项关于人格特质的调查发现，最受欢迎的前六项人格特质依次为真诚、诚实、理解、忠诚、真实、可信，而最不受欢迎的前三项人格特质则为说谎、假装、不老实。事实上，除了"说谎"这一人格特质，"真诚""诚实""忠诚""真实""可信"都是与说谎相关的概念。可见，"诚实"在我们的社会中，是最被认同的价值，而说谎行为会破坏人际互信，往往是宗教戒律、法律和其他社会规范所禁止性的行为。

总之，说谎行为在宗教和道德的范围内是绝对禁止的，在一般社会生活环境中也是不被提倡的。不过，在某些情况下，不说谎反而会破坏社会规范。

例如，上班路上遇到一位熟人向我们打招呼说"最近怎么样"，我们的社会规范并不允许我们诚实回答："我最近有点难，因为……"然后开始漫长的解释。如果我们这样做，对方和你可能都会上班迟到。所以社会规范让我们知道"最近怎么样"其实就是一个问候语，我们应该回答说"挺好的"，即使你当时并不好。

又如，朋友很热情地请我们吃她刚做的食物，然后问我们说"好吃吧"，即使这个食物很难吃，或者不符合我们的口味，我们还是会表示"好吃"。因为人们喜欢被喜欢、喜欢接受赞美，时不时地赞美对方会让我们彼此之间的关系更为亲密。这类的谎言能够让我们避免尴尬，对自己和他人都是有益的。试想一下，如果我们一直诚实地讲出"我们心中所想"：

"你的新发型不适合你，显老"；

"你做的红烧肉颜色太深，让人没有食欲"；

"你定的这个目标太大，可能一辈子都无法现实"；

……

这样的"大实话"，很可能会伤害对方的自尊与自信心，损害我们彼此之间的关系，也让我们显得"粗鲁、缺乏教养或同理心"。可见，在某些情况下，社会规范让我们在与人的交往互动中，按照一种"说谎"的方式进行，"不说谎"反而是一种破坏社会规范的行为。

所以，"奥古斯丁的理想"可能永远都只是理想，因为并不符合社会规范。如果每个人都百分之百地诚实，实际上可能会扰乱社会秩序。

不过除了这些特殊情况，社会规范总体上还是反对和禁止说谎的。而近年来的研究还发现，说谎不仅会破坏人际关系，还会对健康带来实质性的损害。美国圣母大学心理学教授安妮塔·凯利（Anita Kelly），将18～71岁的志愿者随机分成实验组和对照组两组。实验组被要求尽量不说谎，对照组则没有这样的要求。经过一段时间后发现，实验组的说谎频率大为降低；与此同时，这些说谎变少的志愿者还报告说他们感觉自己感冒、头痛、抑郁和焦虑等健康问题变少了，也觉得人际关系得到了改善。此研究最后证实，说谎确实会给我们的健康带来一些负面影响，包括：

1.体内皮质醇水平上升。皮质醇被称为"压力激素"，主要在人出现心理压力或应激状态下产生。皮质醇可以帮助身体抵抗炎症及修复发炎的细胞，但前提是在一个合适的水平范围内。所以皮质醇总体上是一种与心理压力或应激有关的有毒激素（荷尔蒙），而皮质醇水平过高会让我们出现一系列生理健康问题；

2.负面情绪增加，这些负面情绪包括抑郁和焦虑等；

3.影响认知功能，让我们不能清晰地思考。

要特别提醒的是，有些时候我们撒一次谎，可能需要再撒无数次谎来圆谎，所以会导致以上的负面影响一直存在，累积的效果会让我们的处境越来越糟。

为什么一个人说谎会有这么大的负面影响？一个可能是，说谎者担心谎言被发现而出现的负面后果或遭受惩罚。还有一个可能则是，社会规范、我们从小所受的教育，让我们每个人都有了各种关于"说谎是不可取的"观念：

"因为说谎是不道德的，所以体面的人不会养成说谎的习惯"；

"不诚实是人际交往中最被别人讨厌的特质，所以不能给别人留下爱说谎的印象"；

"骗子在哪儿都不受欢迎"；

"说谎本身就是一种罪恶"；

……

这些观念经过千百年在人类社会一直传承下来，并且伴随着各种社会规范（包括宗教、家规、族规、法律法规等）反复强加，使得现代社会的几乎每个人都有一个基本信念，即"说谎是不好的、不可取的"。

这样的信念注定了我们绝大部分人都不会是好的"骗子"，也注定

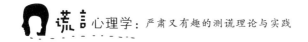

了我们在说谎时因这一信念"内心备受煎熬"而泄露出各种说谎线索，才会给测谎带来可能性。

2.3　日常生活中的谎言

说谎是一种日常生活事件

前面的内容表明，从社会交往的角度来看，说谎有好有坏，有时会充当社交的润滑剂。因此，即使说谎在道德上是不可取的，但在日常生活当中，谎言无处不在。事实上，我们每个人都必须承认：我们每天都会说谎。而与此同时，我们也常常被他人欺骗，特别是来自最信任、最亲近的家人或好友的背叛最让人伤心。伦纳德·萨克（Leonard Saxe）曾写过一篇文章《每个人都得说谎》（*Everyone Has to Lie*），其中写道："长期以来，说谎一直是日常生活的一部分。我们无法在不被欺骗的情况下度过一天。"大量的研究也证实，在我们的社会中，**说谎是一种日常生活事件**。

遇到熟人寒暄，对方说"回头一起吃饭聚聚"，你也很高兴地答应说"好的"。但彼此都知道你们大概率短期内是不会一起聚餐的。

小学生向父母要钱去买学习用品。但除了学习用品，他可能还买了一些小零食并与小伙伴分享，关于这点他可能永远不会告诉父母。

父母问外地工作的孩子："最近好吗？"孩子都会说"很好"，但其实他可能刚刚丢掉了工作。

对于日常生活中出现的谎言，科学家做了个细致的归纳分类，最后分成以下五类：

表2-2　谎言的归纳分类

类型	定义
个人感受相关	在对人、物或事方面的情感、情绪、观念或评价方面说谎，包括捏造正向或负向的感受和评价。如告诉别人，"我很好"
成就、知识相关	在成就、成绩、成败、缺点和知识方面说谎。如告诉对方，他的数学作业还没怎么动（实际上他已经做完了）
行为、行踪相关	在曾经、现在或者将来的行为和行踪方面说谎。如向某人许诺将会和他一起聚餐（但实际上他根本不会这么做）
解释、理由相关	为自己的行为编造理由或解释。如告诉父母学校要求买某必需的学习用品（但实际上学校并没有强制要求）
事实、财产相关	在有关物、事、人或财产等具体事实方面说谎。如宣称自己的父亲是某公司老总（实际上其父亲不是）

不过，这种分类相对复杂，更适合学术研究之用。对于我们普通人而言，还有另外一种分类更简单、易解，更符合日常生活中我们对谎言的认知，即按照说谎的动机来分，将谎言分为"自我导向的谎言"与"他人导向的谎言"。

自我导向的谎言：是指那些为了保护或增加说谎者本人的心理或者物质上的利益所说的谎言。

他人导向的谎言：不是为了说谎者本人的利益，而是为保护或增加他人的心理或物质上的利益。

而无论是什么类型的谎言，调查发现，我们每个人最常说的谎言是：当别人问我们"最近好吗"时，我们脱口而出的"我很好"，可能听起来有些心酸，但也反映了说谎有多"日常"。从科学的研究数据中我们能看到具体有多日常。美国约瑟森道德研究中心在1998年的一项针对青少年的调查中发现，在过去一年中，有92%的青少年曾经对老师说谎，78%的青少年承认曾对自己的父母说谎。[①]

普拉特和凯瑟（Prater & Kiser）在2002年调查了310家企业，发现25% ~ 67%的求职者曾经有过说谎或者试图说谎的行为。[②]

而有关日常生活中说谎频率的经典研究应该是来自社会心理学家狄宝萝（Depaulo）。她的这项1996年的研究数据可能是被引用最多的，很多时候我们在书上或网上看到一些关于说谎频率的数字都是来自它。比如，我们可能会看到一个有点惊人的说法：我们在与他人交往的三分之一时间里都在撒谎。这个数字本身没有错误，但我们需要仔细了解它背后的细节才能了解其真正含义。

狄宝萝的研究其实包括两种调查对象，一种是心理学家最常研究的对象——大学生，年龄大约在17 ~ 22岁；第二种则是从社区中招募的普通成人，年龄大约在18 ~ 71岁。要求所有人都用类似写日记的形式详细记录一周（也就是7天）的社会互动中所有的说谎情况。这里的社会互动是狄宝萝严格定义的："你和另一个人之间持续10分钟以及10分钟以上的任何交流……在这段时间内一个人可以对另一个的行为做出相应的行为反应。"

研究发现，以社会互动为单位，大学生的平均说谎频率为0.31，即在每3次社会互动中，说谎1次；社区普通成人则为0.20，亦即在每5次社会互动中，出现1次说谎。"与他人交往的三分之一时间里都在撒谎"这一说法正是来源于此，但是如果考虑到社会交往定义的严格性，就会知道事实上的频率并没有这么高。

----

① Josephson M., 1998 Report Card on the Ethics of American Youth, Los Angeles, C. A.: Josephson Institute of Ethics, 1998. （［美］迈克尔·约瑟森：《1998美国青年道德规范报告》，约瑟森道德研究中心，1998年。）

② Prater T. & Kiser S. B., Lies, Lies, and More Lies, SAM Advanced Management Journal, 2002,2(67): pp.9-36. （［美］塔米·普拉特，萨拉·凯瑟：《谎言，谎言，更多的谎言》，载《SAM高级管理期刊》2002年第2卷第67期。）

如果以天为单位，大学生平均每人每天说谎的频率为1.96次，而社区普通成人则为0.97次。大学生中说谎最频繁的人，一周（7天）内共有46次说谎，而社区普通成人中说谎最多的人则是一周30次。

无论是以社会互动为单位，还是以天为单位，都会发现大学生说谎的频率更高。其中一个原因可能是大学生在参与这项研究时相对较诚实，他们的说谎频率数据更为可信。所以我们在别处看到的引用此研究结果的数据往往是大学生而非社区普通成人，正如前面我们提到的"与他人交往的三分之一时间里都在撒谎"就是大学生的数据。而更有意思的是，其他关于说谎频率的研究所得到的数据和狄宝萝几乎是一致的，也就是"三分之一"的说谎频率是一个得到普遍公认的数字。

此外，狄宝萝的这个研究还有一些关于日常生活谎言的其他有意思的发现。70%的人承认，他们对自己所说的谎言几乎不后悔，并说如果让他们重回当时的情境再选择，他们仍会选择说谎。同时，他们还表示不觉得说谎有困难，一般不会特别设计日常生活中的谎言，也不太担心自己的谎言可能被拆穿。可见，日常生活中的谎言大多数都是低风险的谎言，说谎者不太可能会有心理负担。

总而言之，有关说谎频率的事实是：**在我们与他人的日常互动中，有三分之一的时间是在说谎；（或者说）我们平均每人每天说两次谎。**不过我们要知道，以上只是一种笼统的说法，而且是以大学生的数据为基础的，他们的频率高于社区普通成人，也许更真实。

在某些场合下，我们更可能说谎

狄宝萝的研究告诉我们，说谎的频率并不能一概而论，它会随着场合、性别、亲密程度等不同而有所差异。在一些场合下，双方之间的对立性或利益关系比较明显，社会对出现说谎可能性的预期较高，并对说谎者较为宽容，而说谎者本人的负罪感也较低或较易为自己开脱。因此，在这样的场合下，我们说谎的可能性较高。

求职场合是最典型的。上述普拉特和凯瑟的对于求职场合的说谎行为研究，总的说谎频率就较高。另外，另一项调查发现也证实了求职场合的特殊性：83%的被调查者都承认，他们曾为了找工作而有过说谎行为。① 如•果求职者隐瞒的是吸毒等高风险行为，就会给用人单位带了较大的隐患。所以，有些机构和企业会使用测谎仪来进行雇前审查，这就是人事筛选测谎（见第十章）。

而在**面对父母或面对老师的场合**，青少年出现说谎行为的频率也较高。因为父母与子女之间以及师生之间的管理与被管理、监护与被监护的关系比较明显，而且世人对在这样的关系中出现说谎行为的预期也较高。上述美国约瑟森道德研究中心关于青少年说谎的调查则证实了这一点。

另外还有一个特殊场合，我们说谎的可能性会大大增高，那就是**与他人浪漫约会的场合**。调查研究发现，90%的人都承认，在和人约会时他们可能会在体重、身高、收入、过往情史方面至少说1次谎。

越亲近越诚实

除了一些特例，普遍的事实是：**对于越亲近的人，我们越不会说谎**。1998年狄宝萝和卡西（Kashy）系统地考虑了不同亲密程度的人之间说谎的频率高低。从陌生人、熟人、最好朋友（死党）到配偶，亲密程度越来越高。结果发现，与陌生人交谈时我们说谎的频率最高，然后是熟人，而对死党和配偶，我们说谎的频率最低。而死党和配偶之间，我们对配偶说谎的频率要更低一点，大概是每10次社交互动中只有1次说谎。也就是20%的时间里，夫妻之间会说谎。

我们为什么不会对最亲近的人说谎呢？一个原因是我们与亲近之

① Robinson W. P., Shepherd A., Heywood J. Truth, Equivocation Concealment, and Lies in Job Applications and Doctor–patient Communication, Journal of Language and Social Psychology, 1998, 17(2): pp.149–164. （［英］温迪·罗宾逊等：《求职申请和医患沟通中的真相、隐瞒与谎言》，载《语言与社会心理学期刊》1998年第17卷第2期。）

人相依为命，相互守护，诚实是保证这种关系的关键因素之一。如果我们的死党或配偶反复对我们说谎或欺骗，这种关系很可能会不复存在。此外死党或配偶对于我们是最了解的，所以我们能对他们说谎的地方很少。比如，关于自己的工作或收入情况，我们可以对不太熟的人说谎，但是配偶肯定知道实情，根本无法说谎。

所以总体上，**人们倾向于对那些他们觉得亲近的人较少说谎，越亲近越诚实**。但也有一些例外。

第一种例外就是**孩子与他们母亲之间**。在上述狄宝萝与卡西的研究中，大学生所报告的谎言中，有几乎一半的谎言是发生在他们与母亲的互动中的。一种解释是，大多数情况下，他们最依赖的人仍是自己的母亲，如向母亲要钱，或者让母亲同意自己能和朋友们一起长途旅行。另一种解释是他们仍然在意母亲的感受，特别是母亲关于自己（孩子）的看法或感受。比如，我们总是告诉母亲，我们没有抽烟，也没有喝酒，认真学习，没有乱花钱，等等。因为我们不想让母亲对自己失望或为自己担心。不过以上两种解释可能也反映了另一种孩子撒谎的原因，即孩子希望获得更多的自主权，从而更独立于父母。

第二种例外就是**未婚伴侣之间**。因为我们对亲近的人较少说谎，所以与配偶之间的说谎频率最低，平均10次社会互动中只有1次说谎。但是处于未婚恋爱状态的伴侣之间，说谎频率却大大提升，平均每3次互动就有1次说谎！ 2001年，柯尔（Cole）的研究显示，处于恋爱关系中的伴侣说谎频率相当高，92%的人承认向自己的另一半说过谎。不过这些配偶之间的谎言往往是他人导向的，也就是他们之所以说谎是为了不想伤害对方的感情。

已婚与未婚之间的这种差异，主要原因可能在于，我们在一段恋爱（浪漫）关系开始之初，往往会说更多的谎言。在约会时男性更倾向于假装他们的收入或收入潜力很好（如误导对方认为自己的职业前景光明），而女性说谎则更多是为了改善她们的身材及外貌（如注意收腹让自己看起来比较苗条）。这些欺骗行为也反映了对未来伴侣期待的性别差异。如果分别问男性和女性，他们对未来伴侣的期待是什么？结果发现，男性比女性更有可能强调他们未来伴侣外貌的重要性，而女性则更强调伴侣挣钱能力的重要性。所以，如果我们在约会阶段，非常希望对方喜欢上自己，让这段关系能继续下去，我们往往就会夸大自己的优点，或者向对方说更多赞美的话。换句话说，当浪漫关系越不确定，我们就越有可能说谎。而类似的情况也发生在情人之间，以及婚姻触礁的配偶之间。

不过与其他日常谎言不同的是，发生在婚姻或恋爱关系中的谎言往往会带来很大的伤害。因为这种来自最信任、最亲近的伴侣或配偶的背叛最让人伤心。而且一旦谎言被识破，婚姻关系可能会终止，让当事人付出相当的代价。所以，对于日常谎言我们一般不会特别想去揭露，但是对于这种关系中的说谎或欺骗行为有时是难以忍受的。可见，无论是对于说谎还是测谎，婚恋似乎都是一个特殊的领域，如前面提到的"神裁法"常被用来裁判婚姻忠诚性。关于这一领域特殊性的原因以及相关的测谎实践，我们将在后面专门进行讨论（见第十二章）。

年龄：年龄越大越可能说谎？

我们可能都知道一种说法：孩子天真无邪，所以他们都很诚实，而随着年龄增长，人们开始变得世故圆滑，开始说谎，并逐渐习以为常。

这种说法确实有一些道理，一些心理学的研究也支持它。例如，狄宝萝在一项研究（2003年）中发现，儿童与成人相比，其欺骗动机是有所差异的。儿童欺骗的目的一般是满足个人的愿望或逃避惩罚，而成人欺骗并不限于这些，很多时候会与社会情境有关，如为了礼貌的需要隐瞒自己真实的情感、态度和意见。[①] 可见，与儿童相比，成人有更多

----

① DePaulo B. M., Lindsay J. J. Malone B. E., et al., Cues to Deception. Psychological Bulletin, 2003, 129(1): pp.74–118.（［美］贝拉·狄宝萝等：《欺骗的线索》，载《心理学公报》2003年第129卷第1期。）

需要说谎的场合或理由，因此更常说谎。

不过，对于成年人来说，是否随着年龄的增加，说谎可能性也随之增加呢？目前对此的直接研究几乎没有，所以其实并没有得到证实。相反，一些其他的研究似乎间接推翻了这一说法。

例如，我们反复提到的狄宝萝的研究，一种可能的解释是大学生比社区普通成人更常说谎，另一种可能的解释是，两种人群的平均年龄不同。大学生组的平均年龄在19岁，而社区普通成人的年龄则是34岁左右。似乎对于成年人来说，年龄越大，说谎频率反而降低了。前述的普拉特和凯瑟的研究也有相同的结论：年龄介于18～40岁的求职者有48%的人说谎，而40岁以上的求职者说谎占比仅6%。也是年纪较长者，说谎的频率相对较少。不过这两个研究并不是直接针对年龄与说谎频率的关系进行的，所以结论并不十分肯定。

性别：女性更爱说谎？

长期以来，特别是在西方社会，女性都被认为是具有欺骗性的。在古代中国似乎也有这种倾向，如"蛇蝎美人""狐狸精"……这种刻板印象一方面是因为教义，另一方面是一些哲学和文学作品的"推波助澜"。金庸小说中殷素素对自己儿子张无忌的临终遗言是："孩子，你大了之后，要提防女人骗你，越是好看的女人，越会骗人。"可谓家喻户晓。

古希腊的神话故事也加深了人们的这一印象。普罗米修斯窃取天火后，宙斯决定惩罚人类，于是命令自己的儿子用黏土做成"女人"送到人间，并请众神赠予她不同的礼物，其中赫耳墨斯赠之以"说谎的能力"。每位神灵给予的礼物都对男人有害，所以宙斯称她为潘多拉（意为煽动）。而这位"女人"就是人类所有不幸的来源。

柏拉图说，男人和女人都有可能说谎，即使是如阿喀琉斯这样的英雄也难免会说谎。但是他说谎是被迫的，是为了缓解其他人的痛苦或恐惧。相比之下，女性说谎则完全是为了自己的利益。

在基督教的故事和教义中，说谎是一种经常用来描绘女性的社会特征，其中最经典的就是夏娃盗果了。而随着基督教的兴盛，从基督教的教义又演化出了一种看法：上帝是一切善的根源，撒旦是一切恶的根源，而巫师，特别是女巫则是撒旦的代言人与情人。而从14世纪开始，特别是贞德以女巫罪被处死后，西方世界开始了长达300年的猎巫运动。

除了这些宗教教义，还有一些西方文学作品将这种女性欺骗形象从基督教世界推向了世俗社会。其中有代表性的非童话故事《白雪公主》莫属。邪恶的皇后，伪装成巫婆，骗白雪公主吃下毒苹果。对于这个故事，不仅是西方人，我们每个中国人也都耳熟能详。可见，巫婆、女巫，是西方文化中常常出现的一种关于女性的形象。

到了现代社会，欧洲和美国对女巫的恐惧有所下降，但将女性塑造成非理性、欺骗性和不值得信赖的形象的现象却仍持续存在。也许是受猎巫运动的影响，这种偏见更多地将其归咎于女性的生理差异。在相当长的时间里，精神病医生都认为癔病（歇斯底里）是只发生在女性身上的精神错乱，而且与子宫有着某种因果联系。可见，即使是在自然科学兴起的时代，女性仍然被认为更具欺骗性，且非理性、自私，这些都源于她们与男性不同的生理结构。而这也影响到了当时刚出现的测谎技术。

总之，正如丹纳里（Denery，2015）所指出的，西方思想假设"女人说谎是因为她是女人，每个女人都是骗子"。

显然，这种描述是不公正的，但确实有一些证据表明性别差异对说谎有着相当的影响。研究者设定了一个让儿童说谎的情景：要求儿童不能偷看玩具，但是由于玩具很具有吸引力，几乎所有的儿童实际上都有偷看行为。然后观察儿童在事后是否承认（说谎）。结果发现，女孩比男孩更常说谎，且较不易被发现。研究者认为原因之一可能是女孩比男孩更早开始关注社会认同。另外一项针对7～11岁儿童说谎行为的研究，也得到了相似的结论。相比男孩而言，女孩在收到自己不喜欢的礼物时，会更好地掩饰自己的情绪。研究者指出，这说明女性在还是孩童时就已经比男性更倾向于说他人导向的谎言。[1]

狄宝萝的研究不仅发现大学生与社区普通成人在说谎频率上有差异，还发现在性别方面也有差异，无论是在大学生中，还是在社区普通成人中，女性说谎的频率都高于男性。

不过，与传统刻板印象不同，当今的研究认为，女性说谎频率高并非因为天生是骗子，自私。事实恰恰相反，女性更多的时候是因为顾念他人而说谎，如为了彼此之间的关系而称赞对方身材保持良好，或者为了给他人（如自己的丈夫）挽回面子。狄宝萝认为，女性较倾向于为了他人利益而说谎，是因为在弗洛伊德所谓的"潜伏期"阶段，女孩子与女孩子在一起相处而排斥男孩子（当然，男孩子也是如此），女孩子之间的相互顾念对方情感的相处模式延续到成人阶段。

除了这种顾念他人的原因，社会上普遍的"重男轻女"思想可能也会导致女性说谎频率高。在这种思想的影响下，我们会形成对性别的刻板印象，以及对不同性别角色的期待。例如，我们会认为女性应该更温柔、顺从、相夫教子，把丈夫和孩子的利益放在首要位置等，这些要求可能让女性面临更多被迫说谎的情况。

此外，我们还有一些更有趣的发现，即不论男性还是女性，对同性说谎的频率都高于对异性说谎的频率。不过，对男性而言，他们在描述自己的感受方面，对异性说谎的频率要高于对同性。可见，男性和女性说谎的动机明显不同。男性说谎常常是为了获得资源或青睐、拒绝他人以及责任相关问题，所以他们更常说自我导向的谎言；而女性则更倾向于说他人导向的谎言。

我们解释了这么多女性说谎的动机与原因，并不是意味着我们也完全承认"女性爱说谎"这种刻板印象是对的。事实上，也有一些研究

---

[1] Saarni C., An Observational Study of Children's Attempts to Monitor Their Expressive Behavior, Child Development, 1984, 55: pp.1504–1513.（［美］卡罗琳·萨尔尼：《一项关于儿童试图监控其表达行为的观察性研究》，载《儿童发展》1984年第55期。）

并不支持这一说法。例如，德里南（Drinan）等人（1999）就发现，对于学生而言，女生较少出现欺骗行为，而男生则在表现诚实行为的动机上明显弱于女生。

总之，在说谎的性别差异上，我们目前能肯定的事实是：**并不是女性更爱撒谎，而是男女撒谎的原因可能存在一些区别。男人撒谎是为了让自己看起来更强大、更有趣、更成功。他们说关于自我导向的谎言比其他谎言多得多。女性则更多是说一些他人导向的谎言，以让他人感觉更好，或让别人对自己感觉更好。**

2.4 谎言是如何构成的

以上对谎言的哲学和社会心理学的研究与探索证明了谎言的复杂性。因为这些探索好像更多是关于谎言现象（如频率、分类）的研究，并没有触及核心问题。而当语言学成为一门独立的学科后，将"谎言"这一特殊人类语言现象纳入研究，让我们似乎看到了一丝希望的曙光。

语言学家科尔曼和凯（Coleman & Kay）在1981年对"谎言"进行了非常有趣的研究。不过他们研究的本意并不是"谎言"而是语言学中经典的"原型理论"。

"原型理论"是美国学者在20世纪中期提出的理论。该理论认为在人们的自然语言中，对于某一概念，往往是用这一概念中最典型的代表来表征。例如，多数美国人常常以"知更鸟（robin）"来表征"鸟（bird）"这一概念。因为知更鸟是北美分布最多最广的鸟类，叫声动人，是最早报晓的鸟儿，也是最后唱"小夜曲"的，同时也是益鸟，所以深受美国人民的喜爱。此外，它也经常出现在美国的各种文学和影视作品之中（如《瓦尔登湖》），是美国人民最熟悉的鸟类。所以对于多数美国人来说，一提到"鸟"，第一想到的往往就是知更鸟。当然，对于大多数中国人来说，第一想到的很可能是"麻雀"或"燕子"。所以，如果我们对"鸟"这一概念不清楚时，最佳的解决方法就是给出"知更鸟"或"麻雀"这些典型的代表，所以"知更鸟"或"麻雀"就是"鸟"这一概念的原型，这样的理论也被称为"原型理论"。

但是自然语言中的概念并非都像"鸟"一样容易用原型界定。为了进一步展开研究，科尔曼和凯选取了"谎言"这一自然语言中最难界定、也最让人感兴趣的概念。

他们分别向67名志愿者出示了一些的例子，具体如下：

比格法特的母亲不准儿子赌钱，当他离家准备上赌场时，他的母亲问他要去哪儿，他回答说：

例句1：我要去趟糖果店。

糖果店是去赌场的必经之处，但比格法特几天前就知道糖果店已经搬走了。

约翰和玛丽最近正在交往，瓦伦蒂诺是玛丽的前男友。一天晚上约翰问玛丽：你这周见过瓦伦蒂诺吗？玛丽回答说：

例句2：瓦伦蒂诺因为感冒生病了两个星期。

瓦伦蒂诺的确患病了两个星期，但事实上玛丽也在前一天晚上曾和瓦伦蒂诺见过面。

一天早上，卡捷琳娜将有一个算术考试，但她没有复习好，于是不想上学了。她对母亲说：

例句3：我病了。

母亲给她量体温。结果发现卡捷琳娜真的病了，后来竟发展为猩红热。

史莫维奇被邀请到老板家吃晚饭，但那天晚上大伙都感到沉闷、没趣，后来史莫维奇对老板娘说：

例句4：谢谢你，这次聚餐真是太棒了。

而实际上史莫维奇并不认为这次聚会是愉快的，他只是想对老板

娘讲点恭维话，而且他也不期望老板娘会相信他的这句恭维话。

志愿者被要求在阅读以上材料的基础上，判断例句1、例句2、例句3和例句4是不是谎言。结果发现，几乎在所有的例句上，他们的判断都不一致。具体来说，认为例句1是谎言的人占全部人数的36%；认为例句2是谎言的占34.8%；例句3为51.6%；例句4的则占47%。

因此研究者感叹道，"谎言"确实是一个十分模糊的（slippery）或者说狡猾的概念。所以，他们最后也没有办法给出一个关于"谎言"的原型。不过他们还是找到了"谎言"这一概念的原型所要具备的三个基本特征，即一句话要成为谎言需要同时满足以下三个条件：

1.陈述本身与事实不符；
2.陈述的发出者认为该陈述是假的；
3.陈述的发出者做出该陈述的目的是欺骗陈述接收者。

至此，我们对"说谎"概念似乎并没有更明晰，反而更觉困惑。因为这样的条件只能用于"原型"的谎言，而在现实中，我们认为的谎言似乎不能完全符合这三个条件。

例1：某总统对着全国人民说："我和那个女人，×小姐，没有发生性关系。"后面的事实证明他当时可能说了谎。但他坚称自己没有，因为按照他对性行为的狭隘定义，他们之间的行为不能算真正的性行为。可见，他采用偷换概念的方法来避免直接的说谎。

例2：两位刚交往不久的伴侣，女方问男方："你抽烟吗？"男方其实抽烟且烟瘾不小，但他却回答道："这所房子里没有人抽烟。"这种谎言主要是通过回避直接回答问题，或者避免明确涉及自己来粗略回答，说谎者可能倾向于给出一般性的、含糊笼统的答案。

例3：犯罪嫌疑人为了掩盖他周二晚上的活动，将发生在另一个晚上（如周一晚上）的事情讲成是周二晚上的。如果他周一晚上去了健身房，他可能会向警察说他周二晚上去了健身房，随后描述了他在健身房的细节。事实上，我们都知道，如果要编一个不易发现的谎言，最好的办法并不是完全编造一个，而是将谎言放在一个真实的故事中。也就是说，大部分的陈述都是真实的，只故意改变了一个或几个微小但至关重要的细节，或者故意忽略了重要细节。这种策略让说谎更容易，因为说谎者不需要编造一个全新的故事，也不需要记住很多捏造的细节。此外，这样的谎言也更难识别，因为它可能包含许多高质量的细节，而这常常被文本分析测谎技术认为是真话的特征（见第五章）。

以上的例子显然不是十分符合原型谎言的三个条件，但它们都是谎言。这种谎言相对微妙，具有技巧，我们可以将其称为"技巧的谎言"。而相对的另一种谎言则是"彻底的谎言"。

彻底的谎言：谎言是完全虚假的，谎言中所传递的信息与事实是完全相反的。**它符合原型谎言的三个条件。**一名有罪者否认自己与案件有任何牵连就是彻底的谎言；应聘工作的人在面谈的时候声称自己做现在的工作很愉快，只是想在同一个工作上工作多年后换一个，而实际情况是他们是被解雇的，那么他们的谎言就是彻底的谎言。狄宝萝的研究表明人们说的大部分谎言（65%）是彻底的谎言。

技巧的谎言：是指说谎者故意通过偷换概念、避免直接回答问题或粗略说明，或者修改、遗漏某些小细节的方式来说谎。

2.5　小孩子的第一次说谎

通过前述宗教性质的界定与规范，我们可以大胆得出结论：说谎行为的确在人类社会发展的早期就已出现，因为正是有了说谎行为的出现，才可能有相应的禁令或戒律的制定。而对于个体来说呢？说谎是人类与生俱来的天性吗？还是随着个体成长从社会中逐渐习得的呢？

根据我们，特别是作为父母的经验，我们的孩子似乎在很小的时候就开始说谎了。有个别的父母也许特别震惊：因为他们的孩子还在蹒跚学步时，似乎就有欺骗的迹象。而大量的科学研究也似乎证实了这一经验。

第一次说谎的年龄：3 ~ 4岁？

2002年语言人类学家在墨西哥开展了一项研究。该地区主要居住着一些没有被现代文明浸染太多的古老部落，而他们所使用的语言为Tzeltal语，属于古玛雅语言的一个分支。在研究说谎行为发生这一问题时，以这种古老而自然的语言为对象是最为理想的，因为研究条件自然、简单，受干扰最少，得出的结论也可靠。研究发现：当地的儿童在2岁时就能判断出某一句话是对还是错；在3岁时就开始明白利用语言所表达的命题和判断并非一定真实；在五六岁时对于社交谎言则已能运用自如了。[①]

不过，以上研究方式并不常用来研究儿童的说谎行为。实际上，最常用的研究方式是"偷看实验"。例如，在儿童身后放一个会发出音乐的玩具，要求他们根据音乐来猜背后的玩具是什么？对于最初的几个玩具，线索很明显（如狗的叫声"汪汪汪"、牛的叫声"哞哞哞"等）。面对这些线索，儿童往往很容易识别出玩具是狗或牛。突然，播放的音乐与呈现的玩具无关。例如，播放的音乐是贝多芬的《致爱丽丝》，但玩具是一个皮球。这使得儿童不可能在没有看到玩具的情况下猜对它。此时研究人员找借口离开房间。在离开房间之前，研究人员要求儿童不要偷看玩具。事实上，

---

① Brown P., Everyone Has to Lie in Tzeltal, In S. Blum-Kulka, and C. E. Snow（eds.）, Talking to Adults: The Contribution of Multiparty Discourse to Language Acquisition, Mahwah: Lawrence Erlbaum Associates, 2002: pp.241-275.（［荷兰］佩内洛普·布朗：《在泽塔族每个人都必须说谎》，载肖莎娜·布鲁姆-库尔卡等人主编《与成年人交谈：多方话语对语言习得的贡献》，劳伦斯艾尔伯集团出版社2002年版，第241-275页。）

几乎所有的儿童都会乘机偷看。研究人员返回时，询问儿童是否有偷看。[①]

有相当多的研究采用了这类方式，得出的结论大致相同。李维斯（Lewis）等人（1989）研究的是年龄在33～37个月（3岁左右）的儿童。当被问到是否有偷看时，绝大多数儿童要么否认，要么不回答。另一个1992年的研究，则将儿童的年龄提早到32个月大，最后获得的结果也是一样的。[②]

到了2008年，研究人员将"偷看实验"的儿童年龄跨度扩大至3～7岁。研究结果发现，3岁的儿童中只有大约一半的儿童说谎，不承认自己有偷看行为；而4岁及以上的儿童，几乎（超过80%）都谎称自己没有偷看。研究人员认为，随着年龄的增长，儿童逐渐习得了说谎行为，证明了说谎行为并非与生俱来，而是通过后天习得的。不过这个研究更进了一步，就是当儿童谎答"没有偷看"后，研究人员追问儿童是否说了谎，或者要求儿童保证说的是实话。结果很有趣，4岁及以上的儿童没有区别，但3岁的儿童马上就承认"自己说了谎"。可见，随着年龄的增长，孩子在说出最初的谎言后，会更善于在随后维持他们的谎言。

这样看起来，多个研究都得出结论：孩子第一次说谎可能是在3～4岁。但是另一些科学家则对此质疑。因为以上的研究都需要孩子具有比较完整的语言和心智能力，能够理解研究人员的要求，并能较准确地表达自己的想法。也就是说，这些研究发现3～4岁是孩子开始说谎的年龄，也许只是因为要完成此类研究需要3～4岁时孩子的语言和心智能力。如

[①] Talwar V. & Lee K., Development of Lying to Conceal a Transgression: Children's Control of Expressive Behavior during Verbal Deception, International Journal of Behavioral Development, 2002, 5（26）: pp. 436-444.（［加拿大］维多利亚·塔瓦尔等：《掩饰越轨行为谎言的发展：儿童在言语欺骗期对表达行为的控制》，载《国际行为发展期刊》2002年第5卷第26期。）

[②] Lewis M., Stanger C., Sullivan M. W., Deception in 3-year-olds, Developmental Psychology, 1989, 25（3）: pp.439-443.（［美］迈克尔·李维斯等人：《3岁儿童的欺骗行为》，载《发展心理学》1989年第25卷第3期。）

果关于儿童说谎的研究不需要用语言进行，那么说谎年龄可能会提早。

所以，有研究是让年幼的儿童参加一些简单的小游戏，如"捉迷藏"，结果发现2岁的孩子已经可以通过"擦除自己的脚印"来隐瞒信息，达到欺骗的目的。另一项类似的研究甚至发现，儿童说谎的年龄最早可以到1岁半。这和前面提到的一些家长的经验是一致的。

简言之，有趣的事实是：孩子第一次说谎的年龄是3~4岁，最早可能是1岁半。

心理理论

说谎需要一定的语言和心智能力，刚出生的婴儿显然不具备足够的智力和语言能力，这可能阻碍了说谎行为的发生。因此，不能草率地得出结论：说谎是后天习得的。

事实上，如果用另一个完全不同的视角再理解上述的研究，我们可以得出与上述结论几乎完全相反的观点：说谎行为即使不是人类的天性，也可能正如塞尔班（Serban，2001）所说的，是人类的第二天性。因为从这些研究中我们可以看到，人类个体在最早出现说谎行为上是如此自然，出现阶段之早，水平提高之迅猛，不得不怀疑在人身上"天然"存在着某种说谎的"原始机制"。而20世纪80年代，在心理学领域发现的"心理理论"可能就属于这种机制。

所谓"心理理论"，简单地说，就是个体能够想象或推测他人心理的能力。研究人员让儿童观看如下的木偶表演的故事：

有两个小女孩（其实是木偶人），分别叫莎莉和安娜。莎莉长着长发，她有一个篮子；而安娜则是扎着两条辫子的小女孩，她有一个盒子。莎莉和安娜一起玩儿，莎莉将一个球放进了自己的篮子里。然后，莎莉离开了。这时候，安娜将球从篮子里拿出来，放进自己的盒子里。过了一会儿，莎莉回来了，她想要玩球。

研究人员将这个故事耐心地讲给儿童听，同时以木偶和其他道具（如篮子、盒子等）形象地表演给儿童看，直到儿童完全听懂了这个故事。最后，研究人员问儿童："莎莉回来后想玩球，她会从哪里找球呢？是从篮子里呢？还是盒子里？"

对于我们成年人来说，如果被问到这个问题，我们的回答肯定是："从篮子里找。"因为我们可以很自然地带入到莎莉的心理：刚才"我（莎莉）"不在，所以不知道球已经从篮子换到了盒子里，所以"我（莎莉）"仍然认为球还在篮子里。我们这种能带入或想象他人的心理状态的能力即"心理理论"，正是因为它，我们能预测莎莉的行为，最后做出正确的选择。

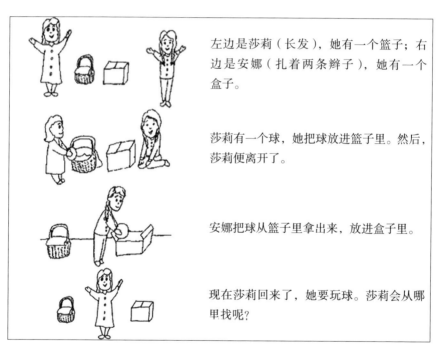

左边是莎莉（长发），她有一个篮子；右边是安娜（扎着两条辫子），她有一个盒子。

莎莉有一个球，她把球放进篮子里。然后，莎莉便离开了。

安娜把球从篮子里拿出来，放进盒子里。

现在莎莉回来了，她要玩球。莎莉会从哪里找呢？

图2-1　心理理论研究中的木偶故事①

----

① [美] 海伦·塔格-弗卢斯伯格：《评估自闭症的心理理论假设》，载《心理科学的当前方向》2007年第16卷第6期。

不过，在这个研究之前，可能没有人知道幼儿关于这个问题的答案可能会不同。研究发现，大多数的3岁儿童会错误地回答说"莎莉回来后会从盒子里找球"。他们之所以这么回答，是因为他们亲眼看见球已经从篮子换到了盒子里，而球最后也确实是在盒子里。他们是完全根据看到的事实在回答这个问题。而4岁和5岁的儿童会正确地回答说"莎莉回来后会从篮子里找球"。这表明，4岁及4岁以上的儿童已经和我们成人一样具备了"心理理论"，理解了莎莉的行为是基于莎莉自己的信念，而非实际的事实，这些儿童已经了解到信念与事实的不同。而3岁的儿童则还没有发展出"心理理论"，所以不能理解信念与事实之间的差异。心理学家将他人或自己的一些与现实不一致的信念称为错误信念，并认为儿童获得错误信念理解的前提是能了解他人对同一事物的信念可能与自己的不一致，也就是具有了"心理理论"能力。

错误信念

"心理理论"中发现的重要概念——错误信念，对于我们理解和认识说谎或欺骗非常有帮助。

2001年，科学家报告说，他们观察到黑猩猩除了具有对同类行为的预测和理解能力，还会操控同类的行为，非常类似于人类之间的欺骗行为。他们观察到，雌性黑猩猩布兰妮看见附近的干草堆里露出了一根香蕉，于是向那根香蕉走去。但是，正在这时它又瞥见另一只强壮的雄性黑猩猩阿波罗笨重地走向它。布兰妮停下步伐，并转身背对香蕉，使得阿波罗也转身，从而发现不了香蕉。很快，阿波罗发现布兰妮对自己不感兴趣，于是掉头去找其他的雌性。布兰妮跟着阿波罗走了一段距离，但一旦确定阿波罗的去向，就快步走回干草堆，偷偷地取回了那根香蕉。科学家认为布兰妮具有理解、推理并通过给阿波罗制造错误信念来操作阿波罗行为的能力。这也是黑猩猩具有"心理理论"的证据之一，并且这种能力不仅仅是理解和预测，还可以通过一些方式来操控他人的行为。[①]

　　同样，这种通过制造错误信念欺骗他人的行为在儿童身上也能观察到。前述的塞尔班等人（1991）针对不同年龄段儿童的研究，还探测了儿童操作错误信念进行欺骗的可能性。结果发现，4岁儿童能操控他人信念进行欺骗，3岁儿童则不能。由此认为欺骗行为开始于4岁的年龄阶段，因为在此之前儿童不具备对错误信念的理解能力，则无法操控他人的信念，更谈不上进行欺骗。儿童只有获得了完整的心理理论后才能具有欺骗他人的能力，所以4岁以下的儿童没有欺骗能力。[②]

　　此外，还有科学家进一步提出，个体仅具备"心理理论"，具备了理解错误信念的能力还不够，必须再具备对错误信念的"操控"能力，才能最终实施欺骗行为。但目前对于儿童如何获得这一"操控"能力的过程还不清楚。

　　随着错误信念的提出，我们对说谎或欺骗有了更清晰的认识。也就是**说谎或欺骗都是意图培养他人的错误信念的行为**。越来越多的学者在界定说谎时都纳入错误信念及其相似概念。如霍尔和普里查德（Hall & Pritchard，1996）提出的，"说谎就是使他人形成一种**错误的信念**"。[③]维吉（Vrij，2000）的定义："一种成功或不成功的有意尝试，没有预先警告，使另一个人产生一种沟通者自己知道是**错误的信念**。"[④]马西普

----

① Povinelli D. J., Giambrone S., Reasoning about Beliefs: A Human Specialization, Child Development, 2001, 72（3）: pp. 691-695.（［美］丹尼尔·波维内利等：《信念推理：人类的特长》，载《儿童发展》2001年第72卷第3期。）

② Serban G., Lying: Man's Second Nature, Praeger, 2001.（［美］乔治·塞尔班：《说谎：人的第二天性》，普雷格出版社2001年版。）

③ Hall H. V., Pritchard D. A., Detecting Malingering and Deception: Forensic Distortion Analysis（FDA），CRC Press, 1996.（［美］哈罗德·霍尔、大卫·普里查德：《识别诈病与欺骗：法医失真分析》，CRC出版社1996年版。）

④ Vrij A., Detecting Lies and Deceit: The Psychology of Lying and Implications for Professional Practice. Wiley, 2000.（［英］阿德顿·维吉：《谎言和欺骗：谎言心理学及其对专业实践的启示》，威利出版社2000年版。）

（Masip）等人（2004）提出的"通过言语或非言语的方式，有意地隐瞒、伪造事实或情绪信息，以误导他人形成或维持某种沟通者本人认为是**虚假的信念**，无论成功与否，都可被视为说谎"。①

说谎：孩子健康成长的里程碑？

从"心理理论"到错误信念，我们看到，说谎是个体心智发展中必不可少的一部分。当儿童具有说谎能力时，也意味着他们包括语言、"心理理论"、操控他人信念等能力也已发展到一个相当的程度。所以，孩子第一次说谎是标志他们健康成长的一个重要里程碑。知名诗人约瑟夫·布罗茨基（Joseph Brodsky）观察到："意识的真正历史始于第一个谎言。"而随着孩子包括心理理论在内的各种心智的成长，他们的说谎的能力也会提高。这就是为什么我们看到，孩子年龄越大，越会说谎。甚至有学者（Aitchison，2000）认为，说谎也许是人类语言学习的最终目标之所在。② 有趣的事实是：**说谎是更高级的心理能力，而不是诚实。**

另外，进化心理学理论提出，说谎和说谎行为的"诞生"与语言的"诞生"是一致的。人类发展出语言是为了更好地生存，而说谎则是其中一种最好用的工具。特别是在早期社会，资源或配偶的竞争取决于一个人的体力。说谎似乎使人们比其他只使用"体力"来获取资源的人更有优势。说谎为他们提供了在不使用体力的情况下操纵他人的可能性，从而使他们能够在不危及身体健康的情况下获得更多资源或权力。当然，除了争夺资源，谎言也是一种自我保护的方式。可见，从进化的

---

① Masip J., Garrido E., Herrero C., The Nonverbal Approach to the Detection of Deception: Judgmental Accuracy, Psychology in Spain, 2004, 8（1）: pp.48–59.（［西班牙］海梅·马西普等:《检测欺骗的非语言方法：测谎准确性》，载《西班牙心理学》2004年第8卷第1期。）

② Aitchison J., The Language of Speech: Language Origin and Evolution, Cambridge: Cambridge University Press, 2000.（［英］简·艾奇逊:《言语的萌发：语言起源与进化》，剑桥出版社2000年版。）

角度来看，**说谎从根本上是人类的天性**。

所以，当父母发现自己的孩子还在蹒跚学步或牙牙学语时似乎就开始了说谎，在震惊之余，也不需要过于沮丧。因为换个角度看，这也许说明你家的孩子比同龄孩子的语言或心智发展得更早。重要的不是"为什么这么早"，而是要弄清楚孩子说谎的具体原因是什么。

孩子说谎的原因

从上述这些关于儿童说谎的研究中可以发现它们之间存在着的差异。有些研究认为儿童只要否认自己有过偷看行为就是说谎，并不涉及对他人错误信念操控。儿童之所以说谎也许只是为了逃避惩罚。

1.逃避惩罚

很多研究都认为，儿童最早说的谎就是为了逃避惩罚。根据美国心理学家劳伦斯·科尔伯格（1984）的说法，学龄前儿童的以自我为中心的倾向往往会导致孩子通过他们受到惩罚的原因来感知对与错。因此，学龄前儿童通常有动机说谎以避免受到惩罚。

2.模仿成人

孩子说谎的另一个原因是他们常常看到我们（成人）说谎。别忘了，"说谎是一种日常生活事件"。因此，孩子们可能会倾向于认为，说谎是被成人所接受的，因为成人每天都这样做。

3.被成人要求说谎

不要怀疑，有一些"亲社会"的谎言其实是父母或其他成人要求孩子说的。例如外婆送给孩子一个礼物（如糖果），但是孩子并不喜欢吃甜食，她的母亲也担心孩子会长胖，也不太希望孩子多吃甜食。但是她的母亲会要求孩子假装很喜欢这个礼物，甚至品尝一番，然后"很开心"地表示"很好吃"。父母一方面要求孩子在这种情景下一定要说谎，另一方面却又要求他们在其他的社会互动中必须诚实，这让孩子如何可以完全做到？

4.为了父母的爱与信任

孩子说谎还有一个很重要的原因就是为了"父母的爱与信任"或者"不让他们失望"。孩子往往会努力获得父母的认可和爱，他们说谎可能是因为他们害怕失去认可和爱。所以当他们撒谎说自己"正在认真学习""没有乱花钱""没有学抽烟"……其实也在努力不失去父母的爱与信任。

所以，心理学家提醒父母，在关注孩子的说谎行为时，一定要记得**孩子通常说谎的原因：除了怕惩罚，也怕让父母不开心**。所以建议使用以下说法来处理孩子的说谎问题："如果你把玩具弄坏了，我不会生你的气。而且如果你说实话承认是你弄坏的，我会很高兴。"

父母更容易发现自己的孩子说谎？

大多数父母相信他们可以分辨出孩子是否在说谎。而其他成人，如老师，大多数也都有着同样的自信。

我们认为孩子是随着午龄的增长，逐渐学会说谎。所以，在他们完全能运用自如之前，他们的谎言总是稍显稚嫩。有研究基本证实了这一假设，但也有一些不同的新发现。费尔德曼和怀特（Feldman & White，1980）对5～12岁儿童的研究发现，对于女孩来说，随着年龄的增长，她们出现紧张这些与说谎有关的表情逐渐减少，直到最后成为一名优秀的"骗子"。但是在男孩身上，却没有出现同样的变化。研究人员认为这可能是女孩往往被鼓励多表达自己，因此可能有更多的机会练习表达情感的能力。另一项类似的研究则调查了6～12岁的儿童，发现男孩比同龄女孩在掩饰负面情绪的能力方面比女孩更好，如他们很讨厌某件事物但却假装不在意或无所谓。这可能是因为男孩常被教导不要表现出负面情绪，因此可能会特别在掩饰负面情绪方面受过良好的训练。

莫伦西和克劳斯（Morency & Krauss，1982）发现，父母确实比其他成人能更好地发现自己孩子的说谎行为。事实上，没有接受过测谎专业培训的人通常有50%的机会识别谎言。与孩子关系亲密的成人（包括父母）识别他们谎言的机会只是略高。而且前提是父母能够通过观察自己孩子的面部表情和身体动作来判断，如果只是通过语言或书面文字，父母其实并不比其他人更有优势。所以事实是：**父母在识别自己孩子谎言时并不像他们自认为的那么有效！**

第三章

说谎时你的身体在做什么

即使我们没有学习过专业的测谎技术，根据经验，我们也会知道，测谎所利用的往往是说谎者自己所泄露的线索。无论是身体行为的如脸红，还是所说的谎言本身，如前言不搭后语。所以，为了更好地识别谎言，我们首先要知道说谎时有哪些线索透露出来，以及这些线索为什么是与说谎或欺骗有关的。

而心理学的基本理论告诉我们，我们所有的行为，包括无意识行为都是由心理决定的。所以很多研究者都试图从大脑入手来理解谎言或欺骗。

3.1 说谎时大脑发生了什么

科幻小说中的"读心术"，某种意义上更应该叫"读脑术"。不过人类很早就已经知道思想的中心不在心里而是在头脑里。所以长期以来，包括许多科学家在内，都认为大脑中可能存在着某个区域或者某几个区域与说谎或欺骗有关。所以，我们只要找到这些区域，那么所有的问题都会迎刃而解。

说谎比说实话激活更多脑区

最早应该是1999年，也就是哈尔佩林的科幻小说《测谎仪》出版后三年，就有人开始尝试用fMRI进行测谎，并发现通过fMRI扫描大脑最前面的额叶区域可清楚分辨个体是否说谎：个体说谎时，额叶区会明显活跃起来。但这项研究相关资料很少，而有证可查的利用fMRI测谎的研究来自丹尼尔·兰格尔本（Daniel Langleben）。

在2001年的神经科学年会上，兰格尔本展示了他的研究成果。他让18名大学生每人先拿到一个信封，信封里装着"梅花5"纸牌和20美元。要求学生亲自打开信封，拿出里面的"梅花5"，看清楚后放在自己身上。然后，这些学生被依次安排到一台计算机屏幕前，而屏幕会以一次一张的随机顺序向其呈现一连串各种花色的纸牌。每呈现一张，都会问学生："是否持有这张纸牌？"这些学生事先被告知，当屏幕出现他所持有的"梅花5"时，必须"说谎"加以否认。如果说谎成功，可以得到信封中的那20美元。实验结果发现：整体而言，人在说谎时脑激活区域比诚实时明显增多。

因此，兰格尔本声称，"大脑成像新技术表明说谎与说实话的大脑活动可能存在着客观差异"。他还进一步给出了解释。对于个体来说，"说实话"是大脑正常的反应，是基本的认知作业，而"说谎"则是比"说实话"更为复杂的认知活动。用心理学的语言就是：**说谎比说实话认知负荷更重**。因为说谎时需要更多的大脑神经资源参与，最终表现出活跃区域更多。这其实和我们前面从进化心理学角度得出的结论是一致的，即**说谎是更高级的心理能力，而不是诚实**。

那么，这些多出来的活跃区域是什么？兰格尔本通过fMRI扫描发现，这些额外的区域主要有两个位置：前扣带回皮层（ACC）和额上回（SFG）。

接下来的问题是我们最关心的：ACC和SFG是否就是大脑的说谎区域呢？如果是，那么我们以后测谎就非常简单了。只需要观察这两个区域是否活跃即可，如果它们活跃度高，那就说明这个人在说谎。2005年，兰格尔本又作了改进实验研究，部分回应了这一问题。

与前次实验不一样，这次的26名大学生收到的信封里有两张纸牌

（分别为"梅花5"和"黑桃7"）以及20美元。学生被要求对其中一张（如"梅花5"）"谎答"，而对另一张（如"黑桃7"）"诚实回答"，如果能够成功说谎，将会得到那20美元的奖励。

结果与上次的研究有所不同，在说谎（面对"梅花5"回答"no"）和诚实（面对"黑桃7"回答"yes"）时，ACC区域的活跃程度都有增加。可见ACC区域并不与说谎有直接关系，而是因为学生需要做出回答（无论"yes"或"no"），都需要工作记忆的参与。也就是我们需要一直记得"梅花5"和"黑桃7"，以便针对新出现的牌进行比对，做出回答。而其他人的研究已经证实，ACC其实是与工作记忆而非与说谎有关的。

另外，第二次的研究还出现了新的区域——下侧前额叶皮层，它在说谎时比诚实回答时更为活跃。而下侧前额叶皮层其实是负责选择、抑制和产生反应的。其实也与"说谎"没有直接关系。但仍表明，相较于说实话而言，说谎确实是一个需要更多大脑神经资源参与的认识过程。

值得一提的是，这次研究还报告了用fMRI对个体进行测谎的准确率：总体准确率为78%，ROC准确率AUC指标A为0.85（关于AUC指标A见第九章）。可见，利用大脑成像技术测谎，远远达不到我们所期待的准确率。

兰格尔本的研究与真实生活的谎言相去甚远。所以有其他研究者对涉及真实信息的谎言进行了fMRI扫描研究。研究所用的真实信息是参与者自己的名字、出生日期等。要求他们对自己的这些信息进行谎答或诚实作答，并同时记录大脑区域变化。结果发现，相比较而言，说谎时被测者大脑的前额叶皮层腹外侧区和内侧前额叶皮层更为活跃。这些区域与前面的研究都不太一致。

2003年，还有人对不同谎言类型的大脑机制进行了比较研究。研究中的谎言类型分为以下两种：

1.预演性谎言：被测者已经对此谎言进行了良好的练习；

2.自发性谎言：没有经过练习，被测者需要在正式实验时以自己的方式来谎答。

比较两种谎言所激活的大脑区域，结果发现，这两类谎言都激活了双侧前额叶皮层、双侧旁海马回，而这些区域其实都与情景记忆有关。但不同的是，自发性谎言激活的区域要多于预演性谎言。这说明相比较预演性谎言，自发性谎言可能因为没有事先的练习需要更多的认知负荷和大脑神经资源参与。

而来自天普大学（Temple University）的一份研究则更接近犯罪知识测谎法。研究招募了10名参与者，其中6名被要求用装有假子弹的玩具手枪进行射击，以模拟犯罪情景，然后在接受测试时谎答没有开过枪。没有参与射击的则说实话。该研究声称，fMRI技术能100%准确地将"有罪者"与"无辜者"区分开来。并发现说实话者的大脑额叶、颞叶的一部分和扣带回被激活。而说谎则导致大脑前部活动，主要是内侧下部和前中央区，以及海马回、颞中部区和颞部边缘区。可见，本研究发现的区域如颞叶相关的是以往研究都没有的，而这些区域主要是与情绪相关的。此外，说谎和说实话所激活的大脑活跃的区域有所不同，而且说谎比说实话激活的区域更多。这点与前面的研究一致。

总之，所有的这些研究，最一致的发现是：说谎是比说实话更复杂的心理活动，认知负荷更重，所激活的脑区更多。

但我们还可以发现，大脑中并不存在某个或某几个区域与说谎直接有关，也就是**不存在所谓的"说谎脑区"**。说谎是一个复杂的心理过程，往往是几种基本心理机制共同作用的结果，如记忆、注意、抑制、检测和控制错误、情绪等。其中最多涉及的脑区是大脑前部，这很好理解，因为这是人类高级认知活动的中心。而更重要的是，具体涉及哪些心理机制，其实和说谎的具体情景有关。比如，涉及动作（如开枪）和没有涉及动作的谎言，涉及的心理机制肯定不完全相同，相应的脑区也会不同。

所以，兜兜转转过来，我们还是需要弄清楚说谎时人的心理过程

是怎样的，也就是说谎时人在想什么。

根深蒂固的信念：说谎是不好的

作为认知神经科学家的兰格尔本，在后来解释自己的研究结果时认为，在解释测谎时，应该与社会规范、说谎在道德上受到谴责联系起来。我们从小就学会了说谎或欺骗，但同时也伴随着社会规范的习得：说谎是不道德的。因此我们从小就有了一种**根深蒂固的信念：说谎是不好的**。

而这种信念，正是测谎所用到的线索最主要的或者说唯一的来源。**正是因为我们觉得说谎不好、不道德、应该受到惩罚，所以当我们说谎时，一般都会感觉很糟糕、拼命地圆谎，而且会因担心谎言被识破而大感紧张。**

一些用fMRI技术做测谎研究的学者，基于早期文献和自己研究的结果，也得出类似的结论：当人类说谎时，可能会使用到一些大脑的"最高"中心，而它们主要与道德概念有关。也就是说，说谎不仅是"事情本身的真假"问题，还与道德相关。

因此，说谎时我们一般会经历三种心理过程，分别是：认知负荷、情绪和尝试控制。

认知负荷

上述的fMRI研究已证明，说谎需要更多的认知负荷。马斯顿也曾提出："**事实上，没有人可以不努力就撒谎。**"一个人说谎需要付出比说实话更大的努力。从认知的角度讲，说谎者会出现更多的心理活动："我要说谎吗？""怎么说？""会不会和我已经说过的相矛盾？""他们会不会通过调查发现我说的并非事实？""如果我被发现在说谎，会遭受什么后果？"结论就是：说谎者需要虚构一个合理且连贯的故事，这会增加他们的认知负荷。而从测谎人员的角度，则可以致力于找到能够体现出这种努力的线索或迹象。

另外，关于认知负荷需要补充说明的是，不少人会认为这种认知负荷是一种大脑神经资源或心理资源的浪费。但从进化心理学的角度看，它不仅不是一种生理上的浪费活动，反而是一种积极的、适应性的表现。因为综合各种复杂的内外部环境，大脑最后选择的是"最有效率"的解决方式。**"大脑偏爱效率"，这就是"真理"。**

情绪

说谎在心理层面可能与情感关系最大，所以在许多心理学入门教材中，往往会在情绪章节介绍测谎仪。与欺骗有关的最通常的情绪是内疚或羞耻、恐惧和兴奋。此外还有学者提到了第四个因素：唤醒（arousal）。不过它可能是介于认知和情绪之间的因素。

内疚或羞耻："说谎是不好的"这一根深蒂固的信念让我们大部分人在说谎时或说谎后感到内疚或羞耻。视线闪躲是这一情绪最直接的体现。研究已经发现，5～6岁的儿童在说谎时就已经出现了视线闪躲的行为，这说明他们这时候就已经被教会：说谎是不道德的。

恐惧：说谎是不好的、不道德的，说谎的人应该受到惩罚。所以人们在说谎时因为害怕被识破而出现恐惧情绪。因为谎言一旦被识破，对方会对自己失望或产生负面印象、伤害对方情感，或者招致惩罚。而恐惧会导致紧张的迹象。例如，凶杀案的作案人接受警察调查时，被问到是否与案件有关。他马上否认与案件有关，但同时也会感到恐惧。因为他担忧警察最后还是会知道自己是真正的凶手，他可能面临着包括死刑在内的非常严厉的惩罚。

兴奋：还有一种情绪比较不太被世人知道，同时它也比较少出现。就是有些人可能会因为有机会愚弄、骗过别人而感到兴奋。而兴奋可能会导致快乐的行为迹象，如微笑或表现更活跃。

唤醒：从神经生理学角度讲，唤醒是指在刺激作用下通过脑干的网状结构提高大脑皮层的兴奋性，激活处于"休眠"状态的各种生理活动，使它们达到活跃状态，增加人的自主反应。刺激对人产生的直接效果是提高唤醒水平，无论刺激是令人愉快的还是不愉快的。测谎专家认为，说谎者比说实话的人有更高的唤醒程度。这可能是内疚、恐惧或者欺骗兴奋的结果。所以不少测谎研究都会规定，那些打败测谎测试的参与者可以得到现金的奖励。这是因为模拟研究常常无法让被测者得到足够的刺激，他们的唤醒程度普遍不会太高。这种奖励就是为了激励他们，提高他们的唤醒水平。此外，精神病患者往往不适合接受测谎测试，主要原因也可能是他们的唤醒水平与一般人不同。

尝试控制

到现在为止，我们已经知道说谎者会有紧张、内疚等情绪反应，而作为说谎者自己也同样深知这些。实际上，即使从来没有阅读过类似本书的文章，也知道说谎时可能会出现一些典型的反应，而这些可能会让自己被识破。所以说谎者往往会努力压制这些反应，以避免被识破：

尽量控制自己的脸部表情；
尽量控制自己的身体反应和动作；
尝试调整和控制自己的语气、语速和音调；
……

此外，真实的想法或反应是最自然的。所以很多时候，面对别人的问题，我们的第一反应，或者说自然反应常常是真实的。实话可能脱口而出，而说谎者则必须保持谨慎，注意控制这些自然的反应！最经典的例子就是：一边说着"没有"一边"点头"。这是因为他们虽然控制住了说什么，但是未能同时控制住行为的自然反应。

总之，说谎者比说实话者更努力地保持行为"自然"，或者给别人留下诚实的印象，也就是有更多的尝试控制的想法。但是，这不容易。他们必须很好地抑制他们的紧张情绪，掩盖他们不得不努力思考的证据，知道如何才是自然的行为，并能够按他们想要的方式行为。所以，这种尝试控制往往只有在所说的谎言比较容易的时候才能做到，或者事先经过反复的练习。否则反而成为暴露自己的线索。

总而言之，说谎时出现的心理机制包括认知负荷、内疚或恐惧等情绪，以及努力控制。不过有一些学者还是有质疑，因为有些谎言似乎"张口就来"，并不需要太多的心理资源。比如，前面提到的狄宝萝研究中的参与者，他们表示不觉得说谎有困难，一般不会特别设计日常生活中的谎言，也不太担心自己的谎言可能被拆穿。而且有时候说谎比说实话更容易。如果朋友送你一份生日礼物，你并不喜欢。但在这种情况下，假装喜欢可能比说实话让事情更简单。

另外，内疚或恐惧情绪产生也依赖于说谎者的人格特点或说谎时的情景。比如，对于反社会性人格的人来说，为达目的不择手段，说谎也是自然的、可接受的方法。因此，他们在说谎时或许没有内疚、羞耻感。此外，如果说谎者的谎言有道德上的支持，他就不会有负罪感。举例来说，间谍为了保护国家的利益而说谎是完全可接受的，不会有负罪感。

3.2 说谎时身体的变化

正如前面提到的，历史上的"神裁法"，以及后来的生理学、心理学、犯罪学，甚至科幻小说作者，在20世纪上半叶形成了一种关于测谎的思潮，即谎言是可以通过测量身体数据来识别的。例如，当时的心理学家闵斯特伯格建议监测肌肉收缩、眼球运动、呼吸、心血管活动和皮肤电阻的变化来测谎。因为他认为测谎背后的基本原理是：心理状态和情绪可以通过身体表现出来。这很容易让我们想到一位童话人物——匹诺曹，以及他那著名的鼻子。

匹诺曹的鼻子

每次说实话时，匹诺曹的鼻子都不会有变化；而当他说谎时，他的鼻子会变长。因此，对于匹诺曹来说，他自己不断变长的鼻子是一个非常可靠的说谎线索。

如果说"读心术"是（通过）大脑测谎的终极梦想，那么"匹诺曹的鼻子"则是身体测谎的理想形态。不过后者似乎更为"天马行空"，只会出现在童话故事里。但研究发现，有些人在说谎时，血液会更多地流向头部，从而导致脸红，以及鼻子的轻微充血，可能会使鼻子因为肿胀而真的"长长几毫米"。当然，这些通过肉眼是观察不到的，但说谎者会因为轻微充血而觉得鼻子痒或不舒服，所以常不经意地摸鼻子——这不就是我们所熟悉的说谎的线索之一吗？所以，匹诺曹的鼻子变长也许并非完全"天马行空"，可能确实有一点生活经验的基础。

许多早期的测谎理论都是基于这样的假设：说谎会导致特定的和可重复的身体反应，在很多方面就像匹诺曹说谎时鼻子变长一样。或者说，测谎的可靠线索类似于匹诺曹的鼻子。如果它们确实存在，就会使得测谎变得有希望，因为这些线索可以成为测谎仪的测量指标。

有证据表明，认知负荷增加时，人们会少眨眼、说话犹豫、语速放缓、口吃或者口误增加、在给出答案之前需要等待更长的时间。此外也会导致手和手臂运动的减少。而如果进行了尝试控制，则会出现与以上相反的表现。

除了认知负荷和尝试控制，说谎时的身体变化还与情绪，特别是恐惧等负面情绪关系巨大。当人恐惧或感到威胁时，身体会立即进入紧急反应状态，也就是所谓的战斗或逃跑反应（fight or flight reaction）。

战斗—逃跑—冻结反应

想象一下，如果我们独自一人在丛林中遇到一头狮子，我们的反应是什么？根据进化心理学的解释，为了生存人必须对此类威胁做出快速反应，没有时间在心理和身体上做好准备：要么与狮子战斗杀死它，要么马上逃走。这就是著名的"战斗或逃跑反应"，它为我们提供了快速应对生存威胁的机制。

战斗或逃跑反应一般被认为由人的**自主神经系统**控制。**自主神经系统负责处理人的非随意行为，或者说无意识行为**。比如，心脏的跳动并不是你让它跳，它才跳的，这就是典型的自主神经控制的行为。除了心跳，自主神经系统还控制着我们的消化、呼吸、瞳孔反应、排尿和性唤起等。而**自主神经系统又分为交感神经系统和副交感神经系统**。

交感神经系统利用并激活去甲肾上腺素的释放，主要功能是激活在战斗或逃跑反应过程中发生的生理变化。这些生理变化可以简单理解为增加胸部活动（心率和呼吸）、减慢腹部活动。前者是为了确保身体为紧急情况适当充氧，后者则是因为"濒死"之际消化或排泄废物并不重要。而副交感神经则几乎相反，它利用并激活的是乙酰胆碱的释放。主要功能是激活"休息和消化"反应，使身体在战斗或逃跑后恢复体内平衡。所以又被称为"交感系统的应急系统"。它所导致的生理变化就是减慢胸部活动、加速腹部活动，以便我们可以消化食物并排泄废物。

不过，还有一些学者认为，当人面对致命威胁时，除了战斗或逃跑反应之外，还有第三种本能反应，即冻结（frozen）反应。在过马路时，如果迎面冲来一辆卡车，有人可能会傻了一般站在马路中间，一动都不能动……事后还会心有余悸地讲："吓死了，当时我什么都不知道了！"也就是当人面对突如其来的威胁时，当下做不出任何反应，就像被冻住了似的，直到一段时间后或者威胁解除后，才有所反应。这就是冻结反应。

所以有些学者建议将"战斗或逃跑反应"改称为"战斗—逃跑—冻结反应"，或者统称为"应激反应"。一些测谎专家如巴克斯特也认为冻结反应在测谎中至关重要。因为说谎者在面对谎言即将被识破时，除了对抗和逃避之外，可能更多的人选择的是第三种反应方式——冻结。保持完全静止并希望测谎人员或警察没有看到其说谎或有罪的迹象，或者无法获得足够的证据。所以"冻结"，也可称为"坚持和希望（holding and hoping）"。如前所述，在战斗或逃跑反应中，激活状态时会增加胸部活动，也就是呼吸和心率都增加。而在冻结反应时，一般认为两者都有所下降。

可见，基于"战斗—逃跑—冻结反应"理论，说谎所产生的恐惧等负面情绪，会让我们的身体出现以下变化。但这里只说是变化，是因为有些具体的生理活动是增加还是降低，三种反应（战斗、逃跑或冻结）之间并不一致。

心肺活动（心率和呼吸）变化

身体许多部位的血管收缩变化

脸部或颈部皮肤苍白或潮红，或两者交替

体温变化

肠胃活动变化，导致消化速度变化

对身体括约肌的一般影响

供肌肉活动的能量代谢来源（特别是脂肪和血糖）变化

肌肉紧张

汗腺、泪腺和唾液腺分泌变化

瞳孔直径变化

膀胱松弛

抑制性唤起

听觉狭隘（听力丧失）

视觉狭隘（周边视力丧失）

身体晃动或震颤

小肌肉发生异常震颤，动作协调性降低

对刺激做出反应的时间异常

在测谎领域，常常需要在法庭上解释对被测者（也是案件当事人）所实施的测谎技术的原理。这时候最常用"战斗或逃跑反应"理论来解释。例如，20世纪80年代早期，当时的美国测谎学会的主席，在支持测谎结果作为证据的法庭证词中，是这样介绍测谎技术原理的：

人类的自主神经系统分为两种，即众所周知的交感和副交感神经系统。交感神经对任何突然的刺激自动起反应，而不需要意愿的出现和一直决定过程的任何控制。那些伴随着恐惧或焦虑的人们常经历的感情就是由交感神经产生的，并以此来提醒和保护处于威胁或危险的人们。在由自主神经系统引发的这些生理反应中，心血管系统功能的变化、呼吸的变化、手的皮肤传导性的变化，都是由于汗腺的活动造成的。这种汗腺的活动不是由气温或体温条件造成的，而是由恐惧和焦虑促使的。测谎仪的基本理论就是在一定的环境中，询问一些可能给被测者带来严重后果的事情的真实情况，这将会刺激自主神经系统的交感神经系统，并导致生理变化，这些变化能被测量、记录和分析。因此，由被测者做出的口头回答将不会影响由仪器测量的生理反应。也就是说，如果被测者被提问："你是否杀死了X？"……如果在回答这个问题时，被测者想说谎否认他的罪行，正如他自己知道的，害怕被揭穿的恐惧将导致每个系统功能的变化。这些变化将被测谎仪测量和记录，以便测谎人员来查看这些可见的生理变化。这些生理变化无论在理论上还是在实践上，都被成百上千的测谎测试证实是与欺骗行为相关的。如果被测者诚实地否定与犯罪行为有牵连，就不会有威胁出现，则问题不会引起交感神经系统的活动。如果仪器测量的生理活动没有任何显著的变化，则证明其肯定是诚实的。因此，了解测谎仪的人解释说，这种仪器与其说是测谎仪（一种不当的误称），不如说是证明诚实的仪器。简言之，没有反应则一定意味着被测者讲的是实话。而出现反应则仅仅意味着他还隐瞒着一些信息，并且他也知道这些信息与被问的问题有关。[①]

虽然在今天看来，这段证词有一些不准确的地方，但仍然传递出测谎专业人士关了测谎技术或者测谎仪的一些重要观念的澄清。

首先，也是本书要特别强调的，**当代测谎理论并没有声称测量的是"说谎"本身**。伴随着说谎可能会出现认知、情绪等变化，从而带来一系列的生理变化。仍要特别强调的是，**这些生理变化并不是直接与说谎有关**。在这种意义上，测谎技术所利用的说谎线索（如生理变化）与匹诺曹的鼻子有着本质的区别。因为匹诺曹的鼻子是直接与说谎有关的，即一说谎就直接导致鼻子变长。

其次，身体为我们提供了不需要解释的客观数据。或者换句话说，身体似乎在自我报告。特别是那些由自主神经系统控制的身体变化，不言而喻在很大程度上是不受被测者有意识控制的。那么，通过测量身体的血压、呼吸、皮电等数据获得的信息不用考虑被测者有意隐瞒真实想法。不过有趣的事实是，**即使身体在"说话"，但它究竟说了什么，仍需要解释，而解释工作就是由测谎人员完成**。

简言之，**测谎就是捕捉一些身体变化，并推断出被测者是否说谎或者欺骗，而这些身体变化并不是与说谎直接有关的**。

至此，我们就能明白为什么大部分人都不会想到匹诺曹的鼻子可能真有点科学道理。此外，还有一个重要的原因是，可能很多人都不是这类体质，也就是说谎时鼻子不会充血，也不会不舒服。这也是专业测谎人士要特别强调的一点，**即不同的人可能会表现出不同的欺骗线索**，

----

① Raskin D. C., Orienting and Defensive Reflexes in the Detection of Deception, In H. D. Kimmel, I. H. Van Olst, & J. F. Orlebeke（Eds.）, The Orienting Reflex in Humans, Hillsdale, N.J.: Erlbaum, 1980: pp.587–605.（［美］大卫·拉斯金：《欺骗识别中的定向和防御反射》，载塞缪尔·科森等人主编《人类的定向反射》，艾尔伯出版社1980年版，第587–605页。）

同样的人在不同的情况下可能会表现出不同的线索。例如，有些人说谎时更有可能出现手指微颤而不是视线闪躲。

为了更好地理解以上观念，我们介绍一种近年来新引进的测谎技术——热成像测谎技术。

热成像测谎技术

热成像测谎技术有点类似匹诺曹的鼻了，利用的也是面部血流的增加。交感神经系统的激活可以引发多种身体反应，其中包括心脏收缩力增加、使血液从四肢流向头部和主要肌肉，以及皮肤血流增加。这些反应会改变身体发出的热信号。科学家利用热成像相机可以捕捉身体温度的变化，其中一些可能有助于推断生理或心理状态。

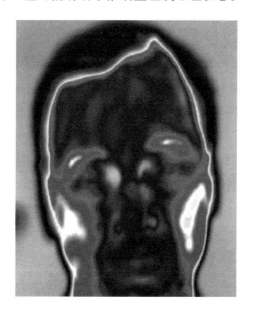

图3-1 热成像技术显示画面，两只眼睛内角
附近的亮点表示此处温度最高。[1]

----

[1] ［美］扬尼斯·帕夫里迪斯：《使用热成像技术测谎》，载《国际光学工程学会论文集》
2004 年第 5405 期。

2002 年，《自然》期刊上发表了一篇文章。研究者认为当个体处于应激反应时，因眼睛周围的眼眶区域非常敏感，会导致这一区域的温度升高。通过热成像技术记录眼睛周围的温度变化，可用于检测说谎或欺骗。不出所料，此文章吸引了相当多媒体的关注，有的媒体甚至惊呼，这就是"现实中的匹诺曹的鼻子"。媒体之所以如此关注，可能有两个原因。一是文章是发表在《自然》这一备受推崇的期刊上，二是研究者在文章中声称该技术具有"用于远程或快速安全检查的潜力，并且无须技术人员或身体接触"。这听起来很有前途，因为它意味着该技术可用于机场识别走私者和潜在的恐怖分子。

随后马上就有人将它用于在机场进行一项研究。该机场使用此技术对 51 名受测者进行了测试。结果显示，识别说实话的准确率为 64%，识别谎言的准确率为 69%，略高于 50% 的概率水平。此外，本研究还使用了传统的审讯式的测谎方法，结果发现效果比热成像技术更好。识别说实话的准确率为 72%，识别谎言的准确率为 77%。研究发现，几乎任何被机场海关人员问话的人都会出现紧张情绪，无论他是否有走私行为。而紧张本身会导致人面部温度升高，所以热成像测谎技术在实际应用时可能会有更多的错误。①

美国国防部测谎研究院也进行了另一项类似的科学实验：随机分配 20 名志愿者模拟抢劫伤人犯罪，然后接受热成像测谎测试，结果得到 83% 的总准确率。不过，本研究最后指出，这项技术尚不够成熟，不适于大规模应用。事实上，前面提到的《自然》期刊上的文章作者后来曾通过勘误补充说明："本文不是为了传达这样的印象——这种热成像

----

① Pavlidis I. T., Lie Detection Using Thermal Imaging, Proceedings of SPIE, 2004, 5405: pp.270–279.（［美］扬尼斯·帕夫里迪斯：《使用热成像技术测谎》，载《国际光学工程学会论文集》2004 年第 5405 期，第 270–279 页。）

技术已经适用于大规模应用。"[1]

虽然热成像测谎技术还处于起步阶段，但目前几乎没有任何发现表明它是一项非常有前途的测谎技术。热成像测谎远远不是"匹诺曹的鼻子"。它最大的缺点和"匹诺曹的鼻子"一样，受"个体差异"这一因素的影响很大。例如，恐怖组织如果发现会面临热成像测谎测试，他们只需要招募那些可以通过此类测试体质的人就可以了。因为有些人无论多么紧张或恐惧都不太会出现面部温度升高的情况。而天生一紧张就脸红的无辜者，则很可能被误认为是潜在的"恐怖分子"。此外，头部的转动、环境温度等也会极大影响该技术的准确性。所以有些人说，**热成像技术是最不被看好的"新型测谎技术"**。

3.3 失败的测谎者

一方面，说谎可能是人的天性，或者说为了生存以及更好地生活，我们需要说谎。但另一方面，我们又一直在试图揭露谎言。比如，警察想知道嫌疑人所提供的不在场证明是否可靠，买家想知道商品是否真的和售货员说的一样好，妻子想知道丈夫是否和声称的一样忠诚……如果能够准确检测这些是真是假，对个人或整个社会都有好处。

但问题是，想要识别谎言是一回事，而最后能成功地识别谎言则是另一回事。我们倾向于认为大多数人都如我们一样不善于说谎和隐藏情绪，并且相信我们只要通过细致的观察就能识破对方的谎言。而科学

----

[1] Pollina D. A., Ryan A. H., The Relationship between Facial Skin Surface Temperature Reactivity and Traditional Polygraph Measures Used in the Psychophysiological Detection of Deception: A Preliminary Investigation, Department of Defense Polygraph Inst Fort Jackson S. C., 2002. （［美］迪安·波利纳等：《面部皮肤表面温度反应性与传统心理生理测谎的测量指标之间的关系：初步研究》，南卡罗来纳州杰克逊堡国防部测谎仪研究所，2002 年。）

研究数据表明，**人类实际上非常不擅长测谎**。从概率的角度来看，一个人识别谎言的成功率应该在50%这样的偶然水平上徘徊。但实际结果是，在人们的日常交往中，只有18%的谎言被识破。换句话说，对于发生在我们自己身上的谎言，82%的都没有被识破。

社会中有一些需要经常进行类似测谎活动的专业人士，如警察、法官、海关人员、心理学家等。我们一般相信这些专业人士会比普通大众更擅长测谎，而且他们自己也往往具有这样的自信。但研究发现，他们参加测谎的准确率实际上也不高，几乎都在50%左右。美国1986年的一项研究，选取了三组人，分别为大学生组、无经验的警察组，以及有经验的警察组。向他们提供一段录音资料，内容是个体面对陪审团的询问做出回答的过程。然后要求他们根据自己的经验来判断这一个体是否在说谎。研究结果发现，无论是学生组与警察组（包括有经验和没有经验的）之间，还是有经验的警察与无经验的警察之间，在识别谎言的准确率上都没有表现出显著的差异。[1] 而2004年的一项研究也发现，警察在识别谎言上的平均准确率为56%，并且他们表示识别谎言时主要依赖自己的主观经验，而不是与说谎相关的一些线索（如表情或声音紧张）。[2]

总之，事实是：**无论是普通人还是一般专业人士，都不擅长识别谎言**。之所以如此，研究者也给出了一些解释。

善于测谎比善于说谎要好

我们对于自己的认识，也就是自我认知，往往都是正面的、积极

----

① DePaulo B. M., Pfeifer R L. On-the-Job Experience and Skill at Detecting Deception, Journal of Applied Social Psychology, 1986, 16（3）: pp.249-267.（［美］贝拉·狄宝萝等：《职场测谎的经验与技巧》，载《应用社会心理学期刊》1986年第16卷第3期。）

② Mann S., Vrij A., Bull R., Detecting True Lies: Police Officers' Ability to Detect Suspects' Lies, Journal of Applied Psychology, 2004, 89（1）: pp.137-149.（［英］萨曼莎·曼等：《识别真实谎言：警察侦破嫌疑人谎言的能力》，载《应用心理学期刊》2004年第89卷第1期。）

的，虽然有时候可能是一种幻觉。也就是说，人们通常会"真心"地认为自己比大多数人更有道德（Kaplar & Gordon，2004）。因此，我更愿意承认自己是一个优秀的"捕捉谎言"的人，也就是好的"谎言捕手"，而不愿意承认自己是个优秀的骗子。

真实偏见

近年来，随着相关研究的深入，研究者发现人们普遍存在着一种"真实偏见（the truth bias）"的倾向，即在日常人际交流中，个体都倾向于相信交流是真实的，并在此信念基础上来理解收到的信息。这其实很好理解，如果我们在交流之前先假定对方会说谎，那么我们会花更多时间和精力去查明真假，结果就是我们交流的效率大大降低。所以，人与人的交往会进化成这种"真实偏见"倾向，而这一倾向则直接导致了日常生活中个体不太能识别出对方的说谎行为。例如，研究获得的客观数据是：人际信息有56%是真实的，有44%的是欺骗性的，也就是真假比率大约是一半一半，但我们往往都会轻信对方所有的信息都是真实的。[1]

另外，社交原则也不鼓励人们表现出预先的怀疑。想象一下，当你与人谈话时，对方一直在打断你，并用怀疑的语气问"真的吗""不太可能吧""你确定"……除非有特别的原因，否则这样的谈话不太可能持续下去。相反，对方如果时而点头、时而附和，你会倍感高兴。可见，社交原则也决定了我们要有"真实偏见"。

随便提一下，"真实偏见"在日常生活中有个例外，就是人们对销售人员的态度，一般都是不相信他们的推销"话术"。

----

[1] Bond Jr C. F., DePaulo B. M., Accuracy of Deception Judgments, Personality and Social Psychology Review, 2006, 10（3）: pp.214–234.（［美］查尔斯·邦德等：《欺骗识别的准确性》，载《人格与社会心理学评论》2006年第10卷第3期。）

无须测谎

在有些情境下，我们会有意无意地放弃识别谎言的念头，其中最常见的情景就是日常社交。

前面我们也曾提到（见第二章），狄宝萝关于日常生活谎言的研究，其中70％的人承认，他们对自己说谎几乎没有后悔。同时，他们还表示不觉得说谎有困难，一般不会特别设计日常生活中的谎言，也不太担心自己的谎言可能被拆穿。可见，日常生活中的谎言大多数都是低风险的谎言，说谎者不太可能会有心理负担，也不会表现出明显的与说谎有关的情绪、认知负荷和尝试控制行为。

对于一个成年人来说，多年生活经验会让他认同：生活有时候就像演戏，每个人都选择自己想展示的来表现，并不完全是真实的自己。我们希望别人尊重我们展示自己的方式，同时也接受别人展示他自己的方式。所以，有时候明知对方说的、做的和真实的情况不太一致，也不会去戳破。

另外，有些谎言是为了保护自己、避免社交互动中的紧张和冲突，或者减少伤害他人感情，也就是所谓的"善意的谎言"。对于这类谎言，我们并不介意，有时候甚至会觉得对我们撒谎才是真正关心或在乎我们的表现。比如，父母对我们说："你一点都不胖，要多吃点。"事实上我们确实有点肥胖，但是父母担心过度节食有损身体，所以对我们说了谎。相反，当一个人跑过来主动告诉你："你太胖了，不好看！"我们会觉得对方充满了恶意。所以，有时候我们不仅不讨厌谎言，而且会感激别人对我们没有完全诚实。除了体型，对于发型、穿衣品位、成就等，我们都喜欢得到别人虚假的赞美。

"鸵鸟效应"：不敢测谎

还有一些人也不需要测谎，但背后的原因是他们害怕面对真相。最有代表性的就是婚姻忠诚度的问题。有些人可能会积极弄清楚自己的另一半是否对自己忠诚，但是也有一些人不是。比如，有的妻子怀疑自己的丈夫有外遇，但选择不去弄清真相，因为一旦知道真相，夫妻关系可能破裂，进而会影响到孩子。因为不能承担得知真相后的结果，或者认为知道真相后带来的风险更大，这些人像鸵鸟一样把脑袋埋进沙子里，主动让自己避开真相。这是一种典型的"鸵鸟效应"。

测谎确实是一项艰巨的任务

除了不愿、不敢测谎的人，有心抓出骗子的人测谎准确率也不高，包括专业人士也是如此。这是因为识别谎言确实比较困难，是一项艰巨的任务。

为了保护自己，我们发展出了隐藏情绪的能力。特别是对于那些经验丰富的说谎者，他们知道哪些行为模式与诚实和受人喜欢有关。**例如，和对方目光接触、微笑、时常点头、身体前倾、双臂不交叉于胸前、手势清晰、语速适中、少用"嗯""呃"这类语气词。**这些人即使说谎，也会表现出诚实的样子，举止也很自然。历史上，一些特别优秀的骗子还打败了测谎仪（见十三章）。所以，我们被他们蒙混过关，也是在所难免。

不过，最主要的原因还是，到目前为止，没有任何一种表情、行为、言语或者生理反应是肯定与说谎有关的。换句话说，像匹诺曹的鼻子这样，一说谎100%会变长，这样的线索是不存在的。这就意味着，在张三身上偶然发现的，说谎时他会摸摸自己的鼻子，在李四身上可能完全不是这样。而且，张三的这个说谎模式也不是每次都会出现。所以即使只用在张三身上，这一测谎模式也不能保证100%准确。总之，就是不存在真正可靠、稳定的欺骗线索。

曾有学者进行了一项雄心勃勃、全球性的关于"欺骗线索"的研究。研究包括来自58个国家的研究团队。每个国家的研究人员都招募20名男性和20名女性，年龄都在16岁以上，大多数是大学生。参与者都被问到一个问题："你怎么知道别人在撒谎？"换句话说，"你相信什么样的表现是欺骗的线索？"

最后研究总结得到了103种线索，其中有9种是超过15%的参与者都提到的。最多人（87%的人）提到的线索是：首先是说话前后不一致、缺乏合理性。其次就是视线闪躲（64%）、面部表情紧张（28%），语无伦次和坐立不安均为25%。其他还有一些线索，提出者比率在15% ～ 25%，分别是面部变化（出汗/脸红/发白）、说话含糊、犹豫或停顿、声音变化（音高/音量）。①

此外，有些线索在不同的国家，提出者比率有所差异，如视线闪躲，在58个国家中有51个都是最常被提到的，但是在阿拉伯联合酋长国则不太常提到，只有不到25%的人提到。

还有学者对警察进行了类似的调查，接受调查的警察平均从警时间为11年。最后一共获得了30种欺骗线索，其中8种被超过15%的警察提到。最多警察提到的线索是视线闪躲，有73%。坐立不安次之，其他则分别是说话前后不一致和含糊、说话犹豫或停顿、声音变化，以及出汗、脸红或眨眼等。②

这两个研究，有着一些共同之处，不过在第一位的线索上有所不同。前者是涉及言语的，说话前后不一致；而后者则是行为——视线闪躲。这可能和测谎者的具体情景不同有关，前者调查的是普通人，他们的经验主要来自日常社交；而后者是专业人士，他们的经验可能更多涉及的是审讯嫌疑人情景，不属于正常的对话交流。

----

① Global Deception Research Team, A World of Lies. Journal of Cross-cultural Psychology, 2006, 37（1）: pp.60-74.（全球欺骗研究团队：《谎言的世界》，载《跨文化心理学期刊》2006年第37卷第1期。）

② Mann S., Vrij A., Bull R., Detecting True Lies: Police Officers' Ability to Detect Suspects' Lies, Journal of Applied Psychology, 2004, 89(1): pp.137-149.（［英］萨曼莎·曼等：《识别真实谎言：警察侦破嫌疑人谎言的能力》，载《应用心理学期刊》2004年第89卷第1期。）

但是无论如何，我们能确定的事实是：**不存在着100%（其实连80%都达不到）准确的说谎或欺骗线索。**

可见测谎确实是一项比较困难的任务，但这并不是意味着我们完全没有希望。事实上，以上的发现可以启发我们改进测谎技术。"真实偏见"的问题提示我们：在测谎时保持必要的怀疑是必要的——**怀疑是捕捉骗子的必要前提。**

此外，近年来的研究证实，如果系统学习测谎相关技术和方法，是有助于提高测谎准确性的。前面提到的，不少研究发现警察这类专业人士测谎能力与普通人一样。但是有研究将这些专业人士进行了进一步细分，又有了不一样的发现。

秘密特工比其他专业人士（如警察）更擅长捕捉骗子。所有秘密特工的总体测谎准确率在64%。然后研究者从中又筛选出29位特工，他们曾接受过系统的测谎培训（主要是微表情测谎相关的）。结果发现这些培训过的特工测谎准确率可以达到73%。所以结论是：某些职业的专业人士（如秘密特工）比其他专业人士或普通民众更擅长测谎；经过测谎技术培训的比没有经过培训的更擅长测谎。本研究还解释了为什么秘密特工做得更好。

第一个原因是和他们的工作性质有关。他们主要是秘密地发现潜在的问题，所以必须依靠非语言线索。相比较而言，警察往往是与嫌疑人面对面打交道，而且因为现在刑事诉讼的要求，警察需要更多地寻找证据来证实嫌疑人有罪。

第二个原因就是，受过测谎培训的人确实比未受过培训的人更擅长识别真相与谎言。而且目前的研究结论是，无论受到的是何种测谎培训，如行为测谎、言语测谎、微表情测谎、测谎仪培训等，都可以显著提高其测谎能力。

第三个原因可能在于警察下结论其实非常慎重，倾向于说不确定或者干脆说无罪。这样就不会导致无辜者被错误定罪。虽然也可能导致漏掉真正作案人，但对警察来说，是风险较小的做法，否则他会被追责。而秘密特工因为工作的特殊性，做决策时更大胆一些。同样，经过测谎培训的专业人士，因为已经具备了一定的科学理论的指导，对自己更有信心，也会更大胆地做决策。可见，测谎准确性其实与决策过程有很大关系，关于这点，我们将在第九章专门讨论。

第四个原因可能在于如果使用测谎技术，也就意味着我们会积极地、主动地找线索，而不是被动地等待线索。比如，测谎仪测试，我们会提一些精心设计好的问题，然后观察被测者的反应，这就意味着会收集更多的、更有针对性的线索，帮助我们做判断。就像所罗门王所做的那样！

总之，只凭借日常经验，测谎的准确率实际上非常低，几乎都在50%这样的偶然概率水平。而要想提高准确率，了解和掌握一些专业的测谎知识和技能是一个比较有效的途径。

第四章

你不知道的行为测谎

一般认为，对于说谎者而言，自己说出来的语言内容是比较容易控制的，只要稍微用心一点就能够通过组织语言来达到说谎的目的。但对于说谎时的行为表现，则比较难控制，只有极少数经过特别训练或极有天赋的人才可能完美地表现出"非常诚实"的行为表现。

心理学的研究也证实，这种假设是对的。因为人类的很多行为，特别是说话时相伴而生的诸多行为，如身体姿势、手和腿的动作、目光接触、脸部表情等，都是或至少部分是受**自主神经系统**控制的，很难用个人意志加以控制和管理。正如著名心理学弗洛伊德所指出的：**只要用眼睛去看，用耳朵去听，没有一个凡人能保持住秘密。即使他嘴巴沉默，什么都不说，但他的指尖会出卖他。泄露无处不在。**

因此，通过观察行为来识别谎言也许是人们最常用的方法。哪怕是各种测谎仪器不断推陈出新的今天，即使是如警察之类的专业人员也主要使用这种方法来识别谎言。而对我们一般人来说，在日常生活中几乎都是使用这种方法识别谎言或欺骗。

行为测谎最大的问题可能就是准确性较低，不太可靠。不过，我们只要学会一些基本知识和技巧，就能极大改善这一问题，将行为测谎的准确性大大提高。

4.1　人格类型与三种行为

我们首先要知道的一个基本原则就是：**人与人是不一样的**。所以想要提高行为测谎的准确性，就要对不同类型的人格特点有所了解。

人格类型

人格也就是我们俗称的性格、个性。不过现代心理学将它引入作为一个专门的术语，统一称为人格（personality）。人格指的是一个人固定的行为模式以及在日常生活中待人处事的习惯方式，是其全部心理特征的总和。

人格概念源于希腊语"面具（persona）"。在古希腊戏剧中，一个演员可能会表演多个角色，所以他们需要戴上面具进行表演以便区分。演员在舞台上戴着某角色（如王子）的面具，就意味着他在表现这一特定角色（王子）的喜怒哀乐及全部心理和行为特点。可见，人格使用"面具"这一词源就是为了强调：**每个人的人格特点其实是不一样的，也就是所谓的"人心不同，各有其面"**。所以，同样是说谎，不同人格特点的人会以不同的方式处理，从而导致在说谎时的具体行为表现有所不同。

在测谎领域中，为了更有效地识别谎言或欺骗，一般将说谎者区别为四种不同的人格类型，他们分别被称为操纵者、扮演者、好交际者和适应者。

1. 操纵者

人们对于说谎者的刻板印象常常是"自私的""狡诈的"和"喜欢控制的"。这其实就是反映了"操纵者"这类说谎者的人格特点。所谓操纵者，简单来说就是那些在权谋上得分很高的人。权谋一词来源于意大利著名政治家马基雅维利，他主张为了建立一个强大的意大利，可以不惜任何代价，甚至包括那些不道德的方法，如说谎或欺骗。这就是权谋，而马基雅维利主义也因之成为权谋的代名词。

在现代心理学中，**马基雅维利主义是三大暗黑人格特质之一，其他两个则分别是自恋和精神病态**。不过，无论是权谋还是马基雅维利主义，都是相对抽象的概念，一般人很难全面地理解或把握。我们可以通过了解心理学上如何测量一个人的马基雅维利主义（或权谋）水平来了解。《马基雅维利主义人格量表》包括了15个题目，分别描述了一些观念和想法。如果个体对这些观念或想法都非常认同，那么他（或她）就属于高权谋者或高马基雅维利主义者，否则就是低权谋者。事实上，为了更客观地测量，我们往往会利用赋分的方式来计算获得总分。对于每个题目采用5分制，分数越高代表个体对这个具体观念或想法的认同程度越高，最高分5分代表完全认同，最低分1分代表完全不认同。然后把15个题的分数加在一起获得一个总分，这个总分就是个体最终的权谋水平。总分（理论上应该在15 ~ 75分）分数越高，权谋能力越强，也就是马基雅维利主义倾向越强。

马基雅维利主义人格量表

1. 觉得为了保持自己的竞争力撒点小谎也没什么。
2. 跟他人攀谈的原因就是想获取对自己有利的信息。
3. 如果对成功有帮助，觉得采取适当的不道德行为是允许的。
4. 如果他人的行为威胁到实现自己的目标，会采取阻止行为。
5. 如果不会轻易被发现，会撒点小谎。
6. 喜欢人际交往中的等级次序。
7. 很享受控制他人。
8. 很享受控制整个局面。
9. 地位是人生成功的重要标志。
10. 积累财富是重要的人生目标。

11.希望有一天能够飞黄腾达。

12.只有个人所得才能激励人们努力工作。

13.不喜欢做出承诺，因为并不完全信任他人。

14.为了得到晋升，团队成员之间也会相互中伤。

15.别人会想方设法占我的便宜。

通过这一量表，我们可以很容易了解到，权谋者在心理和行为上一般会表现为：**冷酷无情、擅长操纵、阴谋算计、实用主义、注重结果和忽视道德**。他们深感自己比他人优秀、聪明，总是认为他人都比较容易被自己控制和支配，有着较为强烈的操纵他人的倾向。他们通常比那些在权谋上得分低的人更受人喜欢，而且常常被别人当作好伙伴。但是这种喜欢不会持续很久，因为当与他们相处一段时间后，就会发现他们比一般人更自私、更不关心别人、喜欢批判别人、傲慢、不值得信任、具有攻击性、不可靠和多疑。正因如此，马基雅维利主义这种人格特质才被称为是"暗黑特质"，也是最负面、最不受欢迎的人格特质。

另外，通过比较权谋得分高的人和权谋得分低的人所写的故事，也能很容易看出两者的差别。一个权谋得分低的人写道："其他两位乘客和我似乎相处得很好……如果我们立刻开始信赖彼此将是十分有趣的。"而权谋得分高的人写道："那两位乘客是冷酷的蠢货，不断抱怨……如果我饿急了，我会想着如何用我有限的烹饪工具煮了他们。"

而在人与人的交往中，特别是在说谎或欺骗他人时，**权谋者最主要的特点就是会毫不犹豫地去操纵他人，达到说谎的目的**。所以，在测谎领域，我们将他们称为"操纵者"。他们不在意传统道德，自认为高人一等，认为自己说谎有着充分的甚至正义的理由，所以他们说谎时在心理上没有觉得不安，也不太会觉得说谎比较复杂或难处理。在一般人看来，说一个谎话可能需要用一百个谎言来圆谎，所以说谎是一件困难的事情。但是对于操纵者来说，则完全没有这样的问题。即使其谎言面对他人的质疑或被当场揭穿，他们也不会觉得惭愧或不安。所以在交谈中他们显得放松和自信，很少会出现与害怕被识破或愧疚情绪相关的行为表现。

2.好交际者

我们一般会认为，擅长社交的人在社交过程中表现得更加得心应手，因此他们在说谎时也会比一般人表现得更好，也就是更擅长说谎。这其实是有道理的，因为谎言几乎都是发生在人们的日常社会交往中，而且有些谎言其实是有利于社会交往的。例如，人们一般不会当面指出别人烹饪的食物难吃，因为这有利于人际关系的融洽。

性格外向或社交性强的人对社会生活特别感兴趣。所谓**社交性，是指一个人喜欢和他人亲近，喜欢与他人待在一起而不愿独处的倾向**。这种人我们称为"好交际者"，他们喜欢和别人相处、不害羞、对于社会交往特别自信。相反，另一些社交性低的人则在社交场合特别保守，可能是因为他们更倾向关注自己，关注他们独立面对自我的想法和反应（有很高的自我意识的人），或者因为他们有社交恐惧（也就是在别人面前会感到不安）或害羞（也就是和别人在一起时觉得尴尬和紧张）。

社交性的倾向不同，对说谎技巧的影响很大。好交际者比害怕交际的人更经常说谎，说谎时更不会感到不安，而且说谎持续的时间更长。而一些研究的结果也证实了这一点。在尝试欺骗的情景中，在有社交恐惧的人中，有几乎一半（46%）的人最后会失败；而好交际者，这一比例只有19%，说明后者更善于说谎。[①]

3.表演者

表演者往往是具有表演型人格倾向的个体。所谓表演型人格又

① Vrij A., Winkel W., Social Skills, Distorted Perception and being Suspect: Studies in Impression Formation and the Ability to Deceive, Journal of Police and Criminal Psychology, 1992, 8（1）: pp.2-5.（［英］阿德顿·维吉等：《社交技能、扭曲的感知和被怀疑：印象形成和欺骗能力研究》，载《警察与犯罪心理学期刊》1992年第8卷第1期。）

被称为寻求注意型人格，其**最典型的人格特点就是想要引人注目、引起关注**。所以无论从行为表现上还是情绪神态性格上，都多多少少带着戏剧化、表演的色彩。在日常生活中我们往往将这类人俗称为"戏精"。

历史上最有代表性的、具有表演型人格的名人之一可能就是威廉二世了。他过度关注媒体对自己的报道，对自己在公众中的形象格外在意。所以他自己亲自挑选制服以配合特定的场合，精心"梳理"自己那著名的胡子，常常做出过于做作庄重的表情和仪态。对外表形象的过分管理甚至发展到了对皇后的要求，他亲自为皇后的服装、独特的珠宝首饰和华丽夸张的帽子提供设计方案，还迫使她通过食物、药物和紧身衣等保持身材。虽然听起来有点匪夷所思，但从表演型人格特点的角度就很好理解：因为在他看来，皇后作为他的妻子，是他公众或媒体形象的一个重要组成部分。

为了不断地吸引公众的注意力，威廉二世比任何一位君主都热衷在公开场合发表演讲。很多时候都是即兴演讲，有时为了达到轰动效果，不惜夸夸其谈，甚至公然说谎。

这类型的说谎者与其他人相比，会更擅长管理他们的言语和非言语行为。具体来说，他们主要**有四个方面的能力要优于其他人，分别为情绪控制、社会角色扮演能力、言语行为管理和言语表达的能力。**

情绪控制：是指管理情感交流和非言语表达的能力，也就是隐藏真实感情的能力。例如，个体即使感到很不安，但仍能保持平静的外表。表演者因为在日常交往中就非常注意管理自己的情绪，其实就相当于是一种日常练习，所以他们比一般人更擅长控制情绪。

社会角色扮演能力：是指个体根据自己的社会角色来进行外在形象和行为表现的管理能力。因为这种管理往往是比较肤浅的、过度的，有时会因为不合时宜而显得装腔作势，所以被称为"扮演"。威廉二世就是一个非常典型的例子。他热衷于扮演自己作为君王的角色，并积极地进行外貌、服饰、言语和行为等方面的管理，甚至连自己的妻子也不放过。

言语行为管理：指的是个体会对自己的举手投足，特别是在说话时的行为表现进行管理。因为他们认为，在说话时加入一些姿势或者手势，会对自己所说的内容进行强化。举例来说，我们可能听说过这样的建议，在演讲或正式场合，将双手指尖相互轻轻触碰，置于腹部前方。

言语表达的能力：指的是言语表达的技巧和言语流畅性。表演者为了引起他人注意，并提升自己形象，会注重和练习自己说话的声音、语调，以及谈吐的方式，等等。比如，他们可能参加过类似主持人训练这样的课程。

总的来说，表演者在以上四个方面都比一般人要强。因为他们在日常生活中倾向于隐藏真实的自己，努力展示一个理想的形象。他们的一举一动都是经过修饰的，而且曾反复练习过，所以更擅长说谎时的行为管理。

4.适应者

除了上述的表演者，人格类型中还有一种顺从型人格。如果说表演型人格特质的人（也就是表演者）需要的是他人关注，那么顺从型人格特质的个体则是需要寻求安全感。表演者常常采用夸张或做作的方式来获得关注，**而顺从型人则是采用尽量让自己适应他人或者环境的方式来获得安全感**，所以我们将这类人称为"适应者"。

适应者在与他人交往时，不太强调或表达自己的需求，甚至为了迎合他人而压抑或放弃自己的愿望和想法。心理学家认为，对于顺从型人格而言，这是他们的生存方式。在他们看来，只要压抑自己的需求、放弃自己的愿望，别人就会喜欢自己或不会伤害自己。

在社交中这些"适应者"有高度的动机想给别人留下良好的印象，得到别人的喜欢、欢迎、重视或者帮助，其中一个方法就是说谎。适应者为了他人会隐藏自己真实的想法，根据他人和情景来行为，哪怕是欺骗或说谎行为。

三种行为

人类的行为多种多样，不过在测谎领域，这些行为特别是那些伴随着言语产生的行为，其实可以简单地看成三种就行了。因为从语言交流的角度来看，这些行为无非为了起到象征、说明或者操作的作用。

1.象征性行为

就是指代其本身意思的动作。比如，我们最熟悉的用点头来表达"是"，用摇头来表达"不是"。在几乎所有的文化中，这类行为都是从小就习得的，并且沿用终身。人类学家就发现，这一行为可以追溯到婴儿时期，当放在嘴边的东西不是婴儿想吃的，他会将头偏向一边，而如果是自己喜欢的，则会上下调整头部，以准确地将食物放到嘴里。

不过可能在不同的文化之间，有所差异。比如"点头 yes 摇头 no"在某些国家是相反的，他们日常的人与人之间的非语言沟通中是"点头 no 摇头 yes"。所以这类动作有着很大的文化特征，但却能异常精准地表达行为者真正想表达的信息，它们能充分表达出所有信息，不需要语言的辅助。而且，因为是从小习得，所以往往受无意识控制，较难改变。在测谎中就有一种识别技巧：如果个体出现嘴里说"没有"但是却有点头的迹象，那么他很有可能是在说谎。因为点头这一动作是象征性行为，精准地表明他内心的真实答案是"有"。

2.说明性行为

此类行为是为了帮助听者理解说话者的言语信息。例如，说话者一边拍着自己的胸口一边说："你看我，真的没有任何隐瞒。"如果个体说的是实话，那么同时的行为就应该表现出来的是为了更好地表达或说明其言语信息，其行为与言语内容表现出来是一致的。

3.操作性行为

此类行为不是为了帮助听者理解说话者的言语信息，而是为了干扰听者对信息的理解。操纵者人格的说谎者不仅是否认事实，而且还试图通过自己的行为来操控对方，使得对方产生错误认识。何谓操作性行为呢？我们用前文提到过的观察大猩猩之间的互动例子来说明，也许会比较容易理解。雌性黑猩猩布兰妮看见附近的干草堆里露出了一根香蕉，于是向那根香蕉走去。但是正在这时，它又瞥见另一只强壮的雄性黑猩猩阿波罗笨重地走向它。布兰妮停下步伐，并转身背对香蕉，使得阿波罗也转身，从而发现不了香蕉。很快，阿波罗发现布兰妮对自己不感兴趣，于是掉头去找其他的雌性。布兰妮跟着阿波罗走了一段距离，但一旦确定阿波罗的去向，就快步走回干草堆，偷偷地取得那根香蕉。在这个过程中，布兰妮就是通过自己的一系列的行为——"停下步伐，并转身背对香蕉""跟着阿波罗走了一段距离"来操作阿波罗的认知和行为，从而达到欺骗的目的。这就是操作性行为。不过由于说谎者的操作性行为往往与事实不符，所以可能会与说谎者其他的行为或言语内容不一致，所以如果稍加注意或分析，就会发现这类行为显得比较突兀、不好理解，以及前后矛盾。这一点可以作为我们进行测谎的依据之一。

通过以上分类，我们可以发现一个基础事实就是：在自然情况下，非言语行为是为了更好地表达言语内容，帮助信息沟通的有效和准确。所以非言语行为从本质上说是与说谎相违背的，也就是破坏言语欺骗的尝试活动的。

这可以从生理和心理两个过程分别加以解释。非言语行为是由对某一刺激的自然的、潜意识和本能的反应组成的。研究发现，让天生失明的幼儿和正常幼儿分别描述水杯中剩余的水的容量，两组幼儿所使用的肢体动作非常相似。

由此可见，行为与言语的一致性在某种程度上是天生的。另外，更多的研究还发现，面部表情具有明显的跨种族特点，人类的基本面部表情及其要表达的信息并无二致。这也进一步证实了这点。当然，尽管有大量证据证实，非言语行为具有先天性，但是还有许多非言语行为带有明显的文化差异，这说明一些非言语行为也受后天学习的影响。

4.如何区分

基于以上认识，测谎专家总结了诚实与说谎的非言语行为指标之间存在着的本质区别。

表4-1 诚实与说谎的非言语行为指标

诚实	说谎
真实的友好	过分的友好
直接回答	闪躲回答
较多的目光接触	很少的目光接触
合作的	不合作的
没有心理负担的	恐惧
镇静	紧张的面部表情
放松	紧张的身体行为
健谈	不太健谈

在自然情况下，人们的非言语行为是为了更好地服务于言语表达。因为，有效的、直接的非言语行为应该是友好的、有利于信息沟通。所以说话者表现出来的总体印象是：他是放松、镇静、友好、没有心理负担的；他期待能最大可能地与对方合作，从而把信息完整地传递过去。而说谎者则恰好相反。以上的分类指标比较烦琐，我们可以将上述指标进一步简化成以下分类：

表4-2 简化分类

诚实	说谎
放松和自信的	紧张和防御性的
面对面的身体相对	闪躲的身体相对
说明性行为增多	操作性行为增多
自然而舒适的脚部和身体姿势	过多重复的、不停的脚部和身体动作

说谎者，特别是具有操纵者人格特点的说谎者，为了误导对方，他的非言语行为所表现出来的就是操作性行为增多。当然，一些不善于说谎或表演的说谎者则不是这样，更多的可能性是表现得相当紧张。

不过，人类的行为表现在身体的各个部位，而且一些身体部位的行为比其他身体部位更难控制，更常被作为行为测谎的指标。一般认为，由于脸部肌肉变化迅速，可以允许不同的表情表达，故人们对脸部表情的控制相对容易一点。相对地，腿和脚的运动的启动速度要慢一些，因此说谎更容易通过腿和脚的运动而暴露。所以，为了更好地分析行为测谎，我们将根据这些重点身体部位来分别说明。

4.2 身体语言分别在告诉我们什么

姿势

姿势作为给他人的一个整体印象，是第一个需要进行系统分析测谎的行为对象。测谎专家们认为，一个人的姿势会暴露他的情绪、自信及感兴趣水平。一个说实话的人在陈述时会保持高水平的情绪参与、兴趣和自信。他们会在椅子上坐得较直，身体与测谎人员保持在一条直线上以确保直接的交流。在有重要陈述时，也许会向测谎人员倾斜以强调陈述的重要性。他们也可能会双腿交叉，呈现出舒服、自然的坐姿并且放松肌肉。在长时间的交谈中，他们可能会有几次姿势的改变，这些改变看起来比较随意。可见，人的姿势在很大程度上表现了其基本态度。总体上，人有四种基本姿势及其代表的基本态度：

1.身体前倾代表注意；
2.身体后倾或转身代表拒绝或否认；

3.胸部挺起代表骄傲或傲慢；

4.身体过度前倾并耷拉着脑袋和肩则代表沮丧或忧郁。

　　身体前倾表示友好，后倾则表示有敌意。身体保持竖直代表喜欢之类的感情，反之则代表不喜欢或不同意。诚实者常常用身体姿势来帮助说明自己的意思，因此其姿势是开放的、稳定的、挺拔的姿态。诚实者往往会身体稍前倾，表示他们对谈话内容感兴趣。另外，欺骗者常常表现出不开放、防御式的姿势，如交叉着胳膊或腿。他们可能向后倾斜着身体和（或）将腿伸长，这其实是潜意识地拉开他们自己与测谎人员的距离。

　　另一个值得注意的姿势则是突然的耸肩动作，一般被认为不确定或顺从。一般来说，当一个人表示自己无能为力，或者想阻止某些事情发生时，往往会出现双肩的快速耸动。当谈话对象说话的同时出现耸肩的动作，那么同时的言语内容就应该忽略，因为他的身体语言告诉我们，他并不知道确切的答案。例如，如果问题是："你对这次谈话感觉如何？"谈话对象在回答说"感觉很好"之前或同时耸了耸肩，那么这一回答的具体内容"感觉很好"就应该被忽略。

　　如果个体表现出的整体姿势是"定住不动（**冻结**）"，这可能是害怕或恐惧的表现。因为当人们面对危险，既不能**逃跑**，也不能**战斗**时，保持不动是其自然的反应。其实，正如我们前面提到的，面对危险"定住不动（**冻结**）"是人类的第三种身体反应。测谎专家认为被测者更多的是这种"冻结"姿势。因为在谎言被揭穿会受到重罚的情景下，这类姿势会有更大的价值。例如，警察审讯犯罪嫌疑人时，对于有罪者，讯问压力制造了其难以解决的困境。面对困境，自然的行为反应要么是反击，要么是逃避。但是在警方审讯的环境下，嫌疑人不能做出任何一种上述应对行为。因此，欺骗者不得不一边坐在那里回答被讯问的问题，一边还要管理和掩饰以上的自然行为反应。因此，我们可以利用这一矛盾观察那些指示"欺骗"的细节行为，它们包括：

手脚的轻微颤动

坐立不安

玩小物件

晃腿

拉袜子

平整衣服

拉衣服上的线头

另外，前面提到行为测谎需要考虑到人与人之间的不同人格类型。一般来说，诚实者在行为上整体表现出一定的友好、合作的态度，手脚放置方式合理而舒适；而欺骗者则往往表现出不合作的态度，往往显得孤立而疏远。但是一些操纵者可能不太一样。他们虽然表现出的是友好、合作的态度，但可能其实是一种"操作性行为"或"欺骗行为"，所以不能简单地识别为"诚实者"。

胳膊和手

因为手臂和双手经常被用作行为表达的工具，因此它们是提供行为测谎的最佳来源。并且，对于脸部的微表情而言，手和胳膊的速度慢得多，更易观察到。

一个受惊吓的小孩子跑向父母寻求保护。父母会抱着他，并本能地用手轻轻拍打或抚摸孩子身体，告诉他们一切都会好的。作为成年人，这些习得的手势似乎完全一致，证明确实存在着一定的规律性。因此人们归纳了一些伴随恐惧和压力而来的手势与胳膊动作。

首先，当谎言受到质疑或者快被揭穿时，人会感受到压力，出于本能他可能想要建立一些防御屏障保护自己，建立自己的安全区域或领地。但很多时候，诸如桌椅这类物理屏障可能不易获得。当物理障碍不可得时，他们可以用胳膊和手建立起防御屏障。除了以前提到的交叉手臂来防御，还可以通过交叉双腿或伸直双腿来建立屏障。

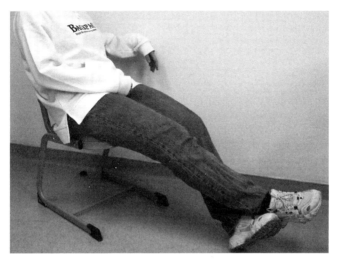

图4-1　伸直双腿也可能是一种防御性的姿势①

　　胸前抱臂还可能意味着蔑视。手臂抱得越高，表明蔑视程度越高。过于夸张地前倾，并抱臂，可能意味着对立的态度，表示这些人非常相信他们有能力抵御讯问者试图查明真相。另外，如果没有其他压力指标而将双臂交叉于肚子上，则更可能是诚实的表征。

　　掌心向下的手势意味着说话有信心，并声称具有控制权。它似乎还用来传递"冷静下来"的信息，或者用于强调说话者所说的话。掌心朝向对方则是意见分歧的明确表征，或者试图阻止对方说话。即使是握手时，一个人的手掌姿势也能发出明确的非言语消息。如果一个人掌心向下，将你的手握在下面与你握手，并掌心相对，就是他认为自己具有优势地位的标志。

　　如果个体在否认的时候（如说"我没有做这个"），手却指向远离自己身体的位置，他们可能正下意识地试图误导测谎人员的注意力从关于

----

① 图源自本人实验研究。

自己的话题上移开。这种操作性姿势可以媲美魔术师的误导或拳击手重拳出击前晃向另一边的假动作。当个体在否认时抚着自己的胸部指示测谎人员看看他们的内心，他们并没有什么可隐藏，这就是一种说明性行为。

如果个体的肘部紧贴着身体，表明他们感觉非常紧张。这一动作类似于保护自己的身体，也提供了一个自我安慰触摸。当有人坐在那里，而他们的胳膊远离身体，则表明他们很放松，没有防御性，更可能是诚实的。揉后颈是一种紧张的姿势，可能意味着欺骗。把双手置于脑后并抱住，是具有支配优势的一个表征。

腿和脚

腿和脚是最少受到自我监测的身体部位。在人说话时所有的外在行为中，它们的移动速度是最慢的。但是，它们的移动幅度往往十分有限。

不安的腿和脚的姿势是紧张的表现，而当双腿处于逃跑的姿势，尤其指向出口时，就是想要逃脱的迹象。而前面提到的伸直双腿的行为，其实是在心里觉得对方似乎离自己更远。

人们往往会以心率的节奏，约每分钟72次，摇晃、拍打、摆动他们的腿或咀嚼口香糖。这种节奏可以给人以安全性，但面对压力时就往往会有问题。实际上，由于自主神经系统的唤起，心率会加快，而与此同时，测谎人员可以经常看到个体的姿势出现相应的节奏上的加快。

装扮和追求是由于性吸引力的唤起，有些人可能会利用这些行为来安慰自己，或者试图让测谎人员青睐自己。所以，当女性出现这类手势，如卷头发、摸头发，或摸自己的嘴唇，都是欺骗的表征。而男性的此类行为则常常表现为整理头发或领带，或者将手放在臀部上。

头部

对头部和面部的观察应从头部的位置开始。头部倾向对方是一种说明性行为，表示个体对正在谈论的问题抱着合作、感兴趣的态度。因此，轻微的头部倾斜显示这个人可能是诚实的，并想要建立良好的谈话氛围。

在日常的谈话中，人们往往用点头来表达"同意"，用摇头来表达"不同意"。一般来说，在诚实的人身上更多出现点头行为，而欺骗者出现点头行为的频率则相对较低。

另外，下巴过高地抬起意味着敌意或侵略倾向，反之则表示沮丧或挫败。

面部表情

面部表情是最难分析的身体语言，所有的面部表情可以分为六种基本情感：惊讶、喜悦、恐惧、愤怒、厌恶、悲伤。

人们都意识到，自己的面部表情很容易被识别，因此常倾向于掩饰它们。而这些面部表情出现的频率非常高，所涉及的面部肌肉也非常复杂。那些试图掩盖或伪造面部表情的行为可以很容易地识别，如某种面部表情保持的时间过长，出现的频率过高，眉毛及以上（额头）没有参与，或者此表情明显不合时宜。例如，过于夸张的笑容可能是种掩饰恐惧的表情。真实、自发的表情与伪造的表情之间的区别在于，后者往往不会有眉毛参与其中。除了笑容，人们还可能用来掩饰自己的表情有：惊讶、愤怒或厌恶。

而与说谎最相关的面部表情则是微笑。一般来说，人们会认为，**撒谎的人比较不爱笑**。这种印象是有一定道理的。首先，欺骗性交流中出现笑容的频率确实要比真实交流时少，因为欺骗性交流的质量不高，很少有真正的情感共鸣；其次，微笑会让一般人更倾向认为这个人比较放松，从而更确信其说话的真实性。

4.3　眼睛会告诉你什么

眼睛常被称为心灵的窗户（the windows of the soul），因为它们除了为我们提供视觉信息，也是反馈出一个人的内在信息，尤其是情绪情感的最佳渠道。

富有育儿经验的母亲会很轻易地揭穿孩子的谎言："我知道你肯定撒谎了，因为你不敢看我的眼睛。"商人会根据顾客瞳孔的变化来要价，而赌徒则根据庄家瞳孔的变化来投注。如前所述，对平均从警11年的警察进行过调查，询问他们："讯问嫌疑人时会用到哪些欺骗线索？"73%的警察回答的是："嫌疑人的视线闪躲。"[1]

可见，尽管我们来自不同国家、不同的文化或专业背景，但我们都相信通过观察眼睛可以判别说话人是否说谎，而其背后的科学原理可能是眼睛能反映我们的情绪。

眼睛与情绪

眼睛原本是视觉器官，我们通过它来调节视线，更好地适应环境。例如，我们转动眼球加强焦点、增强视觉辨别；眯眼阻挡过强的光线；等等。眼睛的变化原本只是一种对环境刺激的感觉功能。但是随着人类的进化，它开始传达我们的想法和感受，成为一种人际交流的渠道。人类学家亚当·安德森（Adam Anderson）的最新研究证明了这点：通过分析他人眼神来揣测对方的情绪。

研究利用数据库中广泛使用的面部照片创建了六种情绪模型：悲伤、

----

[1] Mann S., Vrij A., Bull R., Detecting True Lies: Police Officers' Ability to Detect Suspects' Lies, Journal of Applied Psychology, 2004, 89(1): pp.137–149.（［英］萨曼莎·曼等：《识别真实谎言：警察侦破嫌疑人谎言的能力》，载《应用心理学期刊》2004年第89卷第1期。）

厌恶、愤怒、愉悦、恐惧和惊讶。给人们呈现表达其中某种情绪的眼部照片，同时呈现一个描述某种情绪的词汇（如歧视、好奇、无聊等）。让他们对词汇与眼部照片的符合程度打分。结果发现，人们总能将眼神和相应基本情绪进行匹配，能够仅仅通过眼睛就准确辨认出这六种基本情绪。

研究比较了眼睛和其他脸部区域（如鼻子、嘴巴）的情绪传达能力。结果发现，眼睛是最能够有力传达情绪的面部区域。可以说，研究证实了**有趣的事实：眼睛是心灵的窗户**。

安德森还进一步分析特定眼部特征（如眯眼程度、眼睛转动等）如何与情绪的感知关联。结果表明，眯眼是一种增强视觉辨认度的方式，与眯眼相关的情绪包括厌恶、怀疑、否定；睁眼是一种扩大视野范围、提高视觉敏感度的方式，常与好奇、恐惧、敬畏等情绪有关。除了睁眼程度，研究还发现其他眼部特征，如眼球的转动、瞳孔的扩大和缩小以及目光注视时间长短等都能体现不同的情绪。不过，最重要的眼部特征还是睁眼程度。

注视与视线闪躲

在很多警察手册中，关于如何识别说谎者方面，往往都有一个共同的测谎线索，就是视线闪躲，即骗子总是避免与调查他的警察目光接触。

一般来说，人类文化都倾向认为相互交谈时，注视着对方的眼睛被认为是有礼貌的表现。不过中西方文化对此有一些差异，东方文化较为含蓄一点，常常建议目光稍微偏离一点。一项有趣的研究证明了注视的作用。在该研究中，研究人员告诉交流的一方，另一方眼睛有问题，但是没有告知具体是哪只眼睛有问题。这导致前者在交流时，长时间注视对方的眼睛，试图找出哪只眼睛有问题。最有趣的是最后的结果，与一般人（也就是没有告诉对方眼睛有问题）的交流相比，被注视的人（被说眼睛有问题）都评价说感觉对方对自己很友善。

事实上，在控制眼睛方面，人类所能运用的最重要的技巧就是注

视。我们会对敌人怒目相向表达愤怒；盯着孩子用眼神提醒他不要再犯错；注视对方的眼睛来说服他……可见，为了尽量表达我们的情绪情感，我们会最大可能地张开眼睛，注视着对方。当我们注视对方，眼睛主宰情绪交流，我们就能准确地传达我们的想法和感受。

而当我们不想交流，或者想隐藏信息或情绪时，我们会很自然地避免注视，避免目光接触，也就是视线闪躲。学者认为这其实是一种天生的行为，因为当我们真的不想看到，或不想相信正在发生的事情时，最简单最直接的反应就是：不想看见，不想面对。因此闭上眼睛是最直接的做法——让眼皮阻挡我们不喜欢的东西。但很多时候，我们无法做出这样直接的行为（闭眼），所以我们不得不采取一种稍微委婉的方式——视线闪躲，以达到类似闭眼的效果。

因此，我们常常将视线闪躲作为测谎的线索。而使用这一线索最多的可能是海关工作人员，这可能与海关工作的特殊场景有关。当面对一群排队过关的人时，海关工作人员需要快速、准确地发现潜在的可疑人员，而且马上做出是否要检查对方行李的决定。如果事后发现对方没有任何问题，则会被认为工作能力不佳，甚至是无理取闹。通过对一些有经验的海关人员调查发现，他们首先会通过观察对方的眼神，如果对方躲避自己的视线，且动作也较显紧张，则会拦下对方。这时候工作人员往往还没决定是否要求对方打开行李。他们会观察对方的视线注视点。一般来说，正常人会盯着自己的行李。但如果对方有意或无意地不看自己的行李，这种反常的举动将会增强工作人员对自己先前判断的信心，这时才会开口要求对方打开行李。有经验的海关工作人员认为，这种做法出错的可能性会大大降低。

不过，也有一些学者指出，在利用视线闪躲或注视测谎时，一定要特别小心，因为它们不仅和说谎有关，还受其他因素的影响。

首先，**注视有利于交流，意味着真实，但注视的时间要恰当**。研究发现，在正常的谈话中，大约30%到60%的时间有眼神交流比较合适，如果超过60%可能会令人不安。中等水平的眼神交流才会给人留下更可信的印象，而过多的注视会引起对方的反感，或者让对方分心。在有些文化里，一直盯着对方看，会被认为是粗鲁无礼的行为。

其次，当我们面对自己不喜欢的人，或者地位比自己高的人时，我们会减少眼神交流的互动。当我们彼此之间比较陌生，或者坐的位置相距较远时，我们的眼神交流也会减少。所以，视线闪躲并不必然与说谎或欺骗相关。

还有就是，我们可能从小就知道：说谎者不敢看别人的眼睛。因此，一些高明的说谎者就会格外注意自己的视线控制。研究者也确实发现，高权谋者或高马基雅维利主义的人在说谎时会比一般人保持更多的眼神接触。警察常通过观察嫌疑人是否出现视线闪躲来判断他是不是真的犯罪人，但如果嫌疑人知道警察有此判断倾向后，他可能会特意表现出过多的视线接触，以便让自己看起来是诚实的。他们这么做，很可能相当成功，但有时反而会弄巧成拙。因为当他们努力保持注视对方时，眼球就会开始干燥，这使得他们会出现更多的眨眼。而这是另一个致命的揭露说谎的线索。

眨眼次数的增加或减少

在正常情况下，我们每20分钟眨眼一次，每次眨眼持续1/4秒（250毫秒）。而强光、干燥、紧张和疲劳等都会导致眨眼次数增加。所以眨眼频繁也常被作为说谎或欺骗的线索。

其背后的原理可能是，说谎带来紧张，而紧张影响眼部神经活动，从而导致频繁眨眼。不过也有从进化角度来解释的，当我们遇到危险时，眨眼可以减少眼睛受伤的可能性。无论背后原理是什么，研究表明这种测谎方法有着75%的准确性。

不过也有不同的说法认为，人在说谎时眨眼的次数不是增加了，而是减少了。因为说谎是比说实话更复杂的事情，所以**认知负荷会大**

大增加，这会导致眨眼的次数减少。就如我们在做复杂的计算时，我们的注意力和心理资源都放在了计算上，而其他活动，包括眨眼都会暂停或减少。

那么，是眨眼次数增加还是眨眼次数减少可以作为测谎的线索呢？科学家对此做了深入的研究。研究表明，负面情绪唤醒导致眨眼次数增加，而过多的认知负荷则会导致眨眼次数减少。

所以，准确的结论是，**眨眼次数的变化（包括增加和减少）都可以是说谎的线索**。

眼球运动

在我们很多人的观念里，眼球的转动可以显示个体正在进行思考，而当与人在交谈时眼球比较稳定很少转动，说明他态度诚恳；如果目光游移闪烁、眼珠子骨碌碌转，说明他在暗中打算。许多警察也认为，特定的眼球运动提供了关于一个人是否在说谎的线索。甚至有一些人认同这一观点：在讯问嫌疑人时，如果他眼睛看向右上方（有时可能说是右边或右下），则表明他可能在撒谎。

这种说法在美国十分流行，甚至认为是非常科学的，因为这种说法最初来自一个叫作"神经语言编码（Neuro Linguistic Program，NLP）"的理论模型。这是一个神经语言学的模型，所谓神经语言学，是研究语言与神经系统的结构和功能之间的关系的学科，它是心理学相对较新的领域。神经语言学可以解释眼球运动与大脑语言处理机制之间的可能联系。这种联系深植于我们的日常信息加工的三大通道，这三大通道是：

视觉

听觉

运动感知觉

当我们人类试图捕获一些微弱的声音时，常常会用眼睛查看最接近耳朵的位置。经过成千上万次这样的反应方式，当我们试图捕获或记住某种声响时就会自动地看向我们的耳朵所在的位置。这样，我们其实就形成了一个固定的、自动的加工声音的眼睛运动模式，这种"眼动"是一种反射动作。同样的事情也发生在听觉和运动感知觉上。

另外，我们已经知道，左右大脑的功能是不一样的，如语言功能只在左脑。所以"神经语言编码"模型认为，在视觉或听觉通道中，眼睛往右，表示被测者正在"构建（也就是虚构）"，眼睛向左则表示他或她正在"回忆（也就是确实发生过）"。具体如下图所示[①]：

没有记忆的眼睛线索指标：

视觉构建：眼睛向上，并向说话者的右边，表示他们正在创建或添加信息到他们正试图视觉化的事物上。

眼睛垂直向上看，此眼神定位与记忆没有关系。

听觉构建：眼睛看向说话者的右边，表示这是一个听觉通道，但他们正在创建或添加信息到他们没有听过的事物上。

运动感知觉：说话者的眼睛向下并向右看，表示该人正体验着身体感觉。虽然没有回忆，但该人体验着某种情感。在询问中，它可能表明该人正接近认罪。

人的眼睛集中垂直向下看，表示该人回忆不起来相关信息。

---

① ［美］珍妮丝·尼德霍弗：《神经语言编程》，2001年美国测谎仪学会年度研讨会。

有记忆的眼睛线索指标：

视觉回忆：眼睛向上，并向说话者的左边看，表示他们正在寻找以前看到过的画面。

听觉回忆：眼睛向说话者的左边看，表示是一个听觉通道，他们试图回忆起之前听到过的声音。

听觉编码：眼睛向下并向说话者的左边看，表示他们正自己和自己交谈。

失焦：如果人的眼睛凝视前方，并显然没有将焦点放在任何事情上，表明他们在同一时间看到了一堆视觉信息。

图4-2　神经语言编码模型

可见这一模型的基本原则是：**当大脑做真实回忆时，眼球可能会向左转动，而做完全构建时，眼球的运动则相反，向右转动**。另外，涉及视觉通道（如看到的衣服颜色）时眼球转向上方，涉及听觉通道（如听到有歌声）时眼球转向中间，而涉及运动感知觉通道（如描述当时正在跑步）时眼球转向下方。

所以有人提出从一个人的眼球运动轨迹可以看出他是否在撒谎。如果测谎人员问某个问题，而这一问题要求视觉回忆（眼睛向上和向左）。但是观察发现，被测者进入的是构建模式（眼睛向上和向右），则很有可能他们在重新组织或者编造他们的回答，说明被测者在说谎，并且认为这种测谎方法会相当精准。因为正如前面提到的，这种"眼动"是一种反射动作，除非受过严格训练，否则是假装不来的。不过对于左撇子，可能是相反的规则。

但有趣的事实是：**开发此模型的人从未提及这种眼球运动和欺骗之间的关系，而最新研究表明眼球向右转动与说谎并没有关系。**

这项最新的研究来自心理学家理查德·怀斯曼（Richard Wiseman）和卡罗琳·瓦特（Caroline Watt）。他们将参与研究的人分成两组。先是用视频拍摄并记录下第一组人说实话或说谎时的眼球轨迹。然后让另一组人通过观察这些眼球轨迹判别是否说谎。结果发现，从研究数据本身看不到说谎与眼球轨迹存在关联，即使根据神经语言编码模型的方法也并不能提高识别测谎的准确性。

此外，还有研究者分析了真实的案例，也获得了相同的结论。研究者找到了一些真实案件当事人的视频，然后进行分析。结果显示，说实话与说谎确实存在着一些行为上的差异，但眼球运动方向与说谎之间仍缺乏显著的关联。

虽然**"眼睛看向右上方就是说谎"这一说法并不科学**，但也并不意味着研究眼球运动轨迹对识别谎言或欺骗没有价值。因为我们已经知道，眼球的转动主要是因为我们在调整注视点，也就是从一个感兴趣的点移动到另一个感兴趣的点。

而现在我们可以通过仪器来准确、全面地记录下眼球运动的轨迹。将红外照明器对准眼睛并使用特殊相机记录光线反射。随着眼睛的移动，反射的角度以相应的方式变化。通过三角测量，可以使用反射的红外光计算对象的注视点。这样我们就可以掌握个体感兴趣的区域有哪些、注视点的顺序及注视点处和注视点之间的时间量。这种技术最近在心理学中得到了广泛的研究。其中的一项发现让测谎心理学家特别感兴趣，也就是人们对于熟悉的图像（如人脸）与不熟悉的图像，在眼球运动轨迹上存在着明显的差异。最主要的差异表现在对于陌生人，我们注视的时间更长，而且注视点更多停留在对方的眼睛附近。可见，追踪眼动轨迹可用作测谎，确定嫌疑人之前是否曾见过犯罪现场或受害者，因为他们常常是否认的。也确实有研究者已经开始这么尝试了，并声称取得了很好的效果。

不过，追踪眼动轨迹可能并不是最好的测谎方式，因为正如前面提到的，在控制眼睛方面，人类所能运用的最重要的技巧就是控制眼球。所以可以想见，以上的发现如果被所有人都了解后，他们可以比较轻易地控制自己眼球的运动来达到反测谎的目的。而另一种眼睛的线索——瞳孔的变化则没有此类问题。

瞳孔放大

日本动漫里的"著名侦探"柯南曾经提到过测谎的方法，即在对方回答问题时用手感受其颈部脉搏的变化，以及观察其瞳孔的情况。

柯南的方法有用吗？我们从小就知道，光线会影响瞳孔直径的大小。当光线过强时，瞳孔会缩小，而当光线不足时，瞳孔会放大。此外，我们可能还知道，除了光线，我们的思想或情绪似乎也与瞳孔的变化关系密切。令人厌恶的刺激能使人的瞳孔收缩；令人愉快的刺激则会使瞳孔扩大。此外，当我们受到威胁或感到恐慌的时候，我们的瞳孔也会扩大。特别在我们极度兴奋或激动时，瞳孔会扩大到平常的四倍。

有趣的事实是：**通过测量瞳孔大小和变化来了解人类情绪并不是一项现代技术**。人类其实很早就开始使用了，只不过最初并不是用在测谎领域。商人发现，当顾客看到自己喜欢的物品时，瞳孔就会自然放大。所以根据对方瞳孔变化的情况来调整价格。而当他们推出自己的产品广告时，会有意让广告中模特的瞳孔放大，因为这可以使他们的产品看起来更令人喜欢和受欢迎。

早在1904年，就有科学家发现了焦虑情绪与瞳孔放大之间的关系。并且在第二次世界大战期间，也就是1943年，贝里恩（Berrien）和亨廷顿（Huntington）同时研究了脉搏和瞳孔放大与欺骗的关系。结果显示，说谎时脉搏和瞳孔出现变化的反应明显高于说实话时，但脉搏测谎表现要优于瞳孔。特别是瞳孔的变化更多发生在相关问题被依次提问的时候。当被问到相关问题时，无论是有罪还是无辜，瞳孔都会扩大，只是无辜者的瞳孔扩大更明显。看起来，瞳孔的变化似乎与说谎没有直接的关系，似乎与认知唤醒更密切。但是瞳孔反应在"测谎"中的价值还是得到了一定的认可。在后来的几年中，测谎研究人员也始终没有放弃类似的尝试，总体上发现利用瞳孔放大测谎的准确度是70%到80%。另外，生产polygraph测谎仪的美国著名厂商Lafayette仪器公司也曾生产过利用瞳孔和眨眼两项指标测谎的仪器，并表示准确度在80%左右。尽管所有研究都令人鼓舞，但80%左右的准确性并不足以在真实案例的测谎中部署这一技术。

近年来，科学家对瞳孔相关的研究逐渐清晰，已经确定瞳孔放大与欺骗并没有直接的关系，而是与大脑的认知负荷相关。随着我们的认知任务越重，我们的瞳孔逐渐放大。当任务难度达到一定水平后，瞳孔放大会达到渐近线（或过载），此时会开始趋于平稳或有所缩小。

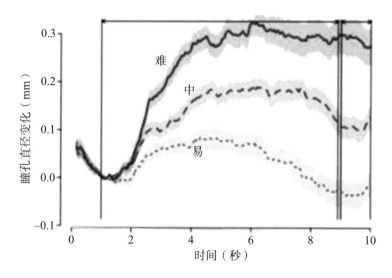

图4-3　瞳孔放大程度与任务难度有关[①]

[①]［美］玛丽亚·埃克斯泰因等：《对于认知和认知发展，眼动追踪还能揭示除了注视之外其他什么呢？》，载《发展认知神经科学》2017年第25期。

我们已经知道，与说实话相比，说谎可能需要更多的认知负荷。例如，说谎者需要建立一个合理且连贯的故事，这会增加他们的认知负荷。而瞳孔放大又与较高的认知负荷有关，所以瞳孔变化是可以被用来测谎的。有研究者就分析过讲述真实经历与讲述虚构经历的个体差异。结果发现，个体在讲述虚构经历时会引起明显的瞳孔放大。正是因为讲述虚构经历需要更多的认知负荷，从而让我们看到了，说谎确实比说实话更可能导致瞳孔的放大。

利用瞳孔放大来测谎的优点显而易见，因为它受**自主神经系统**控制，我们人类几乎无法干扰它。但同时它的缺点也很明显，它受到的其他干扰因素过多。最明显的影响因素就是环境照明水平，因为瞳孔的生理功能与光照有直接关系。此外，就是个体的差异。执行相同难度任务时，聪明的人比低智商的人诱发瞳孔放大的程度要小。

特别是在测谎相关的研究中发现，被测者对测谎结果不确定性越大，瞳孔的变化越大。同时，被测者越相信测谎仪（越认为测谎有用），瞳孔反应的变化越大。

总之，到目前为止，利用眼睛作为测谎线索的探索均没有达到理想状态，但我们仍报有很大的希望。最新的发展是，我们开始尝试着将眼睛相关的指标整合在一起，也就是同时捕获多个眼睛行为线索。具体包括：眨眼、注视选择、注视持续时间、扫视运动（眼球运动轨迹）、瞳孔直径变化（包括放大和收缩）、瞳孔变化潜伏期和瞳孔变化振幅等。

科学家指出，使用眼睛线索测谎，只需要被测者观看一系列图像，不需要用到任何语言，其适用性更强。与传统的测谎仪相比，操作更简单，耗时更短，可能只有传统测谎仪的1/5。此外，更重要的是，由于没有传感器需要直接接到被测者身上，可以做到无感或隐蔽。例如，在机场安检或海关中使用，快速高效地识别恐怖分子。事实上，这些场景已经开始尝试使用此类技术了。

不过目前尚不清楚此类技术对反测谎的抗干扰能力。如果被测者过度化妆或者眼睛红肿等，这些是否会对捕捉眼睛行为数据产生影响？对此还没有专门的研究结论。如果这些反测谎干扰都能被克服，那么这种综合各种眼睛线索的测谎技术将是传统测谎仪最强的竞争者之一。

4.4　表情与微表情真的靠谱吗

当我们开始通过分析眼睛的具体、细小特征来测谎的时候，我们已经进入了一个大家比较熟悉的领域——微表情测谎。近年来，微表情测谎通过一些影视作品被大众所熟知。比如，我们可能都知道真笑和假笑的主要区别是看是否有鱼尾纹，或者是知道眉头的抬高是怀疑的表征，但如果同时伴随着嘴巴张大，则不是怀疑而是惊讶了。

一张说谎的脸

其实这种方法的基本原理我们每个人都会用。当我们想要知道对方是否在说谎时，我们会首先听他说了什么，同时我们会看着对方的脸，试图从脸上找到一些线索来判断真假。因为人的情绪主要表现在脸上，脸是识别谎言或欺骗的最佳场所。当然，正如我们前面提到的，眼睛又是这一场所中的焦点。科学家已经证实，当我们试图识别对象是否在说谎时，我们会下意识地去看向对方的面部，而且非常迅速。

事实上，人们经常会说：**"我根本就不相信他，因为他长了一张说谎的脸。"** 比如，"满脸通红""目光闪烁"或"肌肉紧张、不自然"，等等。可见，我们每个人心目中早就有了关于什么样是"说谎表情线索"的朴素认识，虽然它们不一定准确。而微表情测谎只是在对表情的观察和分析上更为精确，因为借助现代技术可以反复观看、一帧帧分析那些细微的表情，也就是微表情。

埃克曼与微表情

所谓微表情，是指一种非常简短的、不由自主的面部表情。第一个提出利用微表情测谎的就是保罗·埃克曼（Paul Ekman）博士。埃克曼也被称为"微表情之父"，因为他声称发现了超过10000种微表情。不过他也认为，无论有多少种微表情，都是从七大"通用"表情中衍生出来的。

这七大表情分别是：厌恶、愤怒、恐惧、悲伤、喜悦、惊讶和蔑视。而之所以称为"通用"，是因为全世界所有人表达这七种表情的方式都是一致的，"全球通用"，无论他是什么种族、文化、年龄或性别。换句话说，埃克曼意识到，一位来自墨西哥偏远部落的父亲，他表达厌恶、愤怒、恐惧、悲伤、喜悦、惊讶或蔑视的面部表情，与美国的青少年、东方的商人，或者欧洲贵妇都是一致的。埃克曼还发现了先天失明的人，他们从未见过别人的表情，也会做出与别人一样的七大表情。

所以，按照埃克曼的建议，要在充分理解这七个基本表情的基础上，去进一步分析各种微表情。

（1）厌恶：最直接的厌恶就是当人闻到讨厌的气味，所以你可以想象这时候你的表情，最典型的就是"**鼻子皱起**"，而随之也会相应地出现"脸颊隆起"和"唇上纹抬起"。

（2）愤怒：我们经常说"**气得七窍生烟**"，这形象地表明了我们生气时最有代表性的表情："鼻孔扩张""眼睛瞪起"以及"抿紧的嘴唇"，表明我们生气时"面部很多肌肉会紧张起来"，包括"眉毛拉低并聚在一起，眉间出现'川'字""嘴角向下"，以及一个很细微但也很关键的微表情"下眼皮紧张"。

（3）恐惧：关于恐惧的表情，你可以想象自己看恐怖电影时的相关行为。你最可能想到的就是"身体向后缩"，但它并不是严格意义上的表情。然后我们可能"吓得噤声"，所以"**闭上嘴巴**"是恐惧最典型的表情。不过"闭上嘴巴"还伴随着一个很细微但确实真正重要线索的微表情，那就是"**嘴唇是被轻微地拉长的**"。此外，"上眼皮会抬高，下眼皮绷紧并向上拉"，随之"眉毛也会抬起，但通常还是平的"，因此，对于不少人来说，这时候"会有上眼白，但没有下眼白"。

（4）悲伤：伤心、悲伤或不快乐是最难伪装的情绪。"**嘴角向下**"是最典型的表达悲伤的表情，所以我们常用的悲伤表情符号就是一个看起来"嘴角向下"的形象。如果你并没有真正感到悲伤，你很难做出精确的微表情。"嘴角向下""皱着眉头"，这些悲伤的基本表情你可以比较容易伪装出来，但是一些微表情的缺乏将让专业人士发现你并没有真正的悲伤感。这些微表情包括"嘴角向下的同时下嘴唇噘起且下巴被拉回""下垂的上眼皮"以及"眉毛内角的上斜角度被拉起"。

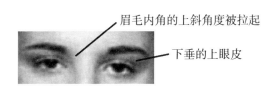

眉毛内角的上斜角度被拉起

下垂的上眼皮

图4-4 悲伤时的眼皮和眉毛[①]

（5）喜悦：与悲伤相反，喜悦最典型的表情就是"**嘴角向上**"，我们最常用的喜悦表情符号就是一个看起来"嘴角向上"的形象。同样，与悲伤相反，喜悦是七大表情中最容易伪装的情绪，因为我们从小就被培养要学会微笑来表达善意，或者被他人喜欢。所以相对而言，我们对微笑表情的控制能力较强。在处于喜欢的情绪中时，除了"嘴角向上"，我们的"嘴角其实还会向后拉""脸颊隆起"，并"轻微地降低眉毛"，而这会进一步导致我们"下眼皮缩在一起""缩窄眼的孔径"，甚至"靠近眼睛外侧的地方产生鱼尾纹"。正如我们

---

① ［美］保罗·埃克曼：《说谎：商业、政治和婚姻中的欺骗线索》，W.W.诺顿出版社2001年版。

前面提到的，**识别真笑或假笑的一个标志性的微表情就是是否出现了鱼尾纹**。

（6）惊讶：惊讶是七大表情中最简短的情绪。当你想到或看到一个让你非常意外的景象时，你的表情是什么？你最可能想到的就是"嘴巴张开"，所以我们常说"大吃一惊"或**惊讶得嘴巴可以放下一个鸡蛋了**。同时我们潜意识里想弄清楚发生了什么，会想"睁大眼睛好好看清楚"，所以我们还会"睁大眼睛"，这会导致"上下眼白都露出来""眉毛上扬和弯曲——有时候看起来像倒U型"，以及"额头可能出现抬头纹"。

（7）蔑视：轻蔑、不屑、自鸣得意、倨傲，或轻微的敌意，这一系列的情绪都有一个共同的微表情，就是**一边的嘴角向上**。如果单边向上的唇角再与一点点微笑的表情结合起来，那么这就是所谓的沾沾自喜、目中无人了。

关于这七大表情以及它们的微表情还有一些要特别附加的说明：

一是表情之间容易混淆。如惊讶和恐惧常常被混淆，因为它们是相似的情绪。但是通过分析微表情，可以比较精确地区分这两种情绪。两者之间最简单的微表情差异就是眉毛——惊讶"眉毛上扬和弯曲——有时候看起来像倒U型"，而恐惧"眉毛也会抬起，但通常还是平的"。

二是我们很多时候可能同时存在多种表情，如又惊又喜、哭笑不得（轻微的愤怒和喜悦交织在一起），所以我们在分析时一定要谨慎，不要过于僵化。

三是即使是微表情，人们经过练习也是可以伪装的。所以利用微表情测谎并不是完全可靠的。

伪装表情其实很难

我们讨论了如何在脸上找到识别谎言的表情和微表情线索，知道当我们惊讶时会张大嘴巴和睁大眼睛；恐惧时抬起上眼皮并拉紧下眼睑；而喜悦时嘴角向上，下眼皮会皱起来，眼角会出现鱼尾纹。但也发现其中不少线索我们即使没有学习过也是知道的。所以说谎者可能会知道如何有针对性地伪装表情。例如，他们会尝试着拉下嘴角假装微笑和喜悦，或者张大嘴巴或睁大眼睛假装惊讶。此外，我们很多时候也会伪装或隐藏自己的情绪，并不带恶意。例如，我们在与不喜欢的人交往时，出于礼貌还是会面带微笑；而当我们参加比赛时，即使被淘汰或者成绩不理想，我们仍会面带微笑来掩饰自己的悲伤与沮丧，也显示自己"有风度""虽败犹荣"。

那么，如果说谎者很善于伪装表情，是否会导致测谎不准确呢？埃克曼认为，在专家面前，伪装表情，特别是微表情，很难成功。例如，我们在不喜欢的人面前微笑，但其实很容易让人看出，这只是出于礼貌性的，而非真心的喜欢。落败者的微笑也很难真正掩饰他们的悲伤，因为悲伤表现在他们的眼睛里——眉毛内角的上斜角度是被拉起的。

与我们的语言不同，我们的面部表情较难控制，因为它们是基于情感的。如果我们有意去操作，它们是可以暂时被控制的，但是几乎不可能一直被控制。尤其是当我们体验到某种强烈的情绪时，我们很难短时间内完全控制住它们。也就是说，**伪装出某种表情比较容易，是有可能的；但是要隐藏某种表情，特别是微表情则比较困难**。人们通常不会刻意让自己去经历恐惧，所以当一个人出现恐惧情绪时，往往都是事发突然。所以如果这时候当事人声称自己一点都不害怕，或者表现出自己不害怕，特别是避免那些恐惧相关表情的出现其实相当困难。比如，一名有罪的嫌疑人接受警察讯问，为了让自己看起来无辜，虽然他内心紧张但还是力图表现轻松，并在言谈中也表示自己无罪，不担心。但是在讯问中，他突然发现，警方其实已经掌握了比较关键的证据，恐惧突如其来，他脸上马上出现了恐惧相关的表情线索。虽然他马上意识到这点，并尽量压抑这种情绪表达，但面对录像技术以及专业分析，他最后其实很难完全成功。又如，妈妈假装对她的孩子生气（实际上她并不生气）。为了令人信服，母亲可能会表现出瞪大眼睛、扩张鼻子，以及抿紧嘴巴的表情，但是很多微表情她很难表现出来，所以除了孩子，其他成人都会比较容易看出来她在假装生气。

可见，要完美地伪装表情或隐藏真实情感，其实是一件非常难以完成的任务。

首先，一个真实的表情往往需要面部众多的肌肉协调一致完成。虽然我们已经了解七大表情及相关的微表情线索，但并没有给出所有的肌肉参与的情况。也就是说，虽然我们掌握了很多关于表情或微表情的面部线索，并且可能经过非常多的练习，但是它们还是和真正的表情有着很大的区别。有趣的事实是：**一般来说，我们更容易控制我们脸部的下半部分，尤其是嘴巴；而不太容易控制脸部的上半部分，特别是眼睛、额头和脸颊的一些精细部位。**此外，有意控制的肌肉运动会不协调，也不自然。所以，在面对说谎者的伪装表情时，只要稍微细心一点，就会发现：

他们面部的上半部分几乎没有相应的面部运动，如嘴角是在微笑，眼角也没有出现鱼尾纹；

他们的表情会不协调，如嘴角向上，但是两边不对称；或者嘴角在向上微笑，但他的眉毛内角的上斜角度却是被拉起的，是一种恐惧的微表情。换句话说，这个人在微笑，希望误导你他很放松，而他恐惧的情绪却真实地表现在他的脸的上半部分。

其次，真正的表情来得快，消失得慢。当我们体验到一种强烈的情绪时，相应的微表情通常以 0.04 ~ 0.07 秒的速度迅速表现在脸上。一般人其实很难在这么短的时间内将它们完全掩饰。而训练有素的测谎人员，或者通过慢镜头分析，都可以发现这些情绪的出现。在一般情况下，如果当事人没有试图去掩盖情绪，这些表情一般会维持几秒钟，消失得比较慢。所以，有趣的事实是：**真实的微笑来得快，消失得慢。**但如果一个人想要掩饰这些情绪，那么它们在脸上停留的时间就会变得极短。专业人员可以利用精密仪器或录像技术来分析表情或微表情出现的时间、持续的时间（从表达开始到完全消失）、表情的强度以及表情最高峰持续的时间等，会更加准确地区别出真实与虚假的表情。

所以，我们也比较赞同埃克曼的观点，如果掌握了正确的技术和方法，面部微表情是一种有效的、可靠的揭示欺骗的线索。

但遗憾的是，虽然微表情在影视作品中大显身手，但在现实生活中，似乎只有埃克曼本人真正成功地使用过。这其实是因为它是一种高度依赖经验的"**技艺（art）**"，而不是一种真正标准化的、容易被学习的技术。此外，虽然七大基本表情是全世界通用的，但是很多微表情不是，它们并不适用于所有人。有一种方法可能会影响这种技术，也就是我们可以假装正在体验某种特定的情绪而不是直接伪装表情。例如，我们可以有意回忆自己曾经的伤心事而让自己体验到悲伤。事实上，很多优秀的演员就是这么做的，而他们"以假乱真"的表演充分说明这种方法是有效的。

很多人不知道的事实：**埃克曼自己都承认，他的微表情测谎的准确率只有80%**。而全世界的警察在审讯嫌疑人时，仍然依赖的是传统行为测谎线索，几乎没有考虑过微表情。美国有一本非常有名的、关于如何审问嫌疑人的警察手册——《测谎与刑事审讯》（见第六章）。在2013年版中，提出的欺骗的行为线索包括：姿势改变（坐立不安）、视线闪躲、自适应行为（如摸后脑勺、摸鼻子、拉或摸头发，扯衣服上的线等）、说话时把手放在嘴巴或眼睛上、藏手藏脚（把手脚放在桌椅下）。[1]结合其他类似资料，公认的**两人行为测谎线索就是：视线闪躲和坐立不安**。

----

[1] Frank M. G., Ekman P., The Ability to Detect Deceit Generalizes across Different Types of High-stake Lies, Journal of Personality and Social Psychology, 1997, 72（6）: pp.1429–1439.（［美］马克·弗兰克、保罗·埃克曼：《适用于不同类型高风险谎言的测谎能力》，载《人格与社会心理学杂志》1997年第72卷第1期。）

第五章

严肃的有趣研究之言语测谎

正如我们一般认为的那样，在识别谎言上，行为的线索要多于言语。因此相比较而言，对于自己要说什么，我们确实有着更大的自主性。根据一项国外针对警察的调查发现，这些警察在识别谎言方面，有78%的是依赖行为，但仍有22%是依靠言语线索。这意味着言语测谎并不是那么无用，特别是在深入、细化分析后。①

当一个人说话时，也就是心理学所说的言语时，从测谎的角度，我们可以将其分为两大部分。

一部分是我们都能想到的，说话的具体内容。如果将这些内容写下来，就是我们看到的"文本"，心理学也称其为"语言"。可见"言语"和"语言"是不同的。简单来说，"语言"是具体的文本符号。而"言语"是动态的，指的是个体说话的过程。我们可以对这些语言文本进行检查分析，找到其中的蛛丝马迹，用来测谎。我们最熟悉的例子就是找到文本中的"前后矛盾"，来推论此文本是不真实的。我们将其称为"语言文本分析"。

另一部分则是我们在言语时所体现的声音或语音相关的线索。最典型的就是"停顿增加"。有经验的父母会有识别孩子说谎的法宝，那就是当发现孩子说话"磕磕巴巴"时，就知道孩子在撒谎了。这就是"言语线索分析"。

---

① ［英］萨曼莎·曼等：《识别真实谎言：警察侦破嫌疑人谎言的能力》，载《应用心理学期刊》2004年第89卷第1期。

5.1　言语线索的秘密

诸多的言语线索已被证明与说谎或欺骗有关，如说话时的音调、强弱、语速等语音特征都可以作为测谎的线索。

音调升高和口吃

当你看某人在台上演讲，可能很快就发现，这不是一名优秀的演讲者，因为你感觉他"声音紧张"。所谓"声音紧张"其实是一个很抽象的概念，从语音特征的角度说主要是音调失常，一般是升高。所以音调失常或升高往往被看成最常见的说谎线索。很多时候，我们可以直接听出对方的声音变尖、变细，或者出现颤音、破音。而有时候这些变化相当细微，人耳无法察觉，需要借助仪器。这类仪器被称为声音压力仪。它的优势在于它可以测量到人无法察觉的细微的变化，而且可以快速、大量地处理。在本书的第八章有专门的章节讨论它，本章将不再涉及。

除了音调升高，口吃也是一种"声音紧张"的表现。当你问自己的丈夫刚才是谁给你打电话，你的丈夫回答说："没，没，没什么，只是一个，一个朋友。"你通常的反应会是："你说话怎么突然结结巴巴的，是不是有什么事情瞒着我？"

语速

有研究者曾对158项可能的说谎线索进行分析，结合所有可能的相关研究数据，最后发现有4项线索是大家比较认同与欺骗相关的。其中，涉及言语的线索就是语速。

正如前面所说的，一般而言，说谎是比说实话需要更多心理资源、认知负荷更重的过程。所以说谎者需要一边认真思考一边回答，这会导致其他方面的反应发生变化。此外，因为他所说的话是假的，很多时候需要临时编造，也就是边想边说，这些都会导致使其整个语速变慢。相反，如果我们讲的是真实的，如我们向别人描述自己去迪士尼的经历，我们则会滔滔不绝。

当然，如果撒的是小谎或者日常生活中的谎言，就不存在认知负荷的问题，所以也就不会出现语速变慢的情况。

此外，说谎者如果试图给人留下诚实的印象，可能会注意避免说话犹豫或说话太慢，反而会导致语速异常流畅，特别是当说谎者事先将要说的话经过了反复的练习后。

反应潜伏期

说谎时的认知负荷也会导致说谎者出现突然的、不合理的反应延时。例如，警察询问嫌疑人："你昨天晚上人在哪儿？"诚实者会很快回答，而说谎者有可能要等一会儿才能给出答案。心理学上将提问到回答（做出反应）这段时间称为"反应潜伏期"。也就是说谎者比说实话者的反应潜伏期更长。

多个研究也证实了，在审讯期间回答问题的反应潜伏期是认知负荷的标志，也是欺骗行为的可靠线索。撒谎的决定会增加回答的时间，尤其是在开放式问题中（会引出两个以上可能答案的问题）。而对于"是或否"这类问题，由于回答过于简单，反应潜伏期并不适合作为说谎的线索。

还有一种情况，不是潜伏期过长，而是过短，也就是出现类似"抢答"的情况。这种异常可能是说谎者已经提前准备好了答案，所以也可能是说谎的线索。

语气

我们的言语中有一类很特殊的声音，就是语气词，如"嗯"

"啊""呃"等。过多的语气词出现代表说话犹豫，是认知负荷增加、不自信的表现。有个别研究者还做了更细致的研究，结果发现不同的语气词之间也有差异。"嗯"似乎比"呃"更能代表高的认知负荷。说谎者使用"嗯"语气词的频率明显高于说实话的人。而使用"呃"似乎没有明显的区别。不过这是关于"英语"的研究结果，而且只有这么一个研究，所以这一说法并不可靠。

单词和短语重复

我们经常会有这样的经验：当我们对自己要讲的事情不熟时，在讲述的时候会发现一些地方具体怎么讲还不知道，也就是需要临时措辞。特别是在被当成犯罪嫌疑人时，自己的措辞要非常小心。所以我们会常常需要停下来，重复刚刚讲的单词或短语，一个是启发自己后面应该怎么讲，另一个就是试图掩饰自己并没有准备好的事实。此外，有罪者还可能自己重复问题，或者要求测谎人员重复问题。通过这种方式他可以"买时间（buy time）"，来掩饰自己无法及时、恰当提供答案的事实。

总之，这些言语的线索都与认知负荷、情绪紧张（恐惧）和尝试控制有关。谎言与实话之间有着明显的区别，谎言听起来更加不流畅、语速慢、停顿多、错误多、重复多、语气犹豫不确定，以及回答不及时等。

不过，这些并不是绝对的。如果要撒的谎很容易，如就是简单的是否回答题，就不太会出现以上的说谎线索。不存在认知负荷的情况，所以也就不会出现语速变慢。此外，我们一般假设：我们的被测者没有时常练习控制这些线索或者不太擅长控制它们。但有时候一些说谎者可能会担心自己的谎言被识破，会试图给人留下诚实的印象，所以可能会注意避免说话犹豫或说话太慢，因而会导致出现异常流畅和语速异常快的情况。因为当我们正常说话时，多多少少都会出现一些停顿、语病或带

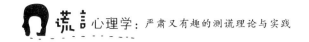

有一些"嗯""啊""呃"的语气词。

5.2 语言文本分析

言语测谎的重头戏还是要针对说话的具体内容，也就是语言文本分析。因为语言文本测谎的结果在有些国家可以作为法庭证据使用，所以这方面的发展较好，具体的标准也较多。

不过对于语言文本分析测谎来说，有一个非常简单且相对有效的判断标准：**除了"没有"，任何其他的回答都意味着"是的"**。例如，某明星被人爆料说隐瞒了已婚生子的事实，当他在正式场合被媒体记者问及此事："你是否已经结婚，并有了孩子？"如果他直接回答说："没有！"那么可能是诚实回答，而除了直接回答"没有"，其他的任何回答都意味着："是的，我确实结婚生子了。"因为这是个非常简单的"是否回答"的问题，对于想说实话的人，只用直接回答"没有"或"是的"。而其他任何多余的解释都是为了制造模糊空间，其实就是说谎，也就意味着真正的答案是"是的"。

可见，提出问题让对方回答，然后分析其具体回答的内容，不失为一种好的测谎方法。测谎专家约翰·里德提出的诱饵（bait）问题就属于此类。

诱饵问题

里德建议警察在询问犯罪嫌疑人时，向他们提出15个精心设计的问题，用来引发嫌疑人的回答，然后再对这些回答进行分析测谎。这类似于向鱼儿抛出诱饵（提问），让鱼儿自己上钩（有罪者自己的回答会提供有罪的线索），所以里德将其称为"诱饵问题"。这些问题可以是开放问题，也可以是封闭问题，但它们必须紧扣正在调查的事件。以下是一起盗窃案的诱饵问题：

表5-1 一起盗窃案的诱饵问题

题号	主题	问题
Q1	目的	你觉得今天这次找你询问的目的是什么？
Q2	是你	如果是你拿了这钱，你现在应该告诉我。是你拿的吗？
Q3	知道	你知道钱是谁拿的吗？
Q4	怀疑	你怀疑谁可能拿走了这钱？
Q5	担保	除了你自己，你是否要为任何其他的人担保，你确信这个人肯定没有拿这钱？
Q6	确认	你认为真的有人故意偷钱吗？
Q7	机会	如果想要拿这钱，你觉得谁最有机会？
Q8	态度	你对此次询问的感觉如何？
Q9	曾有想法	你是否曾想过要做这种事？
Q10	动机	你认为作案人为什么会做这事？
Q11	惩罚	你认为对于偷钱的人应该给予什么样的惩罚？
Q12	悔过机会	你认为做这件事的人应该有悔过的机会吗？
Q13	反对	告诉我你为什么不会做这样的事？
Q14	结果	那个房间有监控，如果我们调取监控，你觉得有多大可能，我们会在监控中看到你？
Q15	告诉所爱的人	你曾告诉别人你今天来接受此次询问吗？

使用这些问题的假设在于：**诚实和说谎的人在对待调查及其结果的态度上有着根本的区别。诚实者希望测谎人员能够成功**。他们希望测谎人员能够找到真相——他们（嫌疑人自己）没有犯罪或者他们与被调查事件无关。所以诚实者通常会帮助测谎人员进行头脑风暴。而**说谎者则希望测谎人员失败**。他们想隐藏真相，制造幻象——让调查人员相信"他们（嫌疑人自己）没有犯罪或者他们与被调查事件无关"。诚实者也是合作的，他们非常愿意和测谎人员谈论敏感话题。而说谎者会试图

尽快结束敏感话题，并且一旦结束会表现出"如释重负"的感觉。

诱饵问题的目的是显现出这种差异。当问嫌疑人"觉得谁最有可能做了这件事（罪行）"时，无辜者会给出人名，甚至还会说自己也有嫌疑，因为他想帮助破案或缩小侦查范围。而真正的作案人通常不会直接给出人名，特别是会非常小心避免与自己有关。所以，诚实者与说谎者在语言文本方面有着本质的区别。基于这些根本性的差异，可以认为无辜者和有罪者在如何回答问题上是不同的：

表5-2　有罪者对问题可能的回答

题号	问题	有罪者可能的回答
Q1	你觉得今天这次找你询问的目的是什么？	更加回避，如回答"我不知道目的是什么"
Q2	如果是你拿了这钱，你现在应该告诉我。是你拿的吗？	他们在否认犯罪时不会那么直接，有时会反问。如回答："那是我工作的地方，我为什么要这样做？"
Q3	你知道钱是谁拿的吗？	更倾向于说"不知道"，以显示自己对案件没有任何了解
Q4	你怀疑谁可能拿走了这钱？	可能会说出他们认为有嫌疑的人的名字，因为有罪者希望嫌疑人越多越好，可以让自己不那么显眼
Q5	除了你自己，你是否要为任何其他的人担保，你确信这个人肯定没有拿这钱？	可能会说出他们认为无辜的人的名字（理由如上）
Q6	你认为真的有人故意偷钱吗？	更有可能暗示也许根本就没有犯罪行为发生（如回答"也许钱只是丢了，没有被偷"）
Q7	如果想要拿这钱，你觉得谁最有机会？	不太可能承认他们自己有机会犯罪
Q8	你对此次询问的感觉如何？	更有可能发表负面的感受
Q9	你是否曾想过要做这种事？	更有可能承认曾想过做与调查的案件相似的罪行（因为有罪者内心需要与人讨论他们的罪行以减轻焦虑，同时逃避后果）

续表

题号	问题	有罪者可能的回答
Q10	你认为作案人为什么会做这事？	不太可能给出合理的犯罪动机（因为犯罪人不想暴露自己的动机）
Q11	你认为对于偷钱的人应该给予什么样的惩罚？	不太可能建议对于犯罪人给予严厉的惩罚
Q12	你认为做这件事的人应该有悔过的机会吗？	更有可能认为应给犯罪人悔过机会
Q13	告诉我你为什么不会做这样的事？	更有可能以第三人称回答（如回答"他这么做会触法"），而无辜者更有可能以第一人称回答（如回答"因为我不是小偷"）
Q14	那个房间有监控，如果我们调取监控，你觉得有多大可能，我们会在监控中看到你？	对要明确表达"自己无罪"信心不足（同问题Q2）
Q15	你曾告诉别人你今天来接受此次询问吗？	不太可能告诉他们所爱的人他们正在接受调查询问

　　要特别说明的是，诱饵问题不仅会引发嫌疑人的回答，也会引发伴随回答时的行为表现，这也是为什么此技术叫作"行为分析访谈技术"的原因。而此技术本身是要求测谎人员针对嫌疑人所有的反应（包括语言和行为）进行一个整体的评价，而不是仅仅只分析回答内容。

　　对于诱饵问题测谎的准确性，里德自己也做过一项研究。结果发现，对于诚实的嫌疑人，认定为诚实的（准确认定）为78%，另外5%被认定为欺骗，17%无结论。对于欺骗的嫌疑人，认定为欺骗的（准确认定）为66%，认定为诚实的为17%，另有17%无结论。除去那些无结论的，其认定诚实的平均准确率为91%，认定欺骗的平均准确率为80%。[①]

----

① Reid J. E., A Revised Questioning Technique in Lie-detection Tests, Journal of Criminal Law and Criminology, 1947, 37（6）: pp.542–547.（［美］约翰·里德:《测谎测试中的改进提问技术》，载《刑法与犯罪学杂志》1947年第37卷第6期。）

真实监测（RM）

真实监测（reality monitoring）是近年来发展出来的一种心理学技术。我们在《犯罪心理》等影视作品中常常看到侦查人员根据被害人或证人的描述在大脑中"重建"犯罪现场，不仅有时间、空间，还有气味等。其实这些都和这一技术有关。

与其他测谎技术不同，真实监测有着非常坚实的理论基础。这是它在全世界科学家中流行的原因，也是本书纳入介绍的理由。它的理论来自1981年玛西雅·詹森（Marcia Johnson）和卡罗尔·瑞（Carol Raye）有关记忆特征的研究发现。他们发现，真正的记忆是有知觉加工的，因此有可能包括知觉信息（视觉的细节、声音、气味、味道和身体感觉）、背景信息（如有关事件发生的时间和地点的细节）和情感信息（有关在事件过程中某人的感觉如何的细节）。这些记忆通常是清晰、明显和生动的。而有关想象事件的记忆来自内在的东西，因此可能包括了认知操作，如思考和推理（如"我只记得我当时在想我的朋友会喜欢什么样的礼物"）。它们通常是比较含糊和不太具体的。

事实上，我们普通人日常就是使用这一原理来区分真实和虚假。比如有人问你，是否在很久以前的某天，开车送过一位女性朋友。但因为时间很久了，你无法确认是否真有这么一回事。这时候，你会努力回忆一些细节，如她当时所穿的衣服的颜色，她的香水的味道以及她因为感到冷而要求你关车窗。或者你会这样思考："她当时肯定在车上，因为她的老公也在，而且我记得她老公下车时还留着我一包骆驼的香烟。这烟味道太冲，我很少抽它。"还有可能你是这样思考的："肯定没这事，因为我当时连驾照都没有，根本不可能开车送任何人。"可见，我们常常需要判定自己是否真正经历过某件事，或者某一记忆是真实的还是虚假（如来自想象）的。对此我们会有自己的一些方法来判断、评估或监测，这一过程就叫真实监测。

真实监测起初只是有关记忆而与谎言无关，但是被逐渐应用于刑事案件调查，并引起了测谎专家的注意。因为它的核心是：基于真正的体验的记忆是不同于基于虚构的记忆的。虽然最初与说谎无关，但是它的原理是与说谎有关的。因为根据真实监测的核心原理可以推论：真正经历过的事件与捏造出来的事件的记忆在性质上会有差异。因此，测谎人士开始利用真实监测来识别谎言，并发展出了一些具体的判断标准。其中施波雷（Sporer）的 8 个标准是最常被提到的，因为它是目前唯一一套发表过的英语的标准。这 8 个标准分别为：清晰度、感知信息、空间信息、时间信息、感情、叙述的重构能力、真实性和认知操作。标准 1 到 7 是事实标准，人们假设它们在诚实的语言中更常发生；而标准 8 是一个谎言标准，人们假设它在虚假的语言中更常发生。

标准 1：清晰度，是指语言文本的清晰性和生动性。如果文本是清楚的、明确的和生动的（否则是模糊的和含混的），那么这一标准就出现了。

标准 2：感知信息。如果语言文本包括了知觉的经验，如声音（如"他真的冲我大叫"）、气味（如"有一种腐烂的鱼的味道"）、味道（如"薯条很咸"）、身体感觉（如"真的很痛"）和视觉的细节（如"我看见了护士进入病房"），这一标准就出现了。

标准 3：空间信息。如果语言文本中包括关于地点的信息（如"当时是在一个公园里"）或人或物的空间位置（如"那名男子坐在他妻子的左边"或"灯半掩在窗帘后"），这个标准就出现了。这一标准属于上下文或者背景信息，因为现实中任何事情的发生都不是独立的，之前之后都有一些其他事情存在。

标准 4：时间信息。如果语言文本中包括了关于的事件发生的时间（如"当时是一大早"）或者明确地描述了事件发生的顺序（如"当他听见声音时，变得很紧张，于是就离开了"，"这家伙一进酒馆，那个女孩就开始笑"），这一标准就出现了。这一标准属于上下文或者背景信息。

标准5：感情。如果包括了当事人在事件中的感受，那么这一标准就出现了（如"我当时被吓坏了"）。

标准6：叙述的重构能力。如果在提供的信息的基础上能够重构事件，则这一标准就出现了。多项研究已表明，真实的故事更容易重现构建事件，但欺骗性的故事则很难。

标准7：真实性。如果叙述是可靠的、真实的和合理的，也就是说得通。那么这一标准就出现了。

标准8：认知操作。如果有对事件发生时当事人的推理的描述，则这一标准就出现了（如"依我看她根本就不知道那个建筑物的规划"，"她的反应给我的印象是她很不安"）。

一些研究者对真实监测识别谎言的准确性进行了研究。维吉（Vrij）发现的识别实话的准确率为71%，识别谎言的为74%。[1]霍夫（Höfer）发现的识别实话的准确率为61%，识别谎言的为70%。[2]施波雷自己的研究数据分别为75%和68%。[3]所有的三项研究的准确率水平都大于

---

[1] Vrij A., Akehurst L., Soukara S., et al., Let Me Inform You How to Tell A Convincing Story: CBCA and Reality Monitoring Scores as A Function of Age, Coaching and Deception, Canadian Journal of Behavioural Science/Revue Canadienne des Sciences du Comportement, 2004, 36（2）: pp.113–126.（［英］阿德顿·维吉等：《让我告诉你如何讲述一个令人信服的故事：基于年龄、培训和欺骗的CBCA和真实监测的评分系统》，载《加拿大行为科学期刊/加拿大行为科学评论》2004年第36卷第2期。）

[2] Höfer E., Akehurst L. and Metzger G., Reality Monitoring: A Chance for Further Development of CBCA, Annual Meeting of the European Association on Psychology and Law, Sienna, Italy, 1996.（［德］埃伯哈德·霍夫等：《真实监测：CBCA进一步发展的契机》，欧洲心理学和法律学会年会，1996年。）

[3] Sporer S., Reality Monitoring and Detection of Deception, in P. Granhag & L. Strömwall（Eds.）, The Detection of Deception in Forensic Contexts, Cambridge: Cambridge University Press, 2004: pp.64–102.（［德］西格弗里德·施波雷：《真实监测与测谎》，载帕尔·安德斯·格兰哈格等人主编《司法背景下的测谎测试》，剑桥大学出版社2004年版，第64–102页。）

50%的几率水平。

科学内容分析（SCAN）

科学内容分析（scientific content analysis）技术，简称SCAN，它的开发者是以色列人阿维诺姆·萨皮尔（Avinoam Sapir）。萨皮尔曾在以色列情报系统工作，并且在耶路撒冷警局做过测谎人员，拥有心理学和犯罪学的双学士学位和犯罪学硕士学位。所以他是结合自己曾经的测谎实践经验，开发了SCAN技术。所以这项技术实践性较强，而且明确用于调查犯罪相关案件的文本分析技术。20世纪80年代后期，萨皮尔移民到美国，开始大力推广自己的这项技术。萨皮尔声称，SCAN是获取信息和检测证人或嫌疑人陈述中的欺骗的最有效技术，并已经应用于美国、加拿大、墨西哥、英国、以色列、澳大利亚等国的执法人员当中。

SCAN认为，说谎者的陈述是基于想象，而诚实者的陈述是基于记忆。因此两者在语言内容和语言结构上存在一定的差异。其具体假设如下：

1.每个人都希望给大家所有信息。

2.与陌生人交谈比与你认识的人交谈要容易。

3.个体唯一抵制问题的说法是："我不想回答这个问题。"（内容阻抗）如果被测者用上述说法来进行抵制，就表明这一问题涉及了其敏感区域。

4.被测者可以从测谎人员的问题那里获得信息。因此，测谎人员必须仔细审查自己询问的内容。

5.只要被测者不说"我不想谈"，那么他就是想谈。

SCAN技术中的第一步是获取一个开放或"纯粹"的犯罪嫌疑人的陈述。获取这一陈述的目的是为后面的分析提供一个由犯罪嫌疑人给出的语言文本。说谎者自发的语言是最重要的，因此测谎人员应该尽可能地减少引导性或暗示性的提问，避免语言受到外部因素的影响。

一旦获得语言文本，测谎人员就对整个文本进行具体评估。每一个文本都应有三个部分：事件前（是什么导致了这一事件）、事件本身、事件后（事件后发生了什么）。一个真实的文本的理想容量是：事件前20%，事件本身50%，事件后30%。简言之，**就是一个真实的陈述，事件后内容容量要大于事件前内容，而事件本身通常是最多的部分。**

之所以有这样的关于内容容量的假设，是因为说谎的被测者不希望多谈论这一事件本身。因此，他们有一种倾向，在事件前的内容陈述上花很多时间，因为他们试图避免讲述事件本身。一旦他们在陈述中不得不涉及事件本身，他们往往采用略过的方式说谎，从而造成了对事件本身的文本简短。事件后涉及的是事件后发生了什么。在受害者指控他人的陈述中，如指控他人强奸、性骚扰，对于一个诚实的指控者而言，这种部分的文本内容往往是关于调查过程以及他们对所遭遇的事情感到羞辱，所以也会比较长。而说谎的指控者不会有这些体验，所以他们的事件后陈述内容则非常短。

SCAN技术有11个具体的标准，分别是：

标准1：这个标准是指被测者是否在陈述中直接否认是犯罪人（如"我没有做过这件事"）。SCAN认为，说谎者较少直接否认对自己的控诉；而诚实者比说谎者更有可能在他们的陈述中直接做出否认声明。

标准2：缺乏人际关系介绍。这个标准是指陈述中讲到某人时是如何介绍的。一般情况下，如果要让对方明白，我们在介绍某人时都会非常清楚，特别是这个人与我们的关系，如"**我的妻子**丽莎……"如果被测者介绍模棱两可或不介绍（如"我们出去了"而没有提到"我们"是谁），SCAN认为被测者可能要隐藏一些东西，或者并不希望对方弄明白整件事。此外也可能表示被测者与此人之间的关系异常。

标准3：自发地纠正前面说过的内容。由于此技术会要求陈述者不能修改已经表达的内容，因此自发地纠正内容可能显示说谎。

标准4：说谎者会承认自己忘记了某些事情。

标准5：虚假陈述中有关事件本身的部分少于1/3。一个真实的文本的理想容量是：事件前20%，事件本身50%，事件后30%。结构越不平衡，该陈述是谎言的可能性就越大。

标准6：说谎者较少描述情绪，或者只在故事高潮时描述情绪。

标准7：说谎者较少使用或者不使用人称代词。代词表示承诺、责任和占有。例如，一名报告他的汽车被盗的男子的陈述："停在……停车场G区。逛了半个小时。出来了后就发现丢了。"该文本没有代词，因此表明缺乏承诺、责任和占有。这男子后来承认他的车没有被偷。而应该用"我"但却用"我们"表示被测者试图免除他或她自己的个人责任。

标准8：客观和主观时间相差过大。客观时间是指陈述的事件实际持续的时间，而主观时间是指用来描述这件事的单词数量（或字数）。在真实的状态下，客观时间和主观时间会相互对应。例如，如果有人花了50%的时间在讲30分钟内发生的事情，然后花了30%的时间讲随后的两个小时的事，客观和主观时间明显不符，这可能表示欺骗。

标准9：说谎者会较少使用第一人称和过去时态。

标准10：虚假陈述在词语使用上更容易出现变化。例如，一个人在描述他的汽车时改变了他的语言。它被称为"车辆""汽车"和"深色汽车"。很难证明这种措辞变化是合理的，该男子后来承认这辆车实际上并不存在。

标准11：缺失信息。该标准指的是陈述中某些信息被遗漏了。使用"某天之后""终于""稍后"和"不久之后"等这类说法，都属于符合该标准。例如，"她开始打我，踢我，最后她用酒瓶砸了我"。这句话表明被测者不想透露从"打踢"到"用酒瓶砸"这期间发生的事情。

至此，我们已经介绍了多种言语测谎技术，可见对此类测谎方法，人们相当感兴趣。它最大的优势可能是不需要借助任何仪器，随时随地都可以使用。它的倡导者们声称"**通过舌头，谎言很容易就能暴露出来**"。但事实上，到目前为止，利用语言本身来测谎效果并不是很好，特别是在现实环境中。因为绝大多数人都知道一个道理，"如想让自己的谎言不被识破，最好的方法就是将它编得半真半假"。专业术语叫作"**谎言嵌入策略**"，即在真实的语言文本基础上略加修改，嵌入谎言。这个策略让说谎变得更容易，因为骗子不需要编造一个似是而非的故事或记住很多捏造的细节。此外，其中真实的部分可能包含许多高质量的细节，使得我们前面提到的各种标准都认为它们是表明诚实的，导致最后总的结论是"诚实"。而检查生理反应的测谎仪则不受"谎言嵌入策略"的影响。因为使用测谎仪的测试通常要求被测者对被问到的问题（如"珠宝被盗，是在那天晚上八九点吗？"），只做出"是或否"的简短回答，或者可以完全不回答。这就意味着说谎者通常没有机会讲述他们编好的故事。

第六章

科学方法之仪器测谎

虽然利用观察对方的行为或言语内容来识别谎言是最古老、也是最常用的方法，但人类其实从来都没有放弃寻找一个客观（至少看起来是）、简单（最好能自动识别）、有效的测谎工具。从古巴比伦"烧红的匕首"、匹诺曹的鼻子、印度的"圣驴"到罗马的"真理之石"，无不体现了这种孜孜以求的探索精神。因为人类的"技术文化"信仰，让我们普遍相信：**机器能消除复杂性、怀疑和歧义**。

直到1921年，在美国，这种探索终于获得了成功，真正意义上的第一台现代测谎仪polygraph诞生了。虽然一直饱受争议，但polygraph测谎仪已在至少55个国家或地区被作为测谎工具，并主要用于私人、司法或国家安全领域，甚至有时还被采纳为法庭证据。

6.1 测谎仪的大名：polygraph

稍微了解过现代测谎仪的人对测谎仪的印象大概是这样：

两根软橡胶带绑在接受测谎的人（专业术语称为"被测者"）的胸部和腹部上，"似乎是测量呼吸的"。是的，它们分别测量的是**胸部呼吸和腹部呼吸**。

两根电线分别固定在两个手指（通常是**食指和无名指**），然而却不知道它测的是什么（其实是**皮电**）。

一只血压袖带套在被测者的上臂上，就如同我们平时熟悉的测量血压的血压计一样，所以它应该测的是**血压**（它确实就是血压计）。

这三组导线最后都连到一个中等大小的盒子（其实是**主机**）里，盒子放在实施测谎的人（专业术语称为"测谎人员"，通常也是警察）与被测者之间的桌子上。然后测谎人员会问一些问题，需要被测者做出回答。在整个过程中，三组生理反应（其中呼吸是两个导线）会被实时显现在计算机屏幕上，并被永久保存在硬盘上。

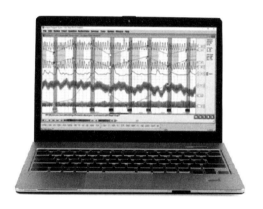

图6-1　生理反应以图谱的形式实时呈现在计算机屏幕上[①]

不过这是目前比较新型的**计算机化的测谎仪**，与我们在一些早期影视资料中看到的略有不同，那些常常是**传统模拟式测谎仪**。与前者的主要区别在于，三组生理反应是通过带有墨水的类似"**指针**"的**热笔**记录在连续移动的卷纸上。

长期以来，人们将这种用来测谎的仪器称为"测谎仪"，在英文中也就是"lie detector"。测谎仪（lie detector）这一叫法最早是由马斯顿提出的，并随着马斯顿名气越来越大，"测谎仪"也成为这种仪器最流行的叫法。

事实上，测谎仪只是一种俗称，从来都不是这种仪器的正式名字。

----

① 图源自本人实验研究。

1921年第一台现代测谎仪诞生之初，发明人为其取名为"血压—呼吸心理描记器"。随后不久，它被改名为"情绪描记器"。直到1935年，又被改称为"polygraph"。

不过在此之前，polygraph这一术语就已经出现了。1908年，苏格兰一位临床医生兼心血管专家麦肯齐（Mackenzie）在《英国医学期刊》发表了他的经典论文《脉搏研究》。其中描述了他自己于1892年发明的一种记录脉搏变化的仪器，他将其称之为"polygraph"。麦肯齐利用这一仪器来识别那些不规则的脉搏变化，从而及早发现心脏病。所以，麦肯齐的polygraph其实是一种医学仪器。事实上，直到今天，在医学或生理学领域，仍有一类仪器被称为"polygraph"，国内一般翻译为生理多导仪或多导生理反馈仪，这与测谎没有关系。

图6-2　麦肯齐的polygraph

该仪器可以以每秒15次的速度通过墨水笔在纸带上进行记录。①

根据考证，"polygraph"一词是由两个希腊词组合而成，即"poly"〔＝"many（多）"〕和"graph"〔＝"to write（记录）"〕。所以，polygraph本意是指一种收集各种生理指标数据，并将这些数据以图谱的形式描绘出的科学仪器。只是从1935年以后，polygraph被正式用来

---

①〔美〕威廉·马斯顿：《欺骗中的收缩压变化》，载《实验心理学期刊》1917年第2卷第2期。

命名当时新出现的现代测谎仪。

而在随后近百年的测谎仪发展的过程中，人们也曾为这一仪器取了各种称谓。包括测谎仪（lie detector）在内。但polygraph在英语国家是最为主流和正式的称谓。这一点，可以从以下事实看出。

美国1966年成立的测谎领域的专业学会名为"American Polygraph Association（美国测谎学会）"，并且此学会的期刊（也是国际测谎领域权威期刊之一）的刊名就是"polygraph"。美国目前培养测谎人员的主流学校，如美国国防部培训测谎人员的学校"国防部测谎研究院（Department of Defense Polygraph Institute，DoDPI）"，校名中使用的是"polygraph"一词。1983年美国众议院政府工作常设委员会正式要求美国国会技术评估办公室（the Office of Technology Assessment，OTA）着手调查测谎的科学性时，OTA出炉的长达132页的技术评估报告《Polygraph测谎的科学效度：研究综述与评估》（*Scientific Validity of Polygraph Testing：A Research Review and Evaluation*），对此技术的正式称谓也是"polygraph"。此外，可能也是最具有权威性和法定性的是，美国目前为止所颁布的有关测谎的最重要的法令——《雇员测谎保护条例》（*the Employee Polygraph Protection Act*，*EPPA*），采用的正式术语还是"polygraph"。EPPA明确写道：

"polygraph"这个术语指的是这样一种仪器——

（A）它最基本的功能是连续、真实、永久、同步地记录血压、呼吸、皮电图形的变化。

（B）被用于，或者是它的结果被用于作诊断结论来说明个体是否诚实。

此外，EPPA还对相关概念"lie detector"进行了界定："'lie detector'这一术语，包括polygraph、谎言记录仪、声音压力分析仪、心理压力测评仪，或者其他类似的仪器（无论是机械或是电子的），这些仪器，或者是仪器测试的结果主要用于说明个体是否诚实的诊断结论。"

可见，任何被用来测谎的仪器都可以被统称为"测谎仪（lie detectors）"，而polygraph只是其中的一种，它特指通过收集、记录和分析个体的血压、呼吸、皮电三项主要生理指标变化来识别谎言的仪器。除此之外，还存在着一些采用其他方式或指标测谎的仪器，如通过分析声音是否有紧张感来推测其发出者是否"说谎"的声音压力分析仪，以及前面提到的热成像测谎仪，都属于"测谎仪（lie detectors）"。

但需要特别指出的是，到目前为止，全世界范围内，**广泛用于各种实践，特别是司法实践中的测谎仪只有polygraph。**

在我国，对polygraph的官方称谓为"心理测试仪"。之所以用"心理测试仪"主要是为了体现测谎的"科学性"。因为国内学者认为"测谎仪"这一叫法容易误导大众。但冠以"心理测试"这样的称谓，从长远的角度来看，也可能是一种存在隐患的做法，在司法上会面临着被"扩大解释"的可能性。因为"心理测试"是泛指采用心理学的方法对个体或群体进行测量的所有活动。这意味着，如果将"心理测试"纳入鉴定项目或业务，在将来的司法实践中，可能不仅是将"测谎技术"纳入，还意味着其他的采用心理学方法或仪器进行检测的技术都归入此类。譬如，紧随而来的催眠询问技术、麻醉询问技术、声音压力分析测谎技术、脑事件相关测谎技术，甚至人格测试，等等，也应是理所当然的鉴定项目，因为它们都属于心理学中公认的"心理测试"的范畴。而实际上在目前阶段，国内外实务中使用的仪器只是"polygraph"。所以为了避免歧义，本书将直接使用"polygraph测谎仪"这一说法。

所以，事实就是：**所谓的测谎仪其实是一种连续、真实、永久、同步地记录血压、呼吸、皮电图形的变化的仪器。而"测谎仪"只是这种仪器的俗称或小名，它的大名叫"polygraph"。在英语国家，无论是**

普通公众还是专业人士，对它普遍的叫法是"polygraph"。

6.2　科学测谎的先驱们

　　科技研究领域的各类学者，诸如社会学、文学研究、科学史和科学哲学的学者一致认为，polygraph测谎仪起源于19世纪的心理学（特别是生理心理学）、生理学和犯罪学。当时顶级的心理学家、犯罪学家、生理学家发挥了重要的先驱作用。从维多利亚时代开始，人们逐渐热衷于用仪器或技术来观测个体外观，并深入其心理加以分析。因为技术设备可以测量到人的肉眼看不到的细微差异或变化。在当时，这种研究方式最有代表性的人物就是龙勃罗梭，他通过测量个体的各种生理缺陷来寻找先天犯罪的痕迹。

龙勃罗梭：科学仪器测谎第一人

　　正如前面提到的，对于世人来说，龙勃罗梭（Lombroso）总是以"现代犯罪学之父"的身份被他们所认识。他的"天生犯罪人论"可能是犯罪学史上最经典的理论了。

　　不过很少有人知道的是，龙勃罗梭也被称为现代测谎技术的第一人。在《天生犯罪人》一书中，龙勃罗梭提到了他利用某种水压式脉搏记录仪讯问犯罪嫌疑人的相关工作。当他向嫌疑人问及是否与案情有关或者是否知情等问题时，以仪器来测量和记录被讯问者的脉搏变化。龙勃罗梭在书中写道：

　　众所周知，任何使心跳加快或减慢的情绪都会导致人脸红或脸色苍白。这些血管舒缩现象完全超出了我们的控制。如果我们把手伸进弗朗西斯·弗兰克（Francis Franke）所发明的容积测量箱，管子上记录到的液位水平会随着每一次脉搏的跳动上升、下降。除了这些有规律的波动，我们还可以观察到与每个感官刺激、每个思想，尤其是每个情绪相对应的变化。

可见，龙勃罗梭研究工作的"先进性"就在于，他不再是像前人那样，通过用手诊脉的方法来记录脉搏的变化，而是利用了由弗朗西斯·弗兰克发明的"容积测量箱"来进行研究。关于容积测量箱，缺乏进一步的文献说明，不过通过另一种仪器——容积测量手套，可以大致了解其工作原理。因为人们普遍认为，容积测量手套是容积测量箱的改进版。人将手戴进密封的橡胶手套里，而手套中充满了液体或空气。当人手部的血压变化时，手套中的水压或气压也会发生变化，并被记录下来。不过无论是容积测量箱，还是后来的容积测量手套，为了克服专业术语晦涩难懂的问题，一般文献会简化将其称为"水压式脉搏记录仪"。

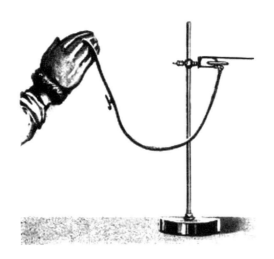

图6-3　容积测量手套[1]

----

[1]［美］达芙妮·罗森布拉特：《1902年对朱塞佩·穆索利诺的审判中的科学专业知识和情感政治》，载《人文科学史》2017年第30卷第3期。

在1911年的另一篇文章中，龙勃罗梭进一步详细地记录了自己利用上述方法成功识别犯罪人的一个经典案例。在测试中，龙勃罗梭利用水压式脉搏记录仪测试一名犯罪嫌疑人的脉搏变化。龙勃罗梭发现，当嫌疑人被问及与铁路抢劫有关的问题时，仪器记录的数据没有显著变化。而当被问及有关盗窃机密文件的问题时，水压式脉搏记录仪记录到有14mmHg的水柱下降，表明其血压下降。由此，龙勃罗梭得出结论，该嫌疑人有过盗窃机密文件的罪行但没有参与铁路抢劫。根据龙勃罗梭的说法，这一测谎结论后来被证明是准确的。

因此，龙勃罗梭也被认为是用科学仪器成功测谎的第一人。

莫索：科学摇篮

在龙勃罗梭的研究中，多次提到了他的学生兼助手安吉洛·莫索（Angelo Mosso）。对于一般公众来说，莫索远不如其导师龙勃罗梭有名。但是在心理学领域，莫索可能更被专业人士，特别是专业学生所熟知。因为在国内外各种《普通心理学》教材中，情绪相关章节一定会提到莫索及其工作。"情绪"是一个完全属于心理学的概念，而莫索则是第一个将情绪（主要是恐惧）与生理指标（主要是血量变化）直接联系起来，并用科学仪器测量获得数据加以证实的学者。而这些都源自莫索早年的一个偶然发现。

1878年，莫索报告了他在实验过程中发现的一个特殊的生理变化。当时他正以一名因病而导致大脑部分暴露在外的女病人为实验对象，仪器突然记录到她的脉搏加快，同时发现其大脑的体积也变大了。而当时病人正安静地坐在椅子上，也没有任何外部环境的变化。莫索非常惊奇，马上向病人询问。病人报告说，她刚才突然看见对面书架上的一本书，书上印有一个人的头颅的图片，这让她想到了她自己的病情。此后，莫索排除了其他因素（如噪音）对这一生理现象的影响，确定是因为刺激（头颅图片）带来的恐惧情绪，导致了此被测者血压以及大脑体积的变化。

基于这一发现，以及导师龙勃罗梭的鼓励，莫索开始致力于研究恐惧情绪对人体血液的影响。1896年，莫索发明了一种被他称之为"科学摇篮"的仪器，用来测量被测者头部血量的变化，以深入研究情绪（主要是恐惧）与大脑血量变化的关系。科学摇篮也被称为"莫索摇篮"，其实就是一个放在支撑点上的平衡板。当被测者躺在平板上，调整至平衡状态。突如其来的刺激（如巨响）会引发被测者恐惧情绪，莫索认为这会导致身体血液涌向大脑，平板会因此失衡，向头部一侧倾斜。**他相信，这解释了为什么在情绪状态下，一个人的脸会发红。**

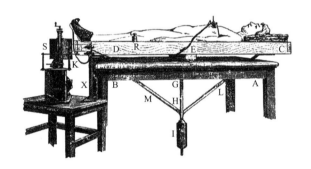

图6-4　莫索的科学摇篮[①]

研究最后发现，无论是病人还是普通人，其结果都一样，证实了莫索的假设：**恐惧能带来人体血液的变化。**莫索的研究对现代测谎技术的发展具有非常重要的价值，因为恐惧等情绪变化可能是测谎技术理论基础的一个重要部分。

闵斯特伯格：将心理学应用到实践中去

此前我们提到的测谎研究的先驱们都不是来自心理学领域。哪怕

[①]［美］斯特凡诺·桑德罗内等：《用天平称量大脑活动：安吉洛·莫索的原始手稿曝光》，载《大脑》2013年第137卷第2期。

是专注于情绪相关研究的莫索，也只是一名生理学家。这可能与心理学作为一门独立学科在当时才刚刚诞生有关。1879年，德国人冯特在莱比锡大学建立了第一个心理学实验室——莱比锡实验室。它的建立，标志着心理学成为一门独立的真正的科学，冯特也成为第一个把心理学转变为独立科学的学者，是当时名副其实的心理学泰斗。1883年，刚到莱比锡求学的雨果·闵斯特伯格（Hugo Münsterberg）很快就被冯特的讲座所吸引，决定从此师从冯特，投身于心理学，并于1885年加入名声日隆的莱比锡实验室。在这里，闵斯特伯格受到了正规的实验心理学训练，这为其将来成为美国心理学的先驱人物打下了良好的基础。

1889年，在巴黎首届国际心理学大会上，闵斯特伯格结识了美国哲学家、心理学家威廉·詹姆斯。詹姆斯当时已是一位大名鼎鼎的人物，致力于在美国倡导"实用主义哲学"，被称为"美国心理学之父"。詹姆斯主张"真正的心理学"应该是能在社会实践中被应用的科学。显然，闵斯特伯格十分认同这一主张，两人一见如故，并建立了深厚的友谊。1892年，闵斯特伯格应詹姆斯之邀，开始在哈佛大学担任实验心理学客座教授。在哈佛大学的19年间，闵斯特伯格的出色才能得到美国人的普遍承认，成为当时美国著名的心理学家之一，并被《美国科学家》期刊评为仅次于詹姆斯的心理学名人。

作为詹姆斯的继承人，闵斯特伯格致力于心理学在社会各个领域的应用推广活动，被称为"应用心理学奠基人"。其中最为人熟知的是在工业领域中的心理学应用推广以及"工业心理学创始人"的头衔。然后则是他对"犯罪心理学"的贡献。

1908年，闵斯特伯格出版了经典著作《证人席上》。在这本书中，他系统论述了心理学因素是如何影响法庭审判结果的，涉及了证人证言、虚假供述、审讯，以及暗示对证人、陪审团和法官的影响。需要特别指出的是，他还提出了"测谎仪"的概念，并论述了测谎技术可以在审讯、质证等司法程序中发挥作用。此外，闵斯特伯格还阐述了测谎的基本原理——"隐藏的情绪出卖了我们自己"。

有意抑制我们通常用来强调情绪的显眼动作可能很容易。不因怒而发狂，不因悲伤而崩溃，我们甚至可以抑制笑和泪……但是，在我们控制之下的嘴唇、手、胳膊和腿，从来都不是内心剧的唯一见证者——如果它们保持沉默，其他的（部位）就会说话。

可见，闵斯特伯格已经发现，情绪会超过我们有意识控制的范围；它不仅影响我们的心理，也影响我们的生理。因此他认为，测量和操作情绪可以被用在很多实践领域，包括犯罪和司法领域。

所以早在19世纪90年代，闵斯特伯格就在其著作和言论中谈到可以利用血压来进行测谎。还曾对两起有名的谋杀案进行过评论，成为当时报纸的头条新闻。1893年芝加哥世界博览会上，闵斯特伯格还曾布置了一个心理测试摊位。詹姆斯觉得"走穴"太过了，将其称为"闵斯特伯格马戏团"，因为这种做法让科学心理学有了一种杂耍表演的味道。

不过，无论龙勃罗梭、莫索还是闵斯特伯格，在他们关于测谎的尝试和设想中，都让我们看到一个有趣的事实：**最初的测谎仪其实是测量情绪的仪器，只是被认为可以用来识别有罪者或说谎者。**

而将这类测量情绪的仪器直接叫成"测谎仪"的开创者，则是闵斯特伯格的学生马斯顿。

马斯顿：测谎仪之父

在一些历史学家看来，测谎仪之所以最后在美国而非在其他地方大放异彩，可能是因为该领域早期的美国心理学家确实有着过人之处。例如威廉·马斯顿，他因为测谎仪名声大噪，后来又成为一位著名的漫画作家。马斯顿在哈佛大学接受教育，1921年毕业，先后获得了法学和心理学两个博士学位。在哈佛学习期间，他与妻子伊丽莎白一起展开情绪与血压关系的研究。据说这一灵感最初来自妻子伊丽莎白，她发现自己在生气或激动的时候血压会升高。

1915年，马斯顿研制出"心血压测谎测试法"。借助这一方法，马斯顿获得了周期性、连贯的心血压变化，并以此来进行测谎测验。结果发现，说谎和心血压（之前人们更多地是通过手部的脉搏活动来测量血压）之间有着显著的高相关，证实了心血压在识别谎言上的可靠性。马斯顿因此宣称他已经找到了说谎的特征反应，并预言人类长期以来寻找识别谎言与真实的努力之途已经结束。

1917年，为了满足当时"一战"期间反间谍工作的需要，马斯顿被聘为美国陆军的特别顾问，并将自己的测谎技术用于一起实际案件——有关密码失窃的间谍案的侦破中。

马斯顿所使用的测谎仪并没有被后人尊为第一台现代测谎仪，这也许和他的仪器结构较为单一（仅以心血压为测谎指标），以及所服务的军方工作较为隐秘有关。但是这并没有妨碍马斯顿成为当时美国最活跃的、最频繁出现在公众视野中的"测谎专家"。也许是为了响应他的导师闵斯特伯格的"将心理学应用到实践当中"的倡导，他非常积极地在媒体面前演示他的测谎技术。他有着哈佛大学博士的教育背景，同时又是从事心理学、法律科研与教学的大学教授，这些增添了他在公众心目中的权威光环。

而马斯顿自己也非常注重迎合大众的口味。例如，他曾应某杂志的邀请，充当婚姻顾问，通过比较妻子被丈夫和陌生人亲吻时的生理反应来诊断其对婚姻的忠诚度。1928年，马斯顿还在好莱坞的帮助下，拍摄了测谎影片，这在当时非常难得和时髦。在影片中，马斯顿以三名不同发色（金发、红发和黑发）的女郎为被测者，用测谎仪测量并比较了她们面对不同情境下的情绪反应。最后影片通过测谎仪结果向观众表明，红发女郎偏爱赌博、黑发女郎偏爱爱情场景并渴望被爱，而金发女郎则是易受惊吓的"小笨蛋"。这种看似"科学"的演示性实验，其实迎合了西方社会长期以来对"女性爱说谎、具有欺骗性"的偏见。事实上，在马斯顿的很多演示性的测谎实验中，被测者基本都是女性。男性侦探利用"最新科技"打败"蛇蝎美人"确实是一个很好的噱头。

为了引起公众更大的好奇与兴趣，马斯顿将自己发明的测谎心血压的仪器称为"测谎仪（lie detector）"。1938年，马斯顿出版了一本书《测谎仪测试》（ *The Lie Detector Test* ），书名就是使用的"测谎仪（lie detector）"。而他也开始自称"测谎仪之父"。这位"测谎仪之父"还作为专家证人出现在美国曾轰动一时的弗赖伊案（见第十四章）的法庭审判席上。

1938年，马斯顿还现身吉列（Gillette）公司的广告，宣称测谎仪测试结果表明吉列刀片确实优于其他品牌的刀片。

随着马斯顿的名气越来越大，特别是他在多个场合表达了对漫画的喜爱，并声称"漫画书有着巨大的教育潜力"。当时的DC漫画公司向他主动递出了橄榄枝，邀请他参与漫画创作。因此从1942年开始，他开始了漫画创作，并创造了一位现在美国家喻户晓的动漫人物——神奇女侠（Wonder Woman），与超人、蝙蝠侠齐名。神奇女侠是第一位女性的超级英雄，而据说这一设定最初也是来自马斯顿的妻子伊丽莎白的建议。正如前面曾提到的，这位女侠所使用的武器之一叫"诚实绳索"，是一种能让人说出实话的"神奇武器"。

马斯顿过于活跃的社会实践，一方面提高了新生的现代测谎技术的知名度，但另一方面这样的行为可能也误导了公众对测谎仪的认识，往往将其作为一种窥探私密的新式把戏而非科学仪器。谁还记得：**最初的测谎仪直接测量的是情绪而不是谎言本身。**

图6-5　马斯顿的吉列刀片广告①

　　在随后的几十年里，关于测谎仪、测谎技术或者测谎专家的报道频繁见诸各种报纸、杂志、电视等大众媒体。在不少的文学或影视作品中，测谎仪或测谎技术也频频亮相，有时候甚至成为作品的主角。如果没有马斯顿将测谎技术过多暴露于公共领域，也许现在是另一番局面。

----

①［美］乔·塞吉：《来自密码的故事：亚马逊神奇女侠受到审查制度的约束》，漫画法律辩护基金，2014年10月4日。

本努西：呼吸比

除了血量和心血压变化，polygraph测谎仪使用的生理指标还包括呼吸。我们还不能确定谁是第一位提出使用呼吸测谎的人，但我们可以肯定地说，奥地利人维托里奥·本努西（Vittorio Benussi）是第一位对测谎的呼吸指标进行系统而科学研究的学者。本努西对呼吸指标的研究相当深入，他的研究结论至今仍是测谎技术的标准方法。

1914年，本努西在格拉茨大学担任心理学教师时就发表了一篇文章，报告了自己利用仪器对人说谎时的呼吸特征进行研究的实验结果。他所使用的记录呼吸的仪器为"呼吸描记器"。这台仪器带有一支12厘米长的笔，可以同步在滑动的纸上记录呼吸图谱，如图中的下部曲线所示。从左到右，上升的曲线反映了被测者的"呼气"过程，而下降部分记录的是"吸气"过程。

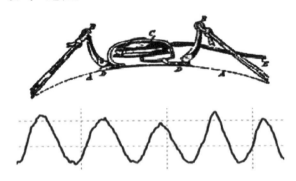

图6-6　本努西所使用的呼吸描记器（上）及所记录的呼吸曲线（下）[1]

本努西对呼吸描记器所观测到的这些曲线数据进行长期的观察，并且结合数据统计加以分析。发现在正常情况下，相邻的一次上升和一次下降曲线中（代表一次完整呼吸过程），上升曲线轨迹的长度是下降

---

[1]［美］诺曼·安斯利：《真理与科学：关于检测欺骗和测谎技术的国际文献综合索引》，美国测谎仪协会，1983年。

曲线轨迹长度的3/5。也就是说，在正常情况下，个体一次完整的呼吸过程中，吸气过程占3/8，呼气过程则占5/8，吸气与呼气过程的比值为3∶5。本努西将3∶5称为"呼吸比"，而后人则将此称为"本努西比"。

此外，本努西还发现，所谓3∶5的呼吸比率值会伴随情绪的波动而发生变化，当人说谎时，吸气过程会减少，而呼吸过程会增加，从而导致整个比率值变小。也就是说，当人说实话时（情绪正常），呼吸比是3∶5，当他说谎时（情绪波动），呼吸比可能就变成2∶6。由此，本努西得出结论，利用呼吸比率的变化可以测谎。

I:E Ratio normal (3:5)　　　　　　　　Deception (2:6)

图6-7　正常时的3∶5（左侧）与说谎时的2∶6（右侧）[①]

1914年至1919年，受当时"一战"的影响，本努西失业，不得不前往维也纳大学寻求工作，随后又辗转到了意大利帕多瓦大学（Padua University）任教。当时的帕多瓦大学没有实验室，也没有任何实验设备，因此本努西将自己的研究重点放在不需要任何仪器设备的催眠技术上。对于进行催眠研究而言，最首要的工作在于研究者要确定自己的被测者是否真的进入了催眠状态。所以就是在这个期间，本努西发现可以通过一些特征性的呼吸模式来辨别被测者是否处于催眠状态。这些相关的经历为本努西后来利用呼吸指标进行测谎打下了良好的基础。此外，他在催眠领域的研究也获得了极大的成功。

本努西后来采用"模拟犯罪"来证明其提出的测谎方法的准确性，并将根据呼吸比测谎与行为观察测谎的准确性进行比较。实验结果十分

----

① ［德］海蒂·赫伯特·沃顿：《德国测谎与识别：德国早期测谎的历史回顾》，载《测谎》1982年第11卷第3期。

理想，根据呼吸比作出的所有的测谎结果中，只出现了两例错误，一例为有罪，另一例为无辜。本努西进一步对这两例失败的案例进行了分析，认为是被测者使用了"反测谎（控制自己的呼吸）"而导致测谎失败。因此，本努西得出结论，如果排除这一干扰因素，通过呼吸特征测谎的准确率可达100%。而与此形成鲜明对比的是，通过行为观察测谎的准确率只是比瞎猜（50%）好一点。

此外，本努西还可能是最早同时使用两个生理仪器进行测谎的学者之一。他曾尝试着将脉搏描记器与上面提到的呼吸描记器放在一起，同时测量被测者的血压和呼吸来测谎。

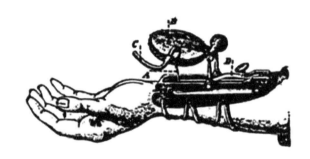

图6-8　脉搏描记器[①]

虽然学术上取得了极大的成功，但本努西还是患上了严重的抑郁症，并在1927年服毒（氰化物）自杀，结束了他"富有成就但悲剧的一生"。

6.3　第一台测谎仪的诞生

虽然自称"测谎仪之父"的马斯顿名气很大，但是历史上公认的

----

① [美] 诺曼·安斯利：《真理与科学：关于检测欺骗和测谎技术的国际文献综合索引》，美国测谎仪协会，1983年。

第一台现代测谎仪并不是他发明的。这项荣誉最后落在美国加利福尼亚州伯克利市警察局一名警官——约翰·拉森（John Larson）的头上。

2012年，美国著名的科技类杂志《连线》做了一个系列的专题——《那些开创未来的十年》。从1900年开始，以10年为一期，回顾了当时出现的推动了人类进步的伟大技术发明和成就，在第三期就回顾了1921年至1930年出现的那些伟大科技成就。其中写道：

1921年：测谎仪（国家安全）

1921年加州大学医学院学生约翰·拉森发明的现代测谎仪或许是对（人类）思想构成的最大威胁之一。

警方使用这款设备帮助破案，尽管测试结果通常难以在刑事起诉中被采纳。

测谎仪是通过在人体上安装一些传感器来工作的，理论上讲，它可以辨识人在说谎时的自主生理心理反应。这个机器测量呼吸、血压、脉搏和汗腺分泌（多项指标）——因此以"多导"来命名。接受测试时，人们会被问到一系列问题，有些问题有明显的答案，而有些则没有，这样侦查人员就可以分析被测者的生理心理变化模式。

这是真的，我们没有说谎。

不过，这里可能有个小错误，拉森发明测谎仪时已经不是医学生了，而是一名警官。拉森生于1892年，毕业于加州伯克利大学，拥有生理学博士学位，同时还拥有指纹鉴别专业的硕士学位，所以他常称自己是"博士警察"。当他还在伯克利大学的时候，就遇到了他人生的伯乐——加州伯克利警察局局长奥古斯特·沃尔默（August Vollmer）。沃尔默本人并不是科学家，但深受闵斯特伯格和马斯顿的影响，相信通过生理实验可以将心理学和法律结合起来，从而改善当时警察的业务水平。沃尔默对当时新生的测谎技术尤其感兴趣，因此去大学的医学院寻找未来能专职从事此项技术的人才。正是因为有着这位局长的倡导与鼓励，在整个1920年代，拉森都在加州伯克利警察局从事现代测谎技术的创造性工作。

拉森进入伯克利警察局后不久，就在前人工作的基础上，发明了一台能够同步记录三种生理指标的仪器。这三种指标分别为血压、呼吸和脉搏（没有皮电）。在这台测谎仪刚刚问世不久，1921年，警察局就碰到了一桩"小"案子。伯克利大学城里的多家商店报告说有商店物品被人盗窃，经调查发现，有人目击嫌疑人是一名女生，并最后进入了大学城里的一栋学生宿舍楼。于是，警方怀疑这名盗窃的惯犯就在这栋宿舍楼里的38名女大学生之中。这是一桩特别适合应用测谎仪的案件——从多位嫌疑人中识别出有罪的那名，且有罪者肯定在这些嫌疑人中。另外，由于不是恶性案件，风险也不高。沃尔默为了让拉森在真实案例中测试和改进他的测谎仪，决定让拉森启用刚问世的测谎仪，对所有38名女生进行调查。这次测谎的结果，根据拉森自己的描述，大获成功。他报告说，用测谎仪对这些学生进行了测试，发现其中有名女生的测谎结果显示其"说谎"，几天后再对这名女生进行测试，仍显示"说谎"。随后，这名女生在测谎结果面前供认了自己曾在多家商店盗窃了价值超过500美元的书本、衣服等物品的事实。

这一事件被世人看作现代测谎技术正式诞生的标志，也就是《连线》杂志为什么将1921年作为现代测谎仪诞生的元年。而拉森所研制的测谎仪也被看作第一台真正意义上的现代测谎仪。

6.4 测谎仪的改进

拉森的测谎仪虽然被称为现代第一台测谎仪，但是与后来被广泛应用的测谎仪有所不同。拉森式测谎仪虽然也包括三导生理指标，但只是呼吸、血压和脉搏。而血压和脉搏在本质上其实是一样的，都是测量血压的变化。前面我们已经说明，polygraph测谎仪的三导指标应该是呼吸、血压和皮电，也就是皮电取代了脉搏。此外，拉森的测谎仪被当时的媒体戏称为"Shaggy（乱糟糟）"，因为这台机器又大又凌乱，和我们现在所看到的精致又便携的测谎仪相去甚远。而做出这些改进的则是莱昂纳德·基勒（Leonarde Keeler）。

基勒：现代测谎之父

基勒是典型的"富二代"，父亲是伯克利警察局局长沃尔默的好友。1926年，还在上高中的基勒通过父亲的关系，进入了伯克利警察局做暑假实习。他看到了拉森的测谎工作，并被深深吸引，按他自己的话说，"成了拉森的门徒"。他甚至会和他的两个死党半夜潜入警察局的地下室，用这个笨重的设备相互"测谎"。

高中毕业后，他就读于加州大学伯克利分校。在沃尔默离开伯克利升任洛杉矶警察局局长后不久，他也搬到了加州大学洛杉矶分校，继续提高他在审讯和测谎方面的技能。同时，他也开始着手将拉森的测谎仪改进成一个更便携的仪器。

1930年基勒加入了刚刚成立的芝加哥警察局犯罪侦查科学实验室（the Chicago Police Scientific Crime Detection Laboratory），简称芝加哥犯罪实验室。芝加哥犯罪实验室由芝加哥大学法学院和芝加哥警察局共同创建，是美国较早、也是较有影响的犯罪实验室之一。犯罪实验室有各种高科技技术或手段，可以帮助警察高效破案。而在当时，测谎技术就是一种"高科技"技术。当时的芝加哥帮派猖獗，帮派之间常发生严重的暴力冲突，这迫使警察局不得不采用新的"打击犯罪"方法，包括使用测谎仪。

正是在芝加哥犯罪实验室，1938年，基勒对自己的测谎仪进行了进一步的改进，加入对"皮电反应"的测量。对于"皮电反应"这一新纳入的指标，基勒在总结前人经验的基础上，将其称为"Galvanic Skin Response"，简称GSR。因为在基勒看来，利用这一生理指标测谎的原理在于：说谎者会因为紧张而比诚实者更易出汗，从而导致皮肤表面的负极氯离子大量增加，皮肤电阻则相应减少。而事实上，对于皮电反应产生的具体原理目前还没有定论，只是大部分的研究者更倾向认为，它与皮肤本身的汗腺活动关系更为紧密。不过基勒并不是第一个利用GSR来测谎的，在此之前（1936年）心理学家萨默斯神父（Walter G. Summers）就已经开始使用了。萨默斯神父利用仪器收集和观察皮电反应的变化进行测谎研究，先后进行了大约6000人次的实验室研究和50例实案测试，并宣称利用GSR测谎获得了98% ～ 100%准确率。

此外，基勒仍致力于提高测谎仪的便携式。其间他得到了沃尔默很大的支持，沃尔默将西部机电公司的一名工程师介绍了他。正是在这名工程师的帮助下，测谎仪变得更紧凑，特别是改进了生理指标的记录方式。也就是我们后来看到的热笔在卷纸上绘制图谱的形式。最终诞生了世界上第一台便携式的测谎仪，被称为"基勒式测谎仪（Keeler Polygraph）"，这才是现代测谎仪的真正原型。

但是，来自企业家家庭的基勒并没有和拉森一样的学术追求，他更渴望获得金钱与商业上的成功。基勒自己成立了公司，成为世界上第一个商业化生产和销售测谎仪的公司，也是第一个向银行等非政府机构提供商业测谎服务的公司。美国联邦调查局FBI购买的第一台测谎仪就是基勒式测谎仪。1945年，基勒为美国军方提供测谎服务，对当时关押在罗得岛州盖蒂堡的德国战俘进行测谎讯问。此外，他在芝加哥还建立了专门培训测谎人员的学校——基勒测谎学校（Keeler Polygraph School）。它是美国现在几乎最好的、也是历史最悠久的测谎培训学校，从这里走出了一大批对后来测谎领域影响深远的测谎专家。芝加哥也成为了当时世界的测谎研究中心。

首先是佛瑞德·英鲍（Fred Inbau），基勒亲自培训了这位西北大学刑法学教授。英鲍后来成为芝加哥犯罪实验室的主任，也成了继沃尔默以后测谎技术的又一位重量级的倡导者。

不久，大学刚毕业的约翰·里德（John Reid）也加入了芝加哥犯罪实验室，为了承担未来的测谎工作，他去了基勒测谎学校接受了训练。

20世纪40年代初，美国联邦调查局FBI特工弗兰克·塞克勒（Frank Seckler）到芝加哥学习测谎，从此开始了测谎技术在FBI和联邦政府的使用。

随后不久，美国中央情报局CIA也派了第一个特工去基勒测谎学校，这个人叫克利夫·巴克斯特（Cleve Backster）。

此外，基勒还开发了世界上第一个测谎测试程序——相关/不相关问题技术。后来又陆续开发了"紧张峰测试法""卡片（激励）测试"等经典测试法。

所以，许多人都将基勒称为"现代测谎之父"。与马斯顿自称"测谎仪之父"相比，这一称谓赋予基勒可谓实至名归。而基勒也更像马斯顿而非他的导师拉森，非常热衷出现在镜头前。1948年他参演了电影《呼唤》，在其中扮演他自己。这些活动极大地促进了测谎仪在美国的普及，同时也启发其他人去发现测谎仪除学术价值之外的巨大商业利益。

一个有趣的事实：**测谎技术背后存在着巨大的商业利益，这使得它并不像普通人看起来的那么"只关注真相"。**

里德：里德技术

基勒式测谎仪已经包括了现代测谎仪的所有核心部件，采集和测量三大生理指标：皮电（GSR）、呼吸和血压。而此后对于polygraph测谎仪的改进工作虽然从未停止，但并没有根本性的变化。例如，约翰·里德（John Reid）从其"测谎工作应该是仪器测试结合行为观察"的测谎理念出发，于1945年在基勒式测谎仪的基础上增加了对被测者动作的测量。但动作指标并不参与最后的评分工作，只是最后做出诊断结论时的参考指标。

1958年，里德的学生阿瑟（Arther）将原来的一个呼吸测量指标改进成两个，即同时采集和测量胸部呼吸和腹部呼吸，因为这两种呼吸之间是有所差异的（大约每次相差33%）。

里德早年从法学院毕业后当了一段时间的律师，后来加入了英鲍领导下的芝加哥犯罪实验室。在接受了基勒的培训后开始从事测谎工作，但是他后来的测谎技术和理念与基勒相去甚远。

1942年，时任芝加哥犯罪实验室主任的英鲍出版了《测谎与刑事审讯》一书，书中介绍了当时新兴的测谎技术，但涉及的具体技术则是以基勒的为主。相信当时英鲍对测谎技术的了解和认识主要来自基勒。而在1953年第三版的《测谎与刑事审讯》一书中，英鲍不再是此书的唯一作者，加入了一名合作伙伴里德。正是在这一期间，里德提出了**"对照问题测试法（Comparison Question Technique，CQT）"**，并迅速为测谎界所接受。虽然前辈们，如马斯顿和萨默斯神父，都论及和使用过相似的提问技术，但是公认的"对照问题测试法CQT"的提出者却是里德。

里德的成功不仅限于测谎领域，在刑事侦查领域也颇有建树。因为在里德看来，心理生理指标的测量要与行为观察结合起来，再辅以心理策略，才能在刑事审讯中有效地获得供述以及识别谎言。所以，里德不仅以CQT而闻名测谎界，他的**行为分析访谈技术**（Behavioral Analysis Interview，B.A.I.）以及与英鲍共同提出的**"九步审讯法"**都是美国刑事侦查领域中的重要技术。而里德与英鲍合著的《测谎与刑事审讯》（1953）和《真实与欺骗》（1966）两本教科书几乎成了美国警察的行业标准。里德提出的测谎方法也被统称为**"里德技术"**。

巴克斯特：区域对照法与超心理学

前面我们已经提到，美国中央情报局CIA派到基勒那里学习测谎的第一位特工就是克利夫·巴克斯特（Cleve Backster）。这位CIA的第一位测谎专家不负众望，成为测谎领域伟大的创新者之一。当时里德技术在美国测谎领域成为主流，其主张结合被测者的行为表现进行测谎，其实并不符合心理学所倡导的标准化、客观化、数量化的科学要求。巴克斯特正是针对里德技术的这些问题进行了一系列改进，主张要严格依据测谎的图谱进行客观化、数量化和标准化的分析，发展出了后来测谎领域中最重要的评分标准——**区域对照法**以及**数量化评分技术**。

此外，他首次在测谎领域中提出的心理定势（psychological set）概念。在心理学中，"定势（set）"被定义为对某种刺激或某类刺激的暂时朝向或准备状态，包括认知定势、动力定势、神经定势，等等。而巴克斯特的心理定势是指在测谎测试中，被测者会对某类问题给予的特别注意，从而具有更高的心理唤醒水平；而无辜者与说谎者特别注意的问题类型不同，据此可以识别出说谎者。巴克斯特还一手创建了自己的测谎培训学校——巴克斯特测谎学校。

然而对于世人而言，巴克斯特最著名的事迹乃是其对办公室的牛舌兰树所做的实验，以及玄乎其玄的研究发现。1966年的一天，巴克斯特突发奇想，把一台测谎仪的皮电（GSR）传感器接到办公室的一株牛舌兰树的叶子上。在他往牛舌兰的根部浇水后，他惊奇地发现测谎仪的记录笔画出现了激剧上升的曲线。巴克斯特根据以往的经验，人如果出现此类曲线是因为他感觉到威胁。于是他也想让这株植物感受到威胁，随后他想到用火烧一烧叶子。刚想到这儿，还没等他去拿火柴，纸上急速出现一条上扬的曲线，等他拿火柴回来，他看到曲线上又出现一个高峰，可能是植物看到他下决心要动手，又吓了一跳。

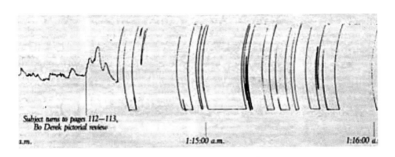

图6-9　巴克斯特记录下的"皮电"曲线的剧烈变化[①]

　　巴克斯特认为这表明植物也有思想，且他与这株植物之间产生了心灵感应，并随后做了一系列的类似实验来验证。他还将对植物的研究带入其擅长的侦查领域，特别设计了一个实验，让六名学生蒙上眼睛抽签，中签者要在不为人知的情况下，把实验室里两株植物中的其中一株拔出来，放在地上践踏、弄毁。然后巴克斯特再将幸免于难的另一株植物接上测谎仪。巴克斯特声称，植物只对凶手有反应，而对其他人则没有。巴克斯特将这一实验及其发现发表在了1968年《国际超心理学》杂志上，标题为"植物生活中的主要感知的证据"。而巴克斯特从此就从测谎领域抽身，转而致力于这一超心理学领域的研究。

　　最后，我们还是要补充一下，在测谎仪发展进程中有一家美国政府机构始终如一地在背后支撑，那就是美国国防部（United States Department of Defense，DoD）。从最早的马斯顿在军方的工作，到最新的声音压力测谎、脑电测谎等，国防部一直给予慷慨的项目资金支持。现在的计算机测谎软件系统也是在它的资助下开发的，而且也常常将最新的测谎技术或仪器用在战场上来实践。1951年国防部在佐治亚州戈登堡成立了自己的测谎培训学校，为自己培养军事测谎方面的专业人才。此外，一些政府其他机构的测谎人员培训也由它负责。早

[①][美]克利夫·巴克斯特：《主要感知：与植物、活体食物和人体细胞的生物通信》，美国白玫瑰千年出版社2003年版。

期的校董之一就是罗恩·德克尔（Ron Decker），他是当时测谎领域的泰斗，被大家亲切地称为"国师"。到了1986年，美国国防部又成立了自己的测谎研究机构——**国防部测谎研究院**（Department of Defense Polygraph Institute，DODPI），2007年该学院更名为**国防部可信度评估学院**（Defense Academy for Credibility Assessment，DACA）。DODPI主要提供与军事测谎相关的研究、培训和质量控制。不过因为国家安全的要求，除了一些个别情况，国防部测谎的具体情况和数据都是保密的，所以世人常常会忽略它们在测谎技术发展中的重要贡献。

第七章

揭开神秘面纱之测谎测试操作

在拥有了稳定可靠的仪器以后，并不意味测谎就可以有效进行了。正如一些法官在审查测谎结论是否可以作为法庭证据时所说的：

测谎看来由三部分组成，即测谎仪、被测者，以及测谎人员。但事实上，测谎关键部分与机器操作无关，而是取决于当时接受测谎的被测者本人，以及实施测谎的测谎人员。

正如前面我们所说明的事实：**测谎仪并不是直接测量谎言本身，而测量的是情绪**。所以测谎仪只是测谎人员手中的一个工具，并不能自己独立去识别真假。在测谎时，被测者需要出现相关的情绪，而测谎人员需要观察和分析被测者与说谎有关的线索。所以，测谎测试的操作过程至关重要，需要按照标准的程序来实施。当然，在以"标准化"为基本原则的基础上，我们也应该考虑在司法实务应用中的操作性和灵活性的结合。

一般认为，一个标准化测谎测试程序包括六个阶段：

1. 案情分析阶段；
2. 编题阶段；
3. 测前访谈阶段；
4. 实测或图谱采集阶段；
5. 图谱解读阶段；

6.做出测谎结论阶段。

1928年，美国学者琼斯（Juns）认为，在测谎时，随着测试次数的增加，生理指标的反应会逐渐降低，并指出这是由于疲劳效应造成的。也就是说，随着长时间测试的进行，被测者逐渐变得疲劳，其生理的反应会越来越弱。因此，琼斯提出，在测谎测试中应注意被测者的疲劳指标，在每次完整的测试中，同一套题测试的次数最好能控制在三次左右，而且每一套题测试的时间不要超过25分钟。因此，针对一名被测者进行测谎测试，整个测试时间一般控制在90分钟以内。

7.1 被忽视的步骤：犯罪心理分析

其实我们普通人对犯罪心理分析技术并不陌生，影视剧中所使用的"罪犯侧写"（criminal profile）就是一种犯罪心理分析技术。美国著名的罪犯侧写专家、FBI特工约翰·道格拉斯对此项技术解释为：

在案件侦破中使用的罪犯侧写就是一种对犯罪现场的犯罪心理分析的方法，主要是侦查人员在对犯罪现场观察分析的基础上，对犯罪人个性心理特征（性格、智商、爱好、心理健康等）和性别、种族、年龄、婚姻、职业、教育程度等个人情况进行合理的推测与描述……如果想了解毕加索，你们就得研究他的艺术。如果你们想了解犯罪人的个性，就得研究他的行为。

相比罪犯侧写，测谎技术的使用则更为普遍，因为它有仪器，并且有比较完整的标准化测试程序，可以被更多人掌握。但是在真实案件测谎中，往往会出现一些错误。仔细研究起来，其中的失误之一就在于，测谎人员在进行测谎测试过程中忽视了犯罪心理分析。

测谎测试本质上是由测谎人员向被测者提出一系列的问题，然后观察和分析被测者对问题的生理反应。所以，一方面，这些问题至关重要，但另一方面，测谎本身是因为情况不明，难分真假时才不得不采用的特殊手段。例如，当某刑事案件缺乏物证、人证或其他线索时，我们才需要测谎技术的帮助。当案情不明、许多细节都不知道或者不确定时，要编制一套符合事实或案情的问题相当困难。而犯罪心理分析则是解决这一困难，编制合格测谎问题的关键。

心理学研究表明，人的大脑对外界刺激会留下一定的记忆，而记忆的深刻程度和保持时间，主要根据刺激本身的强度以及对刺激情绪体验的强弱等因素决定。对于犯罪人，尤其是实施了杀人、强奸等严重犯罪的作案人，他们对自己所实施的罪行的记忆应该是相当深刻的，有些经历过的情景甚至终生不忘。此外，犯罪人在犯罪之后，总会经常地或时断时续地在头脑中重现这些过程与行为细节。所以，也许犯罪现场的痕迹可以被抹去，但是在犯罪人心里，相关的记忆会一直存在。而测谎技术就是要根据犯罪心理分析找到这些记忆点，编制相关的问题进行测试，将有罪者与无辜者准确地区别开来。

如何做到这一点呢？测谎人员通常会查看犯罪现场、阅读案件档案，并尽可能地与被害者、侦查人员或其他了解案情的人进行交流，以便获得更全面的信息加以分析。一般来讲，测谎人员会从以下几个方面入手。

空间知觉

人处于任何的地方，对自己周围的环境、事物都有自己的空间知觉。对于犯罪人来说，他们在作案过程中，对犯罪现场的空间知觉的记忆十分深刻，不会轻易地忘记，是进行犯罪心理分析不可缺少的一个方面。

例如，在盗窃案件中，犯罪人对盗窃的物品当时所处的位置肯定记忆深刻且准确。所以我们可以根据案情，从分析犯罪人当时所感知的空间知觉的角度，编制相应的问题：

黄金戒指当时，是放在桌上吗？

是放在抽屉里吗？

是放在枕头下吗？

是放在洗漱台上吗？

是放在包里吗？

值得注意的是，真正的犯罪人不仅对犯罪现场的空间知觉记忆十分深刻，对于犯罪过程的前后的空间知觉记忆，也常常是久久难忘的。例如，凶杀案中涉及作案后的一些空间知觉的分析：

现场带出的东西，后来是埋在山坡上吗？

是埋在树林里吗？

是埋在山沟里吗？

是埋在水库边吗？

是埋在自家院子里吗？

时间知觉

时间知觉是人对客观事物的连续性和顺序性的反映。人除了在一定空间活动，也总是在一定的时间中活动。因此人常常需要把握时间，也就具有了相应的时间知觉。此外，我们在生活中的各种活动都是依次进行的，如起床、吃早饭、上学上班、放学下班、回家休息，都是按一定的顺序进行的，这就是时间知觉的顺序性。

不过犯罪心理分析技术认为，我们很多时候对时间的知觉并不是精确的。除非有特别的原因（如学校规定"早上8点准时上课"），我们往往知觉或记忆的是大致的时间。所以一般来说，犯罪人往往不能够对时间进行精准确认，我们在对时间知觉记忆进行犯罪心理分析时，一般是通过对时间顺序的知觉来大致确认时间。例如，杀人抛尸案件中，针对"抛尸的时间"，我们往往是利用人们对时间顺序的知觉来进行分析，把时间分别设为"是杀人后马上干的""是等了一会儿干的""过了两三天干的"和"好几天以后干的"。有时候也可以考虑用一些大家都能准确知觉的时间点（如春节、中秋、元旦等）作为参考，如"盗窃案是在春节前半个月发生的"，等等。

犯罪动机

对犯罪动机的分析常常是犯罪分析的重点。因为心理学的研究表明：**人做任何行为都是有动机的**，就如同吃饭、喝水这些日常生活中最简单、最自然的行为活动也都是在相应的动机下产生的。所以无论是什么类型的案件，犯罪人都是有作案动机的，哪怕是激情杀人。

而一起案件的具体犯罪动机是什么？侦查人员或者其他人都只能做推测，真正完全了解的只有犯罪人自己。因为有些案件中犯罪人会伪装现场，制造假象，转移视线；有的同时存在多个动机；有些是当下所获信息有限……所以对犯罪动机分析与判断往往只能提出一种或几种推测。

为了让推测的动机尽量准确，测谎人员可以对动机进行心理分析。专业的建议是根据作案手段的性质和指向性来分析出作案人可能的动机。例如，在一起杀死一家三口凶杀案中，被害人都是被人用刀砍死的。其中女主人被砍了10多刀，男主人被砍了60多刀，女儿被砍了40多刀。从这些超乎寻常的刀数，我们可以分析出，犯罪人的动机很可能是泄愤、仇杀，而且主要目标是这家的男主人。因此，测谎人员针对犯罪动机编制了以下一组题目：

> 作案人干这件事，是为了钱吗？
>
> 是因为有仇吗？
>
> 是因为有矛盾吗？
>
> 是因为男女关系的事吗？
>
> 是别人唆使的吗？

在正式测谎时，一名犯罪嫌疑人在"作案人干这件事，是为了钱吗""作案人干这件事，是因为有仇吗"和"作案人干这件事，是因为男女关系的事吗"三个问题上都出现了强烈的生理反应。最后这名嫌疑人主动供述了自己犯罪的事实。而根据他的供述，案发当天他进入被害人家主要是为了借钱，但遭到了拒绝。而在此之前，他曾怀疑自己的老婆和这家的男主人关系暧昧，心里一直有气。正是在这种双重动机的驱使下，他实施了犯罪行为。从此测谎案例中，一方面我们可以很明显地感受到了犯罪动机分析的效果。另一方面也确实发现，在真实案件中，犯罪动机往往是比较复杂的，所以分析时要尽量全面。

犯罪场景重建

影视剧《犯罪心理》中罪犯侧写人员在进行分析时，往往会想象置身于当时的犯罪现场，这就是犯罪场景重建。对于测谎来说，犯罪心理分析也需要有这个过程。

心理学家总是把一个活动的过程看成是一个事件的过程，在这个事件中总是有着一定的事件情节，有着时间、地点、人物、环境等细节。犯罪心理分析的任务就是把这一事件有关的人、事、物、时间、地点等零星的细节逐步收集起来，由模糊到清晰，最后拼凑成一幅幅场景，再现最接近事实的情节。测谎人员再通过编题、提问，将这些再现的情节呈现到被测者的面前。对于没有经历过这些场景的无辜者来说，其引起的心理反应很小；相反，对于真正经历过的作案人就会引起很强烈的心理反应，从而出现一系列的强烈生理反应，这也就是测谎的原理之所在。

例如，在一起一家四口被枪杀的案件中，犯罪嫌疑人为这家的大儿子。一般情况下，一次杀害好几个被害人的作案人，对于先杀死的人是谁，后杀死的人是谁，记忆都是十分清晰的。而对于此次测试来说，接受测谎的犯罪嫌疑人涉嫌杀害的还是自己的父母以及弟妹，应该更记得杀人的先后顺序。基于这一分析，测谎人员以杀人的顺序作为测试主题，编制了如下的一组问题：

作案人杀死包家全家，是先杀死的父亲吗？
是先杀死的母亲吗？
是先杀死的女儿吗？
是先杀死的儿子吗？

随后测谎的结果显示，这名嫌疑人对这组问题中的"先杀死的母亲"反应最强烈，对后面认定其为真正的犯罪人起到了很大的作用。随后，该嫌疑人也主动供述了犯罪事实。其间，他的一段供述很好地阐释了"犯罪场景重建"在犯罪心理分析中的价值："**不得不承认，当你们问我这些问题时，我好像又回到了当时的现场，好像你们当时就跟在我身后一样。**"

不过要特别说明的是，一些测谎人员在使用犯罪场景重建分析后却反映：自己所出的测谎问题符合实际的情况，但是不能唤起犯罪人应有的生理反应。这种情况的出现很大可能是因为，测谎人员对犯罪场景重建分析的重点没有放在对动态过程的描述上，而仅仅是静态地描述事实本身。

7.2 测谎前如何进行编题

完成犯罪心理分析以后，测谎人员会得到许多有用的信息，包括作案时间、作案地点、作案动机、作案过程，等等。接下来，测谎人员就要以这些信息为主题，在遵循基本原则和技术要求的基础上，编制出一套用于正式测谎的问题。

对于测谎而言，每一个案例所编制的具体问题以及问题的顺序都是不同的，但总结起来，这些问题其实只有三大类：不相关问题I、相关问题R以及对照问题C。

不相关问题I

如前所述，基勒开发了世界上第一个测谎测试程序——相关/不相关问题测试法。所以不相关问题应该和相关问题一样，应该是最早出现的两种问题类型。

所谓不相关问题，简写为"I"，也叫中性问题、正常问题、非关键项，是指与案件毫无关系的问题，例如：

你今年是26岁吗？

你现在穿的是白衬衫吗？

对于上述两例不相关问题，事实上还可以进一步细分，如果被测者今年是26岁且当时穿着的衬衫是黑色的。那么，这两个不相关问题是有一些差异的。"你今年是26岁吗"与事实相符且显而易见，因此在测谎测试中被称为"已知事实"。而对于另一问题——"你现在穿着的是白衬衫吗"则非"已知事实"问题。

编制不相关问题的基本规则

关于不相关问题，一个有趣的事实是：**不相关问题是用来确定或重建一个人的反应基线（baseline）**。

因为对于不相关问题，被测者一般都会诚实地回答"是"或"否"，而且回答起来是没有负担的，不会引起特别的情绪反应，因此可以由此建立被测者诚实或正常情绪下的心理生理反应水平，也就是**确定基线水平**。而当它被编在其他问题之间时，可以将被测者由其他问题引起的情绪或生理波动拉回至平静水平，即**重建基线水平**。正是由于不相关问题的这些作用，它又被称为**填充问题或缓冲问题**。

此外，不相关问题还有一个重要的作用就是识别反测谎。当被测者在被问到不相关问题时，心理生理反应仍然很高，很大可能是被测者正在使用反测谎策略导致的。关于反测谎，本书将在第十三章中详细介绍。

为了实现以上目的，在编制不相关问题时有一些基本规则：

1.必须确保所使用的信息是准确的。如果不准确，会引起被测者过多且不必要的情绪反应，失去了其建立基线的意义。

2.必须确保不相关问题的信息与被调查的犯罪相关信息没有联系。例如，"你的名字是叫李明吗"而调查的案件中正好也有一名当事人叫这个名字。这时候，这个问题作为不相关问题就不恰当。

3.有些不相关信息可能会涉及隐私、敏感问题，虽然与犯罪无关，但也不适合用来编制不相关问题，如"你喜欢打麻将吗？"

相关问题R

所谓相关问题，简写为"R"，又叫主题问题、关键项。这种问题是指那些明确涉及案情的问题，是测谎所需要甄别的主题，也是测谎测试中的核心和要害问题，例如：

你知道上周日，John被人杀死的事情吗？
John被人杀死，是你干的吗？

相关问题还可以进一步分为四个子类型（以盗窃机动车辆案为例）：

直接卷入类型的问题，如那辆车是你盗走的吗？
间接卷入类型的问题，如那辆车是你协助别人盗走的吗？
犯罪知识类型的问题，如你知道是谁盗走了那辆车吗？
证据相关类型的问题，如你是否从盗窃那辆车中获得好处？

事实上，这四类问题涉及犯罪事件的四个核心要件，**即是不是你做的？是不是你协助他人做的？你知道是谁做的吗？你是否从中获益？**它们又被称为"**犯罪的四条腿**"。

编制相关问题的基本规则

关于相关问题，一个有趣的事实是：**相关问题是用来让有罪者谎答而产生异于基线的反应。**

对于相关问题，被测者一般都会回答说"不是"。这样的回答对于真正的无辜者而言，是诚实反应，所以回答起来也是没有负担的，不会引起特别的情绪。而对于有罪者而言，这样的回答就是"说谎"，因而会导致有罪者出现异常的生理反应，一般是明显高于基线水平的反应。为了实现这一目的，在编制相关问题时有一些基本规则：

1.必须简单直接，用被测者可以理解的语言表达。

2.不得包含有专业的、晦涩的法律术语。

3.必须是能用"是"或"否"来回答的。

4.应该强迫有罪的人说谎，让无辜的人回答实话实说。

5.应尽可能短。如果确实无法简短，可以将描述性的不重要语句放在前面，以包含关键词的短语结尾。如前面的问题例子："作案人杀死包家全家，是先杀死的父亲吗？"这句话本身不太符合日常使用的语言规则，但这么处理，可以将不太重要的部分放在前面，然后在逗号处稍作停顿，问最关键的内容："是先杀死的父亲吗？"而后面跟着问的问题："是先杀死的母亲吗？"前面的部分"作案人杀死包家全家"则可以省略，完全不会影响被测者的理解。

6.每个问题都应该清楚无误。

7.不应有指责或推断被测者已经有罪的语句。问题应侧重于行为本身，尽量避免使用与有罪或无罪相关的语言。

8.必须仅涉及犯罪的一个方面且仅涉及一种犯罪。

9.不应出现侮辱性、亵渎性或浮秽的词语或术语。避免使用诸如"调戏""强奸"之类词语，因为这些词语本身就可能使被测者感到不舒服而直接引发反应。

10.包含的案例事实必须是正确的。

11.不要使用你不会发音的单词或术语，因为出现发音错误，会影响被测者对你专业性的质疑。

12.测谎人员应该避免使用情绪性语言，因为它也可能带来异常反应。

对照问题C

首先需要说明的是，对照问题在很长时间里曾被称为"控制问题"，甚至一度占了主流。不过无论是对照问题还是控制问题，其简写均为"C"。此外，对照问题有时还会被叫作"情绪准绳"、"准绳问题"、对照反应问题等。

根据基勒的观点，对于不相关问题，因为与案件本身没有直接的联系，无论是无辜还是有罪者，都不具有特殊意义，对其的心理生理反应都为正常水平。而相关问题则不同，对于无辜者来说，由于没有参与案件，与案件相关的问题对其没有特殊意义，对其的心理生理反应也应为正常水平。而对于真正的作案人，对相关问题的心理生理反应水平是远远高于对不相关问题的。

这样的假设只要稍加反思，就会发现其明显的缺陷：即使对于无辜者来说，因相关问题总是直涉犯罪这一利害攸关事件，也会对其产生或强或弱的异常心理生理反应。因此，直接比较相关问题与不相关问题的反应来测谎，存在着较大的可能性将无辜错认有罪，即假阳性。为了弥补这一缺陷，除了刚刚提到的要特别注意相关问题的编制，还可以引入对照问题。

一般公认的，对照问题的提出者是里德。但是在里德之前，对照问题的基本思想早已凸显出来了。例如，我们前面提到的萨默斯神父，他将之称为"情绪准绳"，并建议这一准绳问题应该从被测者的过往生活中仔细提取，以保证其能够引发被测者对惊讶、愤怒、羞耻或焦虑等情绪的强烈体验，从而使得其皮电（如前所述，萨默斯神父主要使用皮电）反应明显。例如，"你是否曾经被拘捕过？"比较在同一次测试中的相关问题与情绪准绳问题的生理反应水平，如果前者高于后者，则可将被测者诊断为"有罪"，否则，诊断为"无辜"。

1947年，里德提出将测谎的问题分为两类，一类称为"有罪情结"，另一类则是"对照反应"。而很快，里德的领导英鲍在其所发表的文章中将"对照反应"称为"控制问题"。从此，"控制问题"成为测谎学界的一个标准术语，其影响延续至今。但从20世纪60年代开始，巴克斯特认为更为正确的称谓应该是"对照问题"。美国测谎界也由此意识到，使用"控制问题"这一术语确实不符合这类问题在测谎中的真正作用，逐渐以"对照问题"之称代替了传统的"控制问题"。如今，美国测谎学会（APA）和美国试验与材料学会（ASTM）的相关出版文献、联邦心理生理测谎程序规定，以及许多学术论文中，都使用的是"对照问题"这 术语。

可见，**所谓对照问题应该从被测者的过往生活中仔细提取，以保证其能够引发被测者对惊讶、愤怒、羞耻或焦虑等情绪的强烈体验。**所以对照问题常常是与所调查的案件性质类似且被测者曾经做过的一些不良行为。例如，如果是针对盗窃机动车辆案件进行测谎调查，那么相应的对照问题往往涉及的是与盗窃类似的行为，如：

你是否曾经偷过东西？

一般情况下，所有接受测谎的被测者（包括有罪者和无辜者），对于对照问题都会做出否定回答，即"不是"。但是，如果直接使用这一对照问题，可能会出现一种并不期待的情况——被测者可能将本次测谎所调查的盗窃事件（盗窃机动车辆）也理解为自己"曾经偷过东西"的行为之一。这样导致的局面是："你是否曾经偷过东西"不再是对照问题，而成为一个暧昧不明的"相关问题"，使得其真实作用大为可疑。为了解决这一问题，巴克斯特明确指出，需要将此类对照问题之前加上一个时间限定，将正在调查的事件从中排除出去，从而有效地避免混淆。例如，对于上面的对照问题"你是否曾经偷过东西"，可以进行时间上的限定，改进成：

在你23岁之前，你是否曾经偷过东西？
在2008年之前，你是否曾经偷过东西？

由此可见，这类问题往往涉及的是被测者早期曾经出现的类似的不良行为，因此被称为**早期生活对照问题**。

除此之外，学者们还发展出了其他的与所调查的事件关系并不密切的对照问题类型：**完全诚实问题和尴尬问题**。

所谓完全诚实问题，是指在测谎测试中，有一些问题是专门询问被测者是否会或愿意诚实回答测试中的所有问题。所以，完全诚实问题实际上比较固定，一般也就是以下两题，其他的为这两题的变式：

在今天的测试过程中，你是否会诚实地回答我所提的每个问题？

在今天的测试过程中，你是否愿意诚实地回答我所提的每个问题？

对于完全诚实问题，巴克斯特建议将其放在问题系列的前面位置，以消除无辜者对后面出现的第一个相关问题因首因效应而产生的心理生理波动的影响。在这种情况下，完全诚实问题并不参与评分过程，因此又称为**牺牲相关问题**。

而尴尬问题则是指每个人都可能做过的，或者曾经在生活中的某个时刻非常想做的，但不被一般社会所期许或认同的行为，当围绕这些行为对被测者进行提问时，被测者往往会谎答"没有"。典型的尴尬问题如：

你曾经有过不可告人的想法吗？

你曾经做过让别人伤心的事吗？

你曾经有过逃税的行为吗？

有趣的事实是：**对照问题是用来"威胁"无辜者，引发无辜者惊讶、愤怒、羞耻或焦虑等情绪体验的。**

对于对照问题，被测者一般都会回答说"没有"。而按照巴克斯特的"心理定势"说法，说谎者会认为相关问题比对照问题对自己的威胁更大，因此对相关问题更为注意，也具有更高的心理唤醒水平。对于无辜者，他们会认为对照问题更具威胁，因而更关注对照问题而非相关问题。所以，如果被测者在相关问题上的反应高于对照问题，那么他会被判定为"有罪"。为了达到这种效果，在编制对照问题时有一些基本规则：

1. 对照问题的性质应与犯罪或犯罪相似动机，但没有那么严重。

2. 被测者对对照问题的回答应该为"没有"或"不是"。

3. 对照问题的表述方式应该让测谎人员可以合理地认为被测者在说谎或不确定被测者对这个问题的回答。

基于以上的不相关问题 I、相关问题 R 和对照问题 C，测谎领域发展出了众多的具体的编题技术。而这些技术一般被分为两大类：对照问题测试法 CQT（Comparison Question Technique）和犯罪知识测试法 GKT（Guilty Knowledge Test）。

对照问题测试法 CQT

对照问题测试法 CQT 的主要特点就是使用了对照问题。一般认为它是由里德和巴克斯特相继提出和完善的，也是全世界特别是北美地区使用最广泛的编题技术，目前已经发展出了多个具体的技术。我们将在本书中介绍三个常见的 CQT 技术，分别是：**里德技术 Reid**、巴克斯特的**区域对照技术 ZCT**，以及第十三章中的**间谍测谎测试 TES**。

里德技术 Reid 提出的 CQT 典型测试格式包括 10 个题，具体如下：

表7-1　测试试题

题号	问题类型	问题
1	不相关问题（I）	你是叫张三吗？
2	不相关问题（I）	你已经21岁了吗？
3	相关问题（R）	上周五晚是你偷了李四的手机吗？
4	不相关问题（I）	你现在是住在海淀吗？
5	相关问题（R）	上周五晚是你枪杀了李四吗？
6	对照问题（C）	除了你已经说过的，你还曾偷过其他东西吗？
7	不相关问题（I）	你曾上过学吗？
8	相关问题（R）	李四尸体旁的足迹是你的吗？
9	相关问题（R）	你知道是谁枪杀了李四吗？
10	对照问题（C）	你曾在你工作的地方偷过东西？

　　里德技术Reid要求测谎人员在实施测谎测试之前与被测者就所有问题进行讨论，以免测试时出现意外。

　　不过里德技术Reid很快就被巴克斯特的区域对照技术（Zone Comparison Technique，ZCT）所替代。区域对照技术ZCT是第一个完整使用数量化评分的测谎技术，也是目前使用最广泛的CQT技术。根据1980年所做的调查发现，大约有64.9%的测谎人员会以ZCT作为测谎时第一考虑采用的技术。而1992年的调查发现，在美国目前所有的测谎学校中，ZCT都被作为必修的技术课程。同时，它也是联邦政府对雇员进行测谎测试所主要使用的技术，所以又被称为"**联邦区域对照技术**"。

　　所谓的**区域**（zone），是指在正式测试阶段，每个问题提问结束后大约20～35秒内测谎仪所获得的生理图谱区域。巴克斯特还对不同的问题类型所引发的图谱区域进行了颜色编码，包括三种颜色：红色、绿色和黑色。其中，红色区域对应的是相关问题提问结束后大约20～35秒内多导测谎仪所获得的心理生理图谱区域，绿色区域对应的是对照问题的，而黑色区域则对应的是症候问题的。

其中**症候问题**是指在实测阶段向被测者问及是否担心会被问到在测前未曾讨论过的问题，也就是与本次测谎主题无关的外部问题，例如：

我保证不问我们没有讨论过的问题，你相信我吗？

如果被测者在这一问题上心理生理反应强烈，则说明其对测谎人员是不信任的，而这种不信任可能会降低被测者在其他问题上的心理生理反应水平。因此，症候问题的主要目的在于减少因外在因素而引起的没有结论的测谎诊断结果。

除了症候问题，巴克斯特还建议区域对照技术ZCT要加入牺牲相关问题。前面已经提到，牺牲相关问题属于完全诚实问题，一般放在问题系列的前面，以消除第一个相关问题的首因效应。

由此，区域对照技术ZCT中就包括了不相关问题、相关问题、对照问题（主要是早期生活对照问题）、症候问题和牺牲相关问题，典型测试格式包括13个题，具体如下例：

表7-2　典型测试题目

题号	问题类型	问题
1	不相关问题（I）	你的名字是张三吗？
2	牺牲相关问题（Sr）	关于你是否拿走了那笔丢失的押金，你打算如实回答每个问题吗？
3	症候问题（S）	我保证不问我们没有讨论过的问题，你相信我吗？
4	对照问题（C）	在你24岁到31岁这段时间里，你曾偷过什么东西吗？
5	相关问题（R）	是你拿走了那笔丢失的押金吗？
6	对照问题（C）	在你24岁之前，有没有偷过东西？
7	相关问题（R）	那笔丢失的押金，是你收起来了吗？

续表

题号	问题类型	问题
8	不相关问题（I）	你今年是31岁吗？
9	对照问题（C）	在你31岁之前，你曾偷过什么东西吗？
10	相关问题（R）	拿走丢失的押金的人，是你吗？
11	S	拿走丢失的押金的人，你怀疑是谁吗？
12	K	拿走丢失的押金的人，你知道是谁吗？
13	Y	拿走丢失的押金的人，是你吗？

　　整个测试是三遍，前两遍只测问题1～10。如果这两遍测试完成后认为该被测者是诚实或无辜者，则第三遍（也是最后一遍）只测问题11～13。否则，第三遍还是继续提问问题1～10。

　　问题11～13其实是一个小的编题技术——S—K—Y技术，也是巴克斯特发展出来的。所谓S、K、Y分别是怀疑（suspicion）、知道（knowledge）、你（you）的缩写，这也是此项技术最大的特点所在。S—K—Y技术的问题是固定的，具体包括：

　　S：关于这个案件，你怀疑（S）是谁做的吗？
　　K：关于这个案件，你知道（K）是谁做的吗？
　　Y：关于这个案件，是你（Y）做的吗？

　　巴克斯特认为，通过比较这三个问题所引发的心理生理反应水平，可以很好地甄别犯罪嫌疑人：如果在Y上反应最强烈，则被测者可能为作案者；如果在K上反应最为强烈，则可能为同案犯或者知情人；如果在S上反应最为强烈，则可能为无辜者或一般知情人。

　　比较里德技术Reid和巴克斯特的区域对照技术ZCT，可以看到目前主流的CQT技术的一些重要思想和原则。

　　首先，区域对照技术是**单一主题**测试，而里德技术则是多主题的。

因为里德认为相关问题要针对**犯罪四条腿**（"是不是你做的？是不是你协助他人做的？你知道是谁做的吗？你是否从中获益？"）进行。巴克斯特则强调针对一名被测者的一次完整的测谎测试只能针对案件的某一具体方面进行提问，一般会只针对"是不是你做的"这一条"腿"进行提问。

其次，巴克斯特还注意到，对于个别被测者，可能有其他更为严重的违法犯罪行为，并担心可能在此次测试中被识破，因而注意的问题既不是相关问题，也非对照问题，而是症候问题。由此，我们就可以理解巴克斯特使用颜色编码划分三大区域的良苦用心了。红色区域，对应的是相关问题引发的心理生理反应区域，如果反应强烈则指示此被测者可能为有罪者；绿色区域对应的是对照问题，如果反应强烈则指示此被测者可能为无辜者；黑色区域对应的是症候问题，如果反应强烈则指示此被测者此时最为担心的是测谎人员会问其他事前没有讨论过的事项。

犯罪知识测试法GKT

除了CQT，美国测谎领域其实一直就存在着另一种编题模式，这就是以犯罪知识测试法GKT（Guilty Knowledge Test）为代表的技术。

需要提前说明的是，GKT在我国测谎界最早被译为"犯罪情景测试法"，目前也仍常使用这一译法。但这一译法并不准确，所以本书采用比较忠实原文的译法——"犯罪知识测试法"。此外，国际测谎学界目前正渐渐使用一个新的称谓来替代GKT，即"隐蔽信息测试法CIT（Concealed Information Test）"。之所以采用"隐蔽信息测试法"是因为该技术在司法实践领域之外也获得了极大的应用，如在医学领域用其来识别病人是否患上失忆症。因此，笼统地使用"犯罪"一词显然不够准确。

虽然一般公认的是，GKT的提出者是明尼苏达大学心理学教授戴维·莱肯（David Lykken）（见第十三章）。但20世纪30年代发展的紧张峰测试法POT（Peak of Tension）实际上是GKT的特例，莱肯正是在POT的基础上进行了改进和标准化，提出了GKT测试技术。

1930年，基勒在提出第一个编题技术"相关/不相关测试法"后不久，又提出了紧张峰测试法POT。我们用基勒曾使用过的抢劫案例来说明，在这个案件中，劫匪闯入银行抢走了20000美元的现钞。根据POT技术，测谎人员会向被测者，即此案的犯罪嫌疑人，提一组包括5个选项的问题：

> 从银行弄到的钱数是5000美元吗？
> 是10000美元吗？
> 是15000美元吗？
> 是20000美元吗？（关键项）
> 是25000美元吗？

POT技术认为，通过这一组问题就可以识别出真正的犯罪者，因为只有真正的作案人才知道那些不为外人所知的案件细节，并对此表现出特异的心理生理反应。但莱肯却认为，仅仅一组题，或者测谎人员不知道确切相关信息，则存在着较大误判的可能性。例如，一名无辜者可能因为自己前几日曾从他人那里借钱，正好也是20000美元，那么他很有可能在测试中对关键项出现特异的心理生理反应。又如，如果测谎人员并不知道案中被劫的具体现金数量，只是推论可能是15000美元或20000美元中一种。那么当无辜者因为其他原因在15000美元上出现特异反应时，测谎人员很有可能将其诊断为有罪。针对此，莱肯提出了一些改进方法。

首先，根据案件的具体情节编制多组问题，如上例中，除了对现金数量进行探测，还可以针对当事人的名字、作案工具等编制若干组问题。因为无辜者由于偶然因素对一组问题的关键项出现特异反应的可能性比较大，但是对几组问题的所有关键项出现特异反应的可能性会大为降低，并且随着问题组数的增加，这种可能性会越来越低。莱肯建议每套GKT测试应包括8 ~ 10组问题，每组问题针对一个具体的案件情节提供五个选项，其中一个选项为关键项，其他则为中性项或无关项。只有知道案情具体情节的有罪者才会对所有问题组的关键项出现有别于无关项的心理生理反应，而那些情绪紧张的无辜者虽然有可能反应水平很高，但不会具有指向性。

此外，莱肯提出了GKT编题的一些具体原则：

1.首题效应必须排除。因此要求所有的关键项或可能的关键项都不能放在第一选项。每组题的**第一选项都应是无关项**，作为缓冲器，也不参与评分。

2.相关的信息必须是作案人记忆中**最清晰、最深刻**的内容。莱肯认为GKT是建立在个体的认知加工过程，尤其是记忆的基础上。心理学研究发现，一个人所能够回忆起来的内容是有限的，测谎所测试的内容应该是作案人记忆中最清晰、最深刻的内容，这样才能引起被测者强烈的心理生理反应，才能达到GKT测谎的目的。

3.为了尽量排除未知因素的影响，莱肯建议GKT应该选择测谎人员知道确切答案的问题。但这一要求并非绝对的，在8 ~ 10组问题中可以有目的地选择一两组探测式的问题，如为了获得有利的物证而扫描一组赃物可能去向的问题。

4.所用的具体情节没有通过媒体或其他渠道泄露或扩散，也就是确保真正的无辜者对案件情节完全不知道。而这点在美国往往很难做到，因为一旦发生案件，媒体会持续跟进报道，这可能是GKT在美国没有被广泛使用的主要原因之一。

5.关键项与非关键项在形式上要保持相同或相近。例如，"20000 美元"是关键项，而其他非关键项要尽量与它形式上一样，如 5000 美元、15000 美元……

到目前为止，测谎的问题已经编制完成，不过这些问题都是由测谎人员编制的，被测者对它们的理解是否能和测谎人员一致，还需要接下来的工作——测前访谈。

7.3　测谎人员必须懂得的访谈技术

与影视剧或者其他媒体所描述的场景完全相反，测谎更多的是依赖测谎人员而非万能的测谎仪。一方面，需要测谎人员分析具体案情，编制恰当的问题。另一方面，这些问题是不是可以引起不同的被测者预期的反应，巴克斯特所说的"心理定势"是不是真的如设想的那样出现并发挥作用？这其实也依赖测谎人员的素质。正如测谎专家拉斯金（Raskin）指出的：

测谎测试其实很难操作，测谎人员的技能水平对测谎准确性至关重要……一个成功的测谎取决于被测者如何感知和响应被问到的问题，而这取决于正式测谎前测谎人员在访谈中如何介绍这一技术，以及如何与被测者讨论这些问题。换句话说，**这一切都取决于测谎人员的专业素质**。

我们都知道，在犯罪案件侦破中，警察或侦探常常通过与嫌疑人交谈（或审讯）获得最多的案件信息，而且这样的交谈在案件调查过程中起着关键作用。测谎测试中也有相似的交谈过程，我们称之为"**测谎访谈**"。不过前者的目标比较单一，即尽量获得真相或更多的信息。而

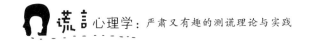

测谎访谈的目的要更复杂一些，具体可以分为测前访谈和测后访谈。

测前访谈技术

对于外行或一些专业素养欠缺的测谎人员而言，他们往往会将测前访谈看成测谎的准备阶段而有所忽视。但事实上，它的重要性并不亚于正式测试。特别是在某些特定的测谎方法主张下，这一阶段能占整个测试时间的一半，其重要性可见一斑。从目前的统计结果来看，随着测试方法的不同，测前访谈所需要的实际时间为30分钟到120分钟，有时甚至更长。所以莱肯早在1998年就指出："准备测谎测试是非常复杂的一项心理工程。"

想象一下，一个从来没有见过测谎仪的普通民众，因为一宗刚发生的杀人案不得不接受测谎测试。而在此之前，他可能通过一些媒体渠道（如电视电影）听说过"测谎仪"。但不幸的是，这些信息大概率是不准确的。所以，测谎人员需要用一系列的语言向这位民众介绍接下来的工作。为了让大家更深入了解每一句访谈内容的目的和价值，我们用以下表格一一剖析出来：

表7-3　访谈内容的目的和价值

序号	访谈内容	目的
1	"我们今天将进行一项测谎测试。这个测试主要由一台测谎仪完成，也就是你面前看到的这台仪器，它很安全，所以你完全不用担心它会给你带来任何伤害。"	安全保证
2	"首先我要问你，你是否同意接受此测谎测试？"	让被测者知道他有权选择接受或拒绝，如果同意，需要签下知情同意书（具体同意书样式见第九章）
3	"在获得你的同意后，我们继续，首先我要问你一些医疗和健康问题，因为我需要确保你适合接受测试。"	确认被测者没有病痛、没有服用药物和饮酒、没有饥饿和疲劳感

续表

序号	访谈内容	目的
4	"你可能有点紧张，特别是你可能从来没有接受过测谎测试。为了让你放心，我将解释该仪器是如何工作的。测谎仪是一种诊断工具，用于确定你是否在说实话。正式开始后我们会提一系列问题，它将记录你回答问题时身体发生的生理变化。请注意这两个布带。一个将放在你的胸部附近，另一个将放在你的腹部附近，它们是用来监测和记录你的呼吸的。这两种金属指板将连到你的两个手指上，将监控和记录手指汗腺的活动变化。血压袖带将戴在你的手臂上，将监测和记录心血管活动的变化。在测试过程中，我会给袖带充气，所以你可能会感到手臂有些压力，但这是正常的。测谎开始时，请尽量保持稳定，不要动。"	让被测者了解整个测谎过程中要发生的事情，以及他需要如何配合完成
5	"记录这些生理变化其实是你身体的自主反应。你无法控制这些反应。想象一下你深夜走在一条黑暗的小巷里，突然听到一声巨响，你可能当时呆住了，然后查看巨响的来源，或者你感到不安全，选择逃离。不管你的选择是什么，你的身体都会自动调整以适应此情景。你的心跳可能加快，你的呼吸可能会改变，你也可能会出一身冷汗。而当你故意说谎或隐瞒真实信息时，你的身体会产生相同类型的生理反应。从小我们的父母和老师都教我们，说谎是不对的。所以当我们说谎时，特别是被发现说谎时，我们的身体也会出现同样的自主反应，心跳和呼吸都会变化，也可能会出汗。"	介绍测谎测试的基本原理

为了让被测者对测谎测试有个更直观的理解，这时候一般会进行一个小型的、简单的预试——**激励测试**。

激励测试也叫卡片测试，最初由基勒提出，如今已经被作为标准测前访谈阶段的必备工作之一。通常的做法是测谎人员让被测者从"1"到"6"这六个数字中任选一个数字，并写在卡片上。根据测谎专家戈登·巴兰德（Gordon Barland）的说法，大多数被测者潜意识里会选择一个2到5之间的数字，即3或4。例如，被测者选了数字"3"，写在卡片上并出示给测谎人员看。这样，被测者和测谎人员都知道，被测者所写下的数字为"3"。然后测谎人员对被测者进行测谎测试，向被测者提问："你刚才所写的数字是1吗？"六个数字都一一问到，并要求被测者对所有的问题都回答"不是"。测试结束后，邀请被测者一起查看他们自己对每个问题的反应图谱，并向其指出当被测者对问题"你刚才所写的数字是3吗"回答"不是"时就是在说谎，而对其他题目的回答"不是"时则没有说谎。因此此题上的心理生理反应图谱与其他问题的图谱相比，有很大的不同。

通过激励测试，测谎人员希望实现至少四个作用：

第一，让被测者了解和熟悉测谎测试的程序，以便正式测试时更好地配合，因此**激励测试又被称为熟悉测试**。

第二，让被测者亲身体会测谎仪的原理，并且深信该技术的准确性。当然，要达到上述效果的前提是：测试图谱上对"3"的反应确实要显著有别于在其他数字上的反应。但实际上，并不是所有的预试图谱都可以达到这种要求。为了弥补这一不足，测谎人员往往会通过技术修改，将那些看起来差异并不明显的图谱变得明显。所以为了保证预试结果100%准确，都无一例外地会使用与"欺骗行为"极其类似的测试技巧，这备受反对者的抨击。但这种"欺骗行为"在很多测谎人员看来是必要的，因此被测者相信测谎仪绝对可靠对测谎至关重要。它不仅可以增加有罪者的担忧："没有办法打败这个机器"；同时也可以让无辜者更加安心："这个机器很准确，我是无辜的，因此我不会被冤枉。"相反，当被测者不相信测谎仪的准确性时，可能会让有罪者更有信心："没什么可担心的，我有机会打败测谎仪"；增加无辜者的担忧："我是无辜的，但这台机器好像不一定能证明这一点。"这些都会影响他们的心理生理反应，不利于测谎人员最后作出准确判断。

第三，可以建立被测者诚实回答和说谎时的心理生理反应水平。因为测谎人员知道被测者刚才所写的具体数字，所以能确切地知道他在每个问题上是否在说谎，也就能基本了解这名被测者说谎或诚实时的生理反应水平。

第四，为测谎人员提供了一个调试测谎仪的机会，让测谎仪的各个传感器都调节到最适当的灵敏度。

所以，测前访谈的一个有趣事实是：**在很多测谎人员看来，只有被测者相信"测谎仪有效"，测谎测试才会"最有效"。而为了让被测者相信，本来被用来识别欺骗的测谎测试往往要以"欺骗被测者"开始。**

在结束激励测试后，访谈将继续：

表7-4　激励测试后的访谈任务

序号	访谈内容	目的
6	"这个测试你完成得很好。很明显，你知道说谎是不对的。而且很明显，对于数字3，你说了谎，这时你的生理反应很强烈。这些反应受你的自主的、无意识的神经系统控制，所以你无法控制。这个机器到目前为止已被证明是一种非常可靠的检测有罪与否的科学技术。如果你说的是真话，你就不用担心，仪器会表明你说的是实话。不过，如果你没有说实话，机器也会测出来。"	让被测者相信测试是准确公正的，因为这至少可以稳定无辜者的紧张情绪，从而有利于测谎人员最后作出准确判断

序号	访谈内容	目的
7	"人并不总是100%诚实。有时说谎在社会上更容易被接受，如告诉别人你喜欢他们的衣服，而实际上你并不喜欢。但这个测谎仪只是一种公正的科学仪器，所以即使对于这样的小小谎言，这个机器都会认定你在说谎。所以在本次测试中，你要保持完全的诚实。对我所提出的问题，你必须尽可能诚实和准确地回答。也就是说，你必须完全诚实才能通过测试。" "整个测试过程中你可能会很紧张，但只要你完全如实地回答所有问题，你的紧张将保持相同，机器不会认为你说谎。因为它是测谎言的，不是测是否紧张的。"	鼓励诚实
8	"现在你确定接受这次测谎测试吗？如果你是诚实的，你会想要配合我吧？"	确认被测者会配合测试
9	"最后，我还要说明。你也许听说过一些反测谎的方法，但其实这些都是不准确的。事实上，当人们试图以各种方式影响他们的测谎结果时，机器是可以识别出来的。而且真正的无辜者是不会这么做的。" "我们马上要进行第一次测试了，在此之前，你有什么想问的吗？"	让被测者相信试图打败测谎仪是徒劳的

当确认被测者没有问题后，最后询问被测者是否准备好接受测试，并告知被测者如果在这个阶段主动认罪，将比后面被测谎认定有罪，更有利于自己。

测后访谈技术

除了测前访谈，测谎测试有时候还需要进行测后访谈。也就是当正式测试结束后，测谎人员告知被测者测谎的结果——通过或者没有通过测谎，可以继续与被测者展开交谈。

但与测前访谈技术不同的是，**测后访谈不是必需的**。如果被测者通过测谎，可以直接离开，不需要继续留下来接受访谈。而没有通过测谎的被测者，则可能需要进行测后访谈。不过里德认为，**测后访谈并不是标准测谎程序所必需的**，因为测谎人员有时也是警察，所以测后访谈与审讯的界限很模糊。很多时候，当被测者被测谎测试认定为有罪者后，就直接拉开了审讯的阵势。

作为测谎的测后访谈，通常的做法是首先正式告诉被测者，他说谎了，没有通过测试。然后观察被测者对此结果做出的反应。

有些被测者可能根本不回应，或者先是微弱地否认，然后就放弃了。这时候，测谎测试就正式结束了，要马上过渡到审讯阶段。因为这种情况下，被测者认罪供述的可能性非常大。

而另一些被测者则会对此做出强烈反应，否认自己是真正的作案人。这时候，测谎人员可以询问他怎么解释测谎图谱显示他说谎了。为了让他能好好思考，测谎人员可以离开房间一段时间。当然，测谎人员并没有真正离开，他会通过摄像头或单向镜继续观察被测者的反应。有些时候，被测者在此独处时会做出一些异常的行为举止，如破坏测谎仪。当测谎人员回来后，可以继续让被测者给出解释，为什么测谎仪会认定他说谎，并一一向他展示显示他说谎的具体图谱区域。而被测者做出的解释往往站不住脚，漏洞百出，这些都会为后续的审讯提供更多的便利。

可见，进行测后访谈会增加后续审讯成功的机会，所以强烈建议在访谈后马上展开审讯工作。

第八章

不要被影视剧误导——生理数据

分析与解读

在很多影视作品中出现的"测谎仪"常常只是"道具"而非真实的测谎仪。例如，美国著名的脱口秀节目《吉米秀》，曾经做了好几期的主题节目：针对儿童的"测谎"（当然不是认真的）。在节目中，测谎仪自带多颗小彩灯。当被测者说谎时，这些彩灯会一起快速闪烁，并且伴有"哔哔哔"的机器提示音，能当即就显示被测者"在说谎"。

有趣的事实是：**某些型号的测谎仪上确实有着类似的指示灯装置。但是肯定不会伴随着提示音**。其实通过前面的介绍，即使不是测谎专家的普通人也知道，这种声音会影响被测者，导致其情绪和生理反应更复杂，从而难以做出正确的解释。

影视作品中的"测谎仪"之所以如此设计，很大原因是为了让观众能马上知道测谎结果，使剧情更加紧凑、生动。但是这些都导致了普通人对测谎的误解，认为测谎仪会自己即时给出测谎结果。而实际上，测谎结论不是测谎仪直接用类似"亮灯"的方式给出的，而是需要测谎人员系统分析测谎图谱，也就是生理数据，再做出判断，专业上我们称之为"**评分**"或"**评图**"。

虽已过近百年，但如今的测谎仪似乎在很大程度上与最早的基勒式测谎仪没有差异，其测量的仍是三大生理通道：血压或脉搏、呼吸和皮电。但其实还是有着根本的改进的，如从机械仪器到电子仪器，具有内置算法的计算机化的数据增强和控制系统，等等。而测试所获得的生理数据一般是以图谱的形式呈现在电脑屏幕上，以往传统测谎仪是依靠机械式热笔描记在卷纸上。

　　一张测谎图谱通常至少要记录三种生理数据，显示在图谱中就是四道（呼吸一般是两道）横向的波形图。绝大部分型号的测谎仪的图谱排列顺序是相似的，上方记录的是两道呼吸（胸部呼吸与腹部呼吸）曲线；图谱中间是最重要的皮电曲线；下方往往记录的是血压或脉搏曲线。

　　以上图谱只是真正测谎时收集的生理数据的极小一部分。事实上，针对一位被测者的一个完整的测谎测试，是需要至少测三遍的。也就是，一套题被提问三遍，每遍之间会有一个短暂的休息，仪器也会同时停止。所以一般情况下，我们每遍测试得到一套图谱，最后测试结束会得到三套：

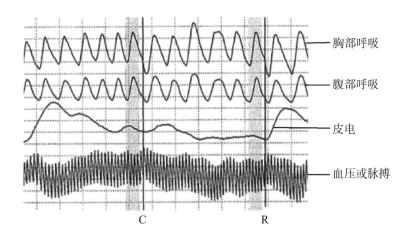

图8-1　测谎仪主要测量的是呼吸（上）、皮电（中），以及血压或脉搏（下）三大生理数据[①]

　　第一遍测试图谱：无声回答图谱。要求被测者在整个测试过程中保持安静，对于任何听到的问题，都不用做出回答。

　　第二遍测试图谱：出声回答图谱。要求被测者对听到的问题，都做出"是"或"否"的回答，且要诚实回答。可以在正式开始时对被测者这样说："测试马上开始。请你用'是'或'否'来回答我提出的每个问题。

----

① 图源自本人实验研究。

请记住，你回答时要非常诚实，因为相关的数据将会被仔细分析。如果你对任何问题撒谎，无论是什么原因，都可能导致你通不过测谎测试。"

第三遍测试图谱：出声回答图谱（问题顺序有所不同）。要求与第二遍一样，但很多时候可以根据实际情况调整问题顺序。

如果需要额外的数据，也会有第四遍或第五遍。如怀疑被测者用了反测谎对策但并不是很确定时，为了弄清楚会进行第四遍测试。

8.1　脉搏（血压）指标在传递什么信息

现代测谎仪第一个纳入的生理指标应该是血压，而血压指标也常被称为最传统的测谎仪指标。早在19世纪，龙勃罗梭和莫索所使用的测谎生理指标就是血压和脉搏（见第六章）。另外，还记得马斯顿的心血压测谎仪吗？其本质也是将当时已经出现的测量心血压活动的血压计用来测谎。所以测谎仪收集的血压指标的传感器其实就是医生常用的袖套（缠绕上臂）血压测量计。

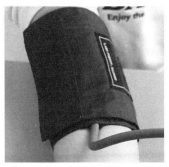

图8-2　测量血压的袖套，它其实就是医生用的血压计①

----

① 图源自本人实验研究。

在正式测谎测试期间，袖套中会充满空气，所以我们的手臂会受到挤压而感觉不舒服。想象一下你测血压时的感受，是不是觉得上臂受到压迫，感觉很紧很不舒服。但问题是，当医生给我们测血压时，只需要花不到1分钟的时间，很快就结束了，让我们不舒服的袖套就会被取下来。但是测谎测试至少需要做三遍，持续时间会很长，往往在半小时以上，也就意味着这种不舒服状态会持续半小时，甚至更长。特别是对于KGT技术来说，因为题量大，所以有时候会达到一个小时。所以很多型号的测谎仪放弃了袖套而采用腕套的形式。

腕套本质上测量的仍是血压，只不过是脉搏血压。而我国主流的测谎技术是GKT，所以更多使用的是腕套，也就是测量脉搏来收集血压变化的数据。

测谎技术认为：当人说谎时，因为害怕被发现感知到威胁，或者因为认知唤醒导致精神活动增加，都会让身体释放更多的去甲肾上腺素。所以我们通过测量心率、血压变化幅度和其他血压变化过程来识别谎言。简单来说，测谎技术将某些特定的血压变化模式假设欺骗或欺骗相关的生理指标。这些特定的变化主要是指两个方面：心率变化及基线轨迹变化。

心率变化

我们都知道，在心情紧张时，总是会感觉心跳加快，也就是心率增加。心率变化反映的是血压变化频率加快，对于一般的成人来说，正常心率范围为每分钟60 ~ 100次，而当情绪波动时，心率会增加，例如从每分钟75次增加至96次。如果心率增加明显，我们可以直接通过把脉发现。前面我们提到的早期利用把脉测谎就是利用的这一原理。不过很多时候，被测者的脉搏变化并不是非常明显，仅仅通过把脉可能不够，而需要借助仪器，也就是测谎仪的血压传感器来获得精确的数据。

借助测谎仪图谱我们可以观察到微弱的心率变化，当曲线变得密集时，也就意味着心率加快。也就是我们通过曲线的疏密变化来发现心率的变化，稀疏说明心率较低，密集则说明心率较快。

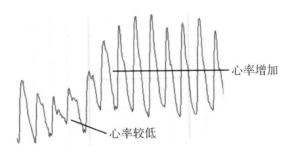

图8-3　曲线从稀疏变为密集，意味心率增加（情绪波动）[1]

不过有时候这种解读不一定准确，因为有些个体，他们的心脏功能或心血管健康状态与众不同。例如，一个训练有素的运动员在正常情况下的心率水平就较低，而且一般的情绪波动引起的心率变化很小。所以，我们可能还需要借助其他血压变化指标。

基线轨迹变化

从理论上讲，观察血压的变化，应该观察图谱精确的轨迹的变化，但是这非常困难。所以我们将波形的最低点连起来，作为基线轨迹，然后观察这个轨迹的变化。如果基线轨迹有明显的上升和下降，代表被测者有较为强烈的情绪波动。这有点类似于皮电数据的分析。

----

[1] 图源自本人实验研究。

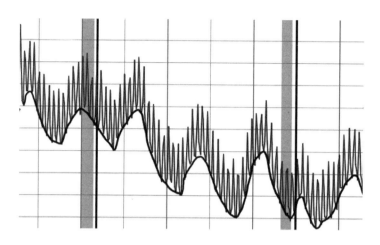

图8-4　血压基线轨迹变化[1]

　　总的来说，脉搏指标在三大生理通道中所占的比重最低，而且往往要求出现非常明显的变化时，才会作为欺骗的线索。

8.2　呼吸指标有什么指示作用

　　当我们通过电视观看乒乓球赛事时，通过特写我们会发现，在发关键球前，运动员常会深吸一口气，然后鼓起脸颊，慢慢呼出。这种深呼吸是最典型的试图让自己情绪放松的行为。可见，呼吸通常与我们的情绪有着密切的联系。

　　事实上，我们的呼吸活动受到两种完全不同的神经系统的控制。一种是受自主神经系统控制，呼吸是自发的，不需要我们有意识地去控制。还有一种则是当我们想要控制自己的呼吸时，中枢神经系统允许我们很容易地控制自己的呼吸活动。另外，心率和皮电都会受呼吸变化的影响，如我们急速呼吸可能会导致心律失常。

----

[1] 图源自本人实验研究。

我们肺部周围的空间可以看成是一个密闭的"小箱子"，就像手风琴一样。当我们吸气时，肋间肌收缩向上拉肋骨，并收缩横膈膜，这个"小箱子"膨胀，空气被吸入肺部。当我们呼气时，空气从体内排出，这个"小箱子"会收缩。所以测谎仪最早是用橡胶波纹管在胸部缠绕一圈，这样当"小箱子"膨胀或收缩时，波纹管也会相应地拉伸，从而记录下呼吸的变化。

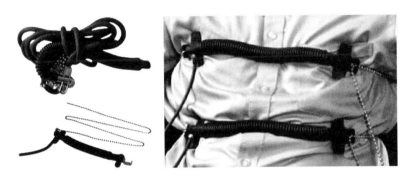

图8-5　呼吸传感器及其佩戴[1]

一个完整的呼吸周期包括吸气和呼气两个过程，当人吸气时，测谎图谱中呼吸曲线就会上升；而人在呼气时，曲线就会回落到正常的基线。也就是完成了一次呼吸。

图8-6　一个完整的呼吸周期包括吸气与呼气[2]

对于普通人来说，平均每分钟呼吸 12～20 次。如果每分钟呼吸

---

① 图源自本人实验研究。
② 图源自本人实验研究。

次数降至9次或更少，则表明呼吸可能受到了控制；如果少于6次，则被称为"呼吸暂停"。另外，我们前面提到的"本努西比"（见第六章）也是我们测谎常用的分析指标。此外，如果出现以下呼吸指标的变化，也可能意味着被测者在说谎：

表8-1　呼吸指标的变化

图示	说明
	一次呼气后完全屏住呼吸
	一次呼气后屏住呼吸，但并未完全屏住
	一次吸气后完全屏住呼吸
	一次吸气后屏住呼吸，但并未完全屏住
	逐渐紧张，预期会出现具有威胁性的问题
	逐渐放松，具有威胁性的问题刚刚过去
	本努西比变化，第二、三个呼吸的呼气变长，吸气变短
	呼吸频率降低

　　最后要说明的是，呼吸指标最初只有一个通道，但后来心理学家通过实验发现，胸呼吸和腹呼吸之间有差异，大约每次相差33%。因此，从1958年开始，人们对呼吸指标进一步细化，将呼吸改进为两个通道，分别记录胸部呼吸和腹部呼吸。但在具体测试时，两者差异一般不会很大，所以常当成一个通道来分析。如果某个被测者的两个呼吸通道数据差异明显，如被测者为成年男性，则偏重观察他的胸部呼吸；如是女性或其他身体较弱的人，则偏重观察其腹部呼吸。

8.3　皮电指标在告诉我们什么

　　长期以来，皮电指标都被认为是三大生理通道中最敏感和最可靠的。最早是由基勒正式纳入测谎仪的，并将其称为"Galvanic Skin Response"，简称GSR（见第六章）。此外，皮电有时候也被称为"EDA（Electrodermal Activity的缩写）"。对于皮电指标测量的是何种生理数据，至今仍没有定论。这也是测谎仪饱受质疑的原因之一。一些学者认为测量的是皮肤的电导（即皮肤的导电性能），而另一些学者则认为是皮电电阻，还有极少部分主张测量的是皮肤热量。不过最近几十年来大家的意见趋于一致，认为测量的应该是皮肤电导而非电阻[①]。

皮肤是人体最大的器官，它将我们的内部身体与外部环境分开，在避免我们不受外部伤害的同时，也通过汗腺排汗将体内废物排出。而汗腺分泌主要受交感神经所分泌的乙酰胆碱水平影响，这与血压和呼吸受去甲肾上腺素水平影响不同，因此相对更独立，使皮电指标更不易受外来因素影响。不过这并不意味着皮电不受心理因素的影响。

即使是我们普通人，通过自己的经验就知道，紧张时我们的汗腺分泌会增加，如我们为了表示自己紧张，都会摸一把额头的汗水，然后说："你看，我紧张得都流汗了。"心理学也很早就已经证实，汗腺活动与心理过程有关，只不过这个心理过程不仅只包括紧张情绪。所以，对于测谎来说，问题就变得很简单了。紧张等情绪变化会导致汗腺分泌增加，测谎仪只需要能够测量汗腺分泌的变化就可以了。传统皮电理论认为，皮肤具有导电性，并且随着汗腺活动增加，导电性越好。所以，皮肤的导电，也就是皮电，可以反映个体的情绪变化（包括紧张情绪或高唤醒）。

那么如何测量皮肤电导呢？我们每个人其实都会一直释放非常微弱的未知量的电流，我们暂称为"电流a"。皮电传感器会从测谎仪

----

① 虽然电导和电阻在数值上互为倒数，但是在测谎领域还是被作为不同的概念，笔者按。

引入一个非常低的、确定量（5μA）的新电流给被测者，我们暂称为"电流b"。这两个电流都非常微弱，远低于感觉阈限，人们根本感觉不到。

在正式测试时，测谎仪的两个电极接在被测者的手指上（一般是食指和无名指，如图所示）。然后监控身体本身的"电流a"如何抵抗仪器传入的"电流b"。当我们紧张、出汗增多时，皮肤导电性增加，也就是来自身体的"电流a"要大于"电流b"，表现在测谎图谱上的皮电反应曲线上升。并且出汗量越大，皮电反应越大，也就是图谱上的曲线峰值越高。

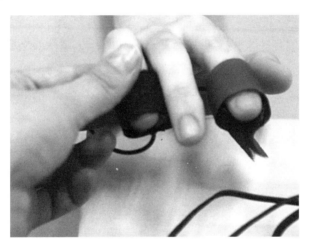

图8-7　皮电传感器的两个电极接在食指和无名指上[①]

此外，因为皮电指标本质上利用的是皮肤电导，所以皮电传感器上的电极皮一定要直接放在手指的指肚上，如果手指上的茧比较厚，可能需要换到别的手指上，或者要求被测者去掉手指上的老茧后再测试。所以我们在对皮电进行分析时，最主要的是看有效峰值的大小。

----

① 图源自本人实验研究。

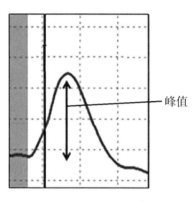

图8-8　皮电峰值[1]

例如，我们在测谎测试中得到以下皮电指标数据，其中的阿拉伯数字代表四个相邻的问题。其中被测者在问题2上出现的皮电峰值最高，我们可以计为2分；而在问题1、问题4上的反应属于中等，我们可以都计为1分；在问题3上反应最小，计为0分。

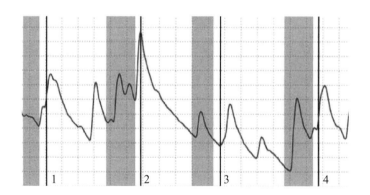

图8-9　在四个邻近问题上的皮电数据图谱[2]

皮电指标是测谎测试中最重要的数据，因为它是三大指标中最敏感、最不易控制的。普遍的规则是，在测谎的整个生理数据中，皮电的

----

① 图源自本人实验研究。
② 图源自本人实验研究。

重要性能占到60%～70%。也就是说，我们对一份测谎数据进行评分，如果皮电的最高评分是5分，则呼吸为2分，脉搏波则为1分。不过也有一些测谎专家如莱肯认为，测谎只需要用皮电指标就可以了，其他则作为参考不用参与真正的打分。上面关于问题1～4的打分方式，其实就是莱肯的评分规则。

　　脉搏（血压）、呼吸和皮电是现在市面上销售的所有类型测谎仪都会有的生理指标，所以我们将它们称为测谎仪的三大通道。在世界范围内，目前有四家最重要的测谎仪制造商，它们都分布在北美地区，分别是Stoelting、Lafayette、Axciton和Limestone。其中Stoelting是最早的测谎仪制造商，也是将机械式的测谎仪改进为计算机化测谎仪的公司。

　　计算机化的测谎仪在收集的生理指标上与以往一样，只是将模拟信号改成了数字信号，另外将采集到的各项生理指标以图谱的形式直接呈现到计算机屏幕上，取代了过去通过机械式热笔描记在纸上的方式。当然计算机强大的存储功能，可以最大限度地保存所有数据，随时供人分析。

　　计算机化最重要的当然是与测谎仪配套的软件了。这一软件的开发工作是由犹他大学的基尔彻（Kircher）和拉斯金（Raskin）博士在1988年共同完成的。这套测谎软件被称为计算机化测谎系统（Computerized Polygraph System，CPS）。CPS不仅包括收集和即时呈现各项测谎心理生理指标的功能，更为突出的是，它具有自动诊断功能，可以直接给出一个被测者说谎的概率值。基尔彻和拉斯金自称：初步的结论证明计算机化的自动诊断的准确性与专家诊断能达到同一水平。但在真实案件测谎中，几乎很少看到测谎人员使用自动诊断功能，最多作为一个参考。

　　值得一提的是，基尔彻和拉斯金还为计算机化的测谎仪增加了一个新的生理指标——指脉容量（finger pulse amplitude，FPA），这个指标我们将在稍后讲到。

　　总之，目前全世界的测谎仪从传统机械式到现代计算机化，样式各异、种类繁多，但几乎所有的测谎仪都包括了三大生理通道，而其中有部分测谎仪则增加了额外的一些指标：除了上述的指脉容量，还有声音压力、动作等。

8.4 声音压力有多有趣

迄今为止，最有趣的测谎生理通道可能就是"声音压力"。正如我们前面提到的（见第五章），通过分析对方言语，特别是一些言语线索来识别谎言是人类最古老，也是最直接的测谎方式。我们都相信，当说谎时声音会发颤，或音调会升高，甚至出现破音。但有趣的是，测谎仪的三大生理通道从来就没有声音相关的指标。

利用声音进行谎言的科学尝试其实很早就开始了。几乎就在马斯顿、拉森发现 polygraph 测谎仪的同时，1927 年，美国著名的音乐心理学家卡尔·西肖尔（Carl Seashore）就发表了一篇研究论文，通过留声机来分析音乐和言语。他利用的声音指标就是音调，而所谓音调（tone）就是指音高（pitch）的变化。西肖尔发现，通过分析音调也就是音高的变化，可以辨识出其中所包含的情绪情感。论文中还有部分内容谈到了通过分析音调来识别谎言的可能性。

后来也陆续有类似的研究，并发现音调的变化似乎是说谎的一个重要线索，说谎者说话的音调高于说实话者。但说实话者与说谎者之间的音调差异通常非常小，只有几赫兹，因此需要非常精密的仪器检测，当时的仪器水平显然达不到这样的要求。所以，声音测谎的准确性一直不高，特别是与当时同步发展的 polygraph 测谎仪相比，落后太多，这也许就是为什么测谎仪一直没有将声音作为主要生理通道的原因之一。

但是声音测谎一直没有被放弃，因为它在隐蔽性方面有着很大的优势。它只需要获得被测者的声音信息，所以可以在对方完全不知情（某种意义上是完全自然的状况下）的情况下进行测谎测试。这也意味着它不受时空的限制。

正是有着这样的优势，在20世纪60年代，美国陆军准备开发一种隐蔽式测谎系统时，就将声音指标纳入了其中。除了声音，这个系统还考虑了另外一些指标，如气味，因为据说动物可以通过它们的嗅觉感知人类的恐惧。不过最后还是选择了声音，并且明确为"因紧张带来的声音变化"，但不是以往的音调变化，而是微震颤。

所谓微震颤，全称是肌肉微震颤（micro-muscle tremors，MMT）。无论我们发出什么样的声音，其发声震动源都为声带，而声带其实是由一系列大小不同的肌肉构成的，所以声音的变化与这些肌肉的微震颤有关。一些研究也证实了这些肌肉的微震颤可能因为焦虑、紧张、疲劳、代谢失调或某些药物而变化。因此这些微震颤，可作为声音测谎的依据。

陆军这个研发团队发现，人在正常或自然的状态下，微震颤的频率一般在8～12赫兹。它们属于低频，人类通过耳朵根本就无法察觉，但透过精密的仪器是可以精确测量的。而人因为说谎感受到压力（stress）、紧张，肾上腺素分泌增加，导致肌肉紧绷，抑制了微震颤的产生，也就是8～12赫兹的声音会大幅度减小，从而推论其说谎。研发团队将此技术称为声音压力分析技术（Voice Stress Analysis，VSA），而这种通过检测微震颤变化来识别谎言的仪器被称为"声音压力分析仪"。

后来美国陆军进行了各种测试来评估这项技术，结果发现，效果并不一致。在某些说谎者身上，这一技术没有得到验证，也就是此技术并非适用于所有人的说谎反应。因此，军方对此技术的可靠性提出了质疑，导致研发团队解散，随后一些科学家从军队退役进入了一些私营公司。导致美国，以及后来的以色列都出现了多款不同的商业化测谎产品，不过它们都是基于微震颤理论以及声音压力分析技术开发的。

也许是因为polygraph测谎仪已经占领了公检法等司法部门，这些声音压力分析仪主要进入的是商业领域。例如，保险公司在通过电话与客户讨论保险索赔时，通过声音压力分析可以判断客户是否存在着诈保的可能性。一些银行也将它植入提供信贷的系统中，来防止不良客户进行欺诈。例如，它们会询问对方"你有工作吗""你还有其他未偿贷款吗"等问题，然后使用声音压力分析技术帮助评估此人是否如实回答了这些问题。还有一款产品声称可以"100%准确地判断某旅客是否计划炸毁飞机，或者打电话给你的人是否暗恋你"，是"有史以来第一个可以检测爱情忠诚度的声音测谎仪"。

以色列在这方面的研究和开发水平比起美国同行，也毫不逊色。他们的一款产品也宣称，可以"98%准确地确定可疑旅客是否有劫持飞机的意图"，而且该产品基于AI芯片，小到可以装在眼镜框上。特别是它是实时的，也就是在获得语音的同时马上给出结论，如为异常则会马上自动报警，提示对方说谎或有罪。

这种效果不正是我们人类梦寐以求的测谎仪吗？当对方说出谎言的同时，仪器马上就能提示他在说谎。这正是声音压力分析的有趣之处：**它可能是目前为止，市面上最符合我们一般人期待的测谎仪了**。谁不想拥有一个可以立即发现欺骗的魔杖呢？

但不得不遗憾地告诉大家，这些声音压力分析仪的准确性，或者说有效性，只发生在商业公司的推销话术中。到目前为止，几乎所有的学术性的研究，或来自政府的独立评估，所作出的结论都是一致的，即基于声音压力分析的测谎技术准确率仅仅只是在偶然水平（50%）上下徘徊，甚至更低。在15项关于声音压力分析的学术性研究中，只有1项研究发现认为此项技术可能是有效的，另外14项则结论相反。2003年在美国国家研究委员会指导下的一份关于测谎技术的报告中，与此项技术相关的结论是："使用计算机声音压力分析仪或类似声音测量仪作为测谎仪的替代品……几乎或完全没有科学依据……"

计算机声音压力分析仪（Computerized Voice Stress Analyzer，CVSA）是结合计算机的最新设备，并且顶着美国国防部资助开发的光环，一度誉为声音压力分析技术的新曙光。但一些研究表明其准确率低于65%。而到了2008年，美国特种部队行动司令部发布的政策备忘录，禁止将CVSA作为可靠的、贯穿整个指挥部的评估工具。但值得一提的是，这份备忘录将polygraph测谎仪和PCASS（见下文）指定为允许使用的测谎工具。可见，至少在国防部看来，结论是清楚的：**声音压力分析仪的准确性不如依赖皮电、呼吸和血压指标的polygraph测谎仪**。

美国测谎学会认为，**将声音压力分析看成是polygraph测谎仪的替代技术其实是一种误导性的说法**。因为从本质上说，它们之间没有本质的区别，唯一的区别在于测量的生理指标不同。所以，商业化的公司鼓吹声音压力分析仪可以自动、实时得出结果是不科学的。美国测谎学会坚持认为，这类仪器也必须由有经验的测谎人员操作，同时借助具体测试各环节情况，以及对声音数据的正确分析，才能获得可靠的结果，若仅是单纯使用这类仪器是无法达到测谎的效果的。

还有一些科学家也指出，语言发音结构其实非常复杂，它涉及出生地、文化背景、使用习惯、生理结构差异等各种因素，导致每个人的发音重点有所不同。所以目前的声音压力分析适用人群其实很有限，这也是导致真正测试时准确率不高的一个重要原因。

虽然声音压力分析测谎的准确性确实受到了专业人士的质疑，但无论是国防部还是美国测谎学会都承认"根据目前的情势和面对的挑战，研究和改进这类测谎工具仍然是优先事项"。这是因为利用声音测谎确实具有一些其他生理指标所不具有的优势。

首先，所谓识别谎言，那么"言语"也就是所谓的语音，是首当其冲的。

其次，基于语音的分析提供了一种容易获得且不引人注目的识别谎言或情绪的方法。因为收集语音不需要将传感器直接连在被测者身上，可以通过隐蔽录音快速获得最自然、最真实的数据。比如，在人质谈判、提早识别暴恐分子方面，可以在对方完全没有意识到自己正在被评估时抢得先机；还可以对某些高风险职业（如飞行员、宇航员）进行实时压力评估，作为快速诊断心理危机或心理疾病的一种辅助手段。当然，如果声音压力分析秘密进行，可能会涉及合法性的问题。

而最重要的是，声音压力分析技术的准确性不高，并不是意味着利用声音测谎就是徒劳的。因为独立研究人员已经发现，除了微震颤，人类声音中存在一些其他成分，也可以提供可靠的（虽然不是100%可靠）情绪线索。这些成分包括基频平均值和范围，以及高频能量等。如果未来将这些新成分与微震颤结合，提供更多可行的数据与线索，将有望大大提高语音测谎的准确性。

总之就是，**过早地得出结论——"声音压力分析仪不可靠，只是商业营销的噱头"，可能是错误的**。因为在被测者未察觉的情况下，非接触式获得数据，并且能实时（或几乎实时）得出准确结论的测谎方式是我们主流的需求和未来的方向。而高性能计算机的发展以及日新月异的AI技术，给这方面的研究提供了新的希望。

8.5 指脉与动作亦不要忽视

指脉指标

我们已经提到，为了测量心血管活动，测谎仪的标准工具是血压计，类似于医生所用的那种袖套。在正式测谎测试期间，袖套中会充满空气，如果佩戴时间过长，会让被测者不舒服，可能会影响测试的准确性。因为他们的注意力有可能会转移到自己目前感到有些麻木或者疼痛的上臂上。常用的改进方法就是放弃袖套而采用腕套的形式。

不过，除了这种方法，基尔彻和拉斯金在1988年共同开发计算机化测谎系统CPS的同时，提出要给测谎仪增加一个新的生理指标——指脉容量（FPA），到了1999年他们又将这一指标进行了改进，并改称为指脉（finger arterial pressure，FAP）。不过无论是指脉容量还是指脉，按照基尔彻等人的说法，都是指手指的动脉容量变化。

当我们紧张时，血压会出现变化，其中一种常见的变化就是血液更多地向心脏流动，而造成流向四肢的血流量减少。这种血流的减少的量也许并不多，但是在我们人体的一些部位如四肢、脸颊等，血管非常细，所以变化就比较明显。正是因为如此，我们常常看到，很多人在经历恐惧、紧张情绪时会出现"脸色煞白"或者"手脚发白、冰冷"的情况。所以我们可以通过测量这些部位血流量的变化来判断被测者是否有因说谎或欺骗而产生的恐惧或紧张。

所以，指脉传感器原理很简单，本质上是一个发射红外线（一般为7000～9000纳米）的发光元件。这些红外线照在我们手指尖上，由于血管的存在（当然还有小的骨头），透过指尖的光线有明有暗。而较暗的地方其实就是血管在光线照射下的阴影。如果血流量减少，则这些阴影的尺寸会减小。所以通过指脉传感器跟踪和测量这些阴影的尺寸变化，我们就可以得到手指血流量的准确变化，从而用来识别恐惧、紧张或欺骗。

图8-10　指脉传感器本质上是一个发光（红外线）元件[①]

----

① 图源自本人实验研究。

另外，也有极少数型号的测谎仪不是通过测量手指尖的血流量，而是把此类传感器放在耳尖。不过它们都是让测谎仪无须依赖具有压迫感的臂套或袖套就可以测量血容量。指脉指标是否优于检测传统的血压或脉搏指标目前还没有定论。根据最早的提出者基尔彻和拉斯金的说法，研究证实通过"指脉"测谎的正确性与传统血压指标的测谎效果并无太大差异。但他们又建议测谎人员只将此指标作为参考，不纳入真正的测谎评分系统。而另一些研究者则认为此指标需要进一步改进，以期在未来可以提供有效的额外信息。

不过近年来，一种超级便携的测谎仪却将指脉作为了主要的测谎指标，这就是美国国防部使用的PCASS。所谓PCASS，全称为初步可信度评估筛选系统（preliminary credibility assessment screening system），它是一种便携式测谎仪，包括一个微型手持主机及必要的小型传感器。而所包括的传感器主要是两道，一是测谎仪中最重要的指标——皮电，另一道则是指脉。

美国国防部曾向美军配发了至少一百部的这种超级便携测谎仪，主要用来安检、提早发现暴恐分子，以及帮助甄别或审讯犯罪人。在测试中，测谎人员需要提问或展示照片，同时收集被测者的皮电和指脉变化。PCASS具有自动诊断功能，也就是仪器可以自动分析生理数据，若判断被测者说谎，仪器上的红灯就会自动闪烁。不过，许多专家对PCASS的准确性，特别是这种自动诊断的准确性表示质疑。美国军方也承认它的准确性并不是特别高，大概为80%的准确率。

动作指标

除了上面提到的生理指标，大多数型号的测谎仪还会加入一种比较特殊的传感器。之所以说它特殊，是因为它与其他指标不同，并不是一种生理指标，而是检测人类行为的，被称为"动作传感器"。

我们已经知道，人在说谎时会出现一些特定行为如坐立不安，它们可以作为我们识别谎言或欺骗的线索（见第四章）。不过测谎仪所检测的动作与这些行为有所不同，它们并不是被直接用来识别谎言，而是用来检测反测谎行为的。

　　动作指标背后有一种理论，即认为无辜者是不会反测谎的，只有有罪者才会。所以如果发现被测者有反测谎行为，则会被判定为有罪。目前已经被发现的反测谎的方法非常多，主要可分为三大类：药物反测谎、心理反测谎以及身体反测谎（见第十三章）。其中身体反测谎是指被测者通过身体动作来试图影响测谎仪记录的生理数据，如一种比较流行的做法就是用脚趾抵压地面。一些身体反测谎可以通过肉眼观察直接发现，但还有相当多的比较隐蔽，需要借助仪器才能确定。所以人们开发了一些动作传感器来检测，其中大多数是和专门设计的测谎椅结合在一起的，如放在椅子腿下的脚垫，或者是放在椅子座位上的坐垫。当坐在椅子上的被测者移动，或者用脚趾抵压地面时，脚垫或坐垫都能感应到压力的变化，从而记录到相应的动作变化。

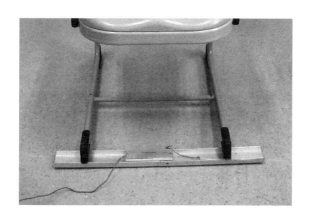

图8-11　动作传感器常被设计成脚垫和坐垫的形式[1]

----

① 图源自本人实验研究。

有学者曾进行了一项研究来评估动作传感器（测谎椅）身体反测谎的效果。在这一研究中所使用的动作反测谎方法包括：咬舌尖、僵直下巴、将脚抵住图钉、绷紧臀部。研究结果发现，每一种反测谎方法都至少可以影响一项生理指标（皮电、呼吸或脉搏）。如果不借助任何线索，测谎人员只能觉察到这些反测谎动作的12%。但如果借助了动作传感器，对反测谎行为的识别率能达到92%。因此，几乎所有的测谎人士都强烈建议使用动作传感器。

除了测谎椅，还有人通过在小腿的腓肠肌和头部下颌骨附近的颞肌上戴电极来识别反测谎行为，研究证明这些方法也能达到90%的准确率。

动作指标除了作为反测谎用途，其实还有一个不太为一般人所知的功能，那就是用于帮助解释异常现象。对于很多有测谎经验的人来说，肯定遇到过所谓"魔鬼的手指（devil's finger）"的现象，也就是皮电曲线突然急速下降，然后又自动快速回升到一定的峰值。多年来，这种现象被解释为是"说谎"或"有罪"的反应。但是现在更多地被认为可能是被测者的一些动作导致皮电传感器与手指短暂分离或者失联导致的。如果同时也检测到动作变化，则可以明确地肯定这种解释，辅助更好地解释测谎数据。

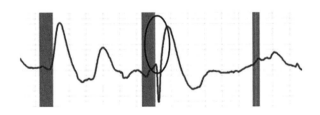

图8-12　魔鬼的手指[①]

----

① 图源自本人实验研究。

通过了解这些生理指标的具体意义，我们很容易发现一个有趣的事实：**将测谎仪称为"测谎仪"，其实是一种误导。因为测谎仪并不能检测谎言，只能检测那些"被认为"伴随说谎出现的生理变化。**而且，到目前为止，我们也只能用这种间接的方式来识别谎言，因为与说谎直接相关的某种生理指标（类似于匹诺曹的鼻子）并不存在。

第九章

得出测谎结论

前面我们已经提到一个有趣的事实，**即使身体在"说话"，但它究竟说了什么仍需要解释，而解释工作就是由测谎人员来完成的**。这是因为测谎仪并不直接"测谎"，甚至也不直接测"说谎的生理反应"，而是测的一些"认知或情绪引起的生理反应"，这些认知（如认知负荷）或情绪（如恐惧）被相信与"说谎或欺骗"有关。

简言之，polygraph测谎仪就是捕捉一些生理变化，并由此**推断**出被测者是否说谎或欺骗，而这些生理变化并不是与说谎直接有关。所以，事实就是：**从生理变化到做出结论需要一个大的飞跃**。而为了专业地做出结论，我们应该了解一个有用的术语——ROC曲线。

9.1 什么是ROC曲线

通过正式的测谎测试，测谎人员采集到被测者的生理反应数据（图谱），然后依据一定的评分方法进行评分，最后对被测者是否"说谎"做出一个判断结论。但与一般心理测验不同，测谎遵循的一个基本原则是：由于个体差异很大，测谎测试并不是将被测者与他人，或者与常模进行比较，而是自己与自己比，即将被测者在不同类型问题（即刺激）上的心理生理反应水平进行比较，并据此作出其是否"说谎"的结论。所以，测谎测试作出结论的过程更像医学上一个对"病人"作出"是否患病"的"诊断（diagnosis）"过程。所以，测谎人员做出是否"说谎"

的判断结果，专业说法应是"**诊断结论**"。

诊断结论

一般情况下，测谎的诊断结论不外乎以下四种之一：

有欺骗迹象（deception indicated，DI）

无欺骗迹象（no deception indicated，NDI）

无结论（no opinion，NO）

无法判断（inconclusive）

其中，DI还可以表示成为SPR（significant physiological responses），即"有显著生理反应"，NDI也可表示为NSPR（no significant physiological responses），即"无显著生理反应"。

或者，DI表示成为SR（significant responses），即"有显著反应"，NDI表示为NSR（no significant responses），即"无显著反应"。

另外，在多数情况下，如果各方面测试条件都保证良好，测谎人员都可以获得良好的测试图谱，然后通过评分程序得到一个最后的分数。根据已经确定好的划分标准，可以将被测者诊断为DI、NDI或NO。所谓NO是指所得分数介于说谎和诚实之间，因而不做结论。而"无法判断"则是在某些情况下，测谎人员对所得到的测试图谱无法评分（如测试图谱混乱、异常），从而不能对被测者做出诊断结论。

由此可见，经过一个完整的测谎测试后，测谎人员最后能给出的"确定的""有价值的"诊断结论实际上只有两种：**有欺骗迹象（DI）或无欺骗迹象（NDI）**。而与之相对应的是，这名被测者事实上也分属于两类人：真正说谎者或者真正诚实者。

需要特别指出的是，在刑事司法背景下，要确定被调查者是否为真正的犯罪者有时候是非常困难的，有可能永远都无法知道案件真相和真正作案人。因此，需要建立一个**基础真实标准**（ground truth criterion），如以人证、物证或法庭判决作为基础真实标准，或者综合以上各种资料建立标准。虽然在一些情况下，以这一标准建立的**基础真实**（ground truth）并不符合真正的事实，但这是我们尽最大可能性所能达到的"事实"，我们将它定义为"真实"。

由此，我们一方面可以根据确定的"诊断结论"将被测者分为**有欺骗迹象（DI）或无欺骗迹象（NDI）**；另一方面我们又可以根据"基础真实"将被测者分为"事实上的说谎者"和"事实上的诚实者"。最后，我们可以得到以下的 2×2 的四格表，专业术语叫作**"混淆矩阵"**：

基础真实

	事实上的说谎者	事实上的诚实者
DI	真阳性 正确识别为说谎 击中	假阳性 错误识别为说谎 误报
NDI	假阴性 错误识别为诚实 漏报	真阴性 正确识别为诚实 正确拒绝

（左侧纵向：诊断结论）

图9-1 混淆矩阵

由这一混淆矩阵可知，当测谎人员针对一名被测者作出了"有无欺骗迹象"的诊断结论后，会出现四种情况：

事实上的说谎者被"正确地识别为说谎（DI）"，医学上叫"真阳性"，信号检测论或心理学上叫"击中"；

事实上的说谎者被"错误地识别为诚实（NDI）"，医学上叫"假阴性"，信号检测论或心理学上叫"漏报"；

事实上的诚实者被"错误地识别为说谎（DI）"，医学上叫"假阳

性",信号检测论或心理学上叫"误报";

事实上的诚实者被"正确地识别为诚实(NDI)",医学上叫"真阴性",信号检测论或心理学上叫"正确拒绝"。

ROC曲线与风险决策标准

基于混淆矩阵我们可以绘制出ROC曲线,ROC曲线全称为"**接受者操作特征曲线(Receiver Operating Characteristic)**"。该曲线最早应用于雷达侦测领域,即借助数学方法帮助雷达有效地区别雷达"信号"和"背景噪声",所以相关理论与方法也被称为"**信号检测论**"。从20世纪70年代开始,研究者开始试着将信号检测论引入测谎领域。

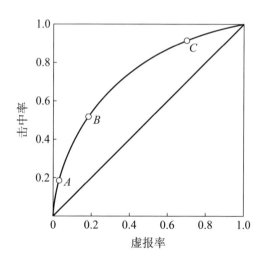

图9-2　信号检测论分析图[①]

曲线就是ROC曲线,其中A、B、C代表了3种"风险决策标准"

信号检测论对测谎最大的启示就是,测谎人员在作出诊断结论的过程中,并不是仅仅依靠其对"说谎"与"诚实"生理数据的辨别能

---

① 朱滢主编:《实验心理学》,北京大学出版社2000年版,第95页。

力，还纳入了人为的"风险决策"过程。

在刑事司法背景下，测谎人员往往会采取"保守"的决策标准。因为一旦无辜者被错误地诊断成有罪者，即出现了虚报（false alarm），就意味着无辜者可能会因为这一测谎结论导致精力和财物的消耗，失去工作、家人、自由，甚至生命，其后果往往是非常严重的。因此，很多测谎人员常常抱着"宁愿放过一千，也不能错杀一个"的心态，会提高判断标准，也就是会选择"风险决策标准A"。这样做虽然导致一些有罪者成了"漏网之鱼"，但保证了不太会造成"冤假错案"。

但这并不是绝对的，在另外一些背景下，测谎人员的反应偏见可能完全不同，极端的例子就是情报工作的人事筛选，往往是从多位应聘者中筛选出一位，而且尽量保证万无一失。这时，测谎人员会自觉或不自觉地降低判断标准，也就是会选择"风险决策标准C"。这样做虽然导致一些合格者被错误地淘汰，但是选出的那位应该是百分之百可靠的。

另外，即使在相似背景下，测谎人员也会根据具体的情景来调整自己的"风险决策标准"。例如，同样是面对从十名嫌疑人中识别出真正的杀人犯，如果已知杀人犯肯定是十人之一，相较不能确认杀人犯是否在十人中的情景下，测谎人员肯定会降低判断标准（即将标准垂线稍向左移）。这其实就是基础概率（base rate）对判断标准的影响。另外一个例子就是要求测谎人员从两名嫌疑人或者一千名嫌疑人中甄别出真正的犯罪人，也就是基础概率分别为50%和0.1%。在这两种不同的情景下，测谎人员显然会采用完全不同的判断标准。

可见，说谎和诚实除了在客观数据上有一定差异，是测谎人员做出判断或诊断的主要依据。此外，测谎人员还会根据未来的风险来人为调整。所以用传统的正确识别率、正确排除率或总体准确率来考察测谎的准确性是不恰当的，应该用更加精确的统计指标——AUC，即为ROC曲线下面积（Area Under Curve，简称AUC，记为A）。正是因为如此，近年来测谎准确性的研究报告都不再使用准确率来表示，而是改用AUC（或A）指标。如美国国家研究委员会在2003年发表题为《测谎仪与测谎技术》的研究报告中使用的就是AUC——"研究获得的ROC准确率AUC指标A在0.81～0.91"。（具体数据见第十三章）

经验性评分技术

在测谎人员做出最后诊断结论之前，其实还有一个工作，就是根据测谎图谱，也就是生理数据，进行评分。

早期的测谎评分，往往是根据经验做出的，如龙勃罗梭用水压脉搏记录仪对犯罪人进行"测谎"的实验。龙勃罗梭用直接观察的方法比较了嫌疑人在算数学题和回答与犯罪有关的问题时脉搏的变化（主要是观察记录脉搏变化的管子里的水位变化），认为该嫌疑人在回答和犯罪有关的问题的时候脉搏变化明显地快于算数学题时的变化。因此，得出嫌疑人有罪的结论。在这个实验中，评分完全依靠龙勃罗梭的主观经验判断。我们将之称为"经验性评分技术"。

如果评分依赖经验，这意味着测谎技术更可能是一门技艺（art）而非技术。也就是新人很难快速掌握这项技术，如我们不知道龙勃罗梭认为两者脉搏的差异达到多少次就算是有意义的差异。所以作为新手，很难知道两者差异达到多少次就意味着嫌疑人是说谎而非诚实。

可见，面对同一份测谎图谱，经验丰富的测谎人员与新手评分的结果可能很不同。同样，这种评分依靠测谎人员对各类具体的图谱的大量操作经验，需要对测试的各类图谱都有足够了解和练习，否则一旦遇到自己不熟悉的图谱，就有可能出现失误。有时一名从事过多年刑事案件测谎经验的测谎人员也会对某些民事案件的测谎图谱束手无措，无法评读。

但是，经验性评分技术也有其优点，如比较灵活。特别是对于倡导整体评分的专家（如里德）来说，除了心理生理指标数据，被测者对有关事实的陈述、测试中的行为表现以及侦查（或调查）得到的信息都会被纳入评估中，综合起来做出最后的诊断。有时候，这种评分方式更准确。

经验性评分技术也许由专家型测谎人员使用效果会非常好，但显然不符合科学心理学所倡导的标准化和客观化的要求，不利于其他测试人员掌握和操作。因此，巴克斯特和莱肯都主张在测谎评分中采用标准化、客观化和数量化的方法，提出了数量化评分技术，倡导在做出测谎结论的过程中，完全排除其他因素，只以采集的生理指标数据为基础，采用标准化的评分程序进行。

数量化评分技术

数量化评分技术是一种量化的评分，所谓量化主要是要求测试人员给所有有意义的图谱打出相应数值（评分），最后再根据划分标准做出是否有罪或者无结论等测谎结论。

最早引入数量化评分技术的是巴克斯特，是与他自己发明的区域对照技术ZCT（见第七章）配套使用的。ZCT每套完整的问题有三个区域，而每个区域包含一个对照问题和一个相关问题。如果被试在对照问题上的心理生理反应比相关问题的强烈，则赋值"+1"分；如果是比较强烈，则赋值"+2"分；特别强烈的，则赋值"+3"分。相反，如果被试在相关问题上的心理生理反应比对照问题的强烈，则随着程度由弱变强，分别赋值"–1"分、"–2"分和"–3"分。如果在两类问题上的反应差别不大，则赋值"0"分。可见，巴克斯特采用的是7点评分系统（+3至–3）。但他并没有采用平均分的方法，而是采用了总分形式。由于每套题包括三个区域（也就是三个相关问题），而每个完整的测谎测试对每套题提问三遍，因此理论上测试最后的总分为–27分至+27分之间。

巴克斯特给出的风险决策标准分别是：

总分大于（包括等于）+7时，诊断为"无欺骗迹象（NDI）"；
总分小于（包括等于）–13时，诊断为"有欺骗迹象（DI）"；
总分在+6至–12之间时，诊断为"无结论（NO）"。

但要补充的是，目前在测谎实务中，一些测试人员会将巴克斯特的7点评分系统简化，而改用3点评分系统（+1至–1）。

9.2　测谎结论报告怎么做

除极少数例外，测谎人员必须提供他们实施的测谎测试的书面报告。测谎报告中的一些具体细节可能会根据具体的需求而有所不同，但也有一些要素是几乎所有的测谎报告都有的。这些要素包括：

身份确认

测试前必须核实被测者的身份，报告应列出被测者的姓名，以及可能知道的任何其他姓名。一些报告还要求包括被测者的出生日期。但为了避免可能的个人信息被盗或滥用，测谎一般不会过度要求被测者过多或不必要的身份信息。

背景

测谎人员还需要报告所有与测谎相关的历史记录。在刑事案件中，主要的背景信息可能是被测者所涉犯罪案件的信息以及相关的调查情况。而在人事筛选测谎中，需要报告被测者所申请的职位，因为职位不同，测谎涉及的具体内容或测试方法也可能不同。当本次测试是先前测试的延续时，还需要报告上一次测试的简短信息。

目的

应该清楚地报告导致被测者接受测谎的原因。一些测谎人员可能会将背景和目的合并在一个标题下。此信息为验证本次测谎是否集中在所请求的问题上，如"本次测谎的目的是评估被测者否认参与任何××大厦纵火案是否属实"，又如"受××公安局委托，测试被测者是不是2·10案的作案人"。

测试过程

测谎人员应报告测试的时间和地点。时间不仅要包括测试日期，还要报告测试开始和结束时间，还可以就具体的测谎指标以及具体测谎仪器做出声明。

此外，如果测试中出现一些不同寻常的地方，谨慎起见，也要将这些细节添加到报告中。如测试在非传统环境中进行，因为现场条件所限，只能在户外进行，这可能会影响测试结果，所以需要报告。

列出**相关问题**以及被测者的答案。如果有特定要求，测谎人员还可以列出所用的具体技术。需要特别说明的是，一般不鼓励列出所有问题，而只用列出相关问题或者关键项即可。

分析和结论

诊断结论报告形式建议表示为：有欺骗迹象、无欺骗迹象、无结论或无法判断。

关于测谎人员如何得出最后的诊断结论，越来越多的人要求将其添加到测谎报告中。有时候应相关方的要求，还需要以更专业的统计数据说明，如有关分数的详细信息、与这些分数进行比较的规范数据的参考，以及显著性水平，等等。

测后访谈

测后测谎人员通常会告知被测者测试结果，如果这些结果表明被测者说谎，则要求被测者对此结果做出解释。而这些都需要在测谎报告中加以说明。在刑事案件测谎中，测谎人员可能会从测谎人员的角色转变为审讯人员，并努力获得嫌疑人的供述。供述可以做成单独的文件，附在测谎报告中。

其他信息

视具体情况，测谎人员还会将其他信息纳入测谎报告。这些信息主要取决于委托方的需求，可以包括关于测谎仪的更详细信息、测谎人员的资格证明以及支持本次测谎方法的文献资料，等等。

不应纳入的信息

还有一些信息不应出现在测谎报告中。例如，测谎人员不应提供他们不具备专业资格的意见或建议，如其他心理测量（如人格测量）和量刑建议。此外，不建议测谎人员列出相关问题以外的测试问题。

有时候测试中会发现被测者一些轻微的违规行为，测谎人员必须谨慎报告这类信息，如涉及犯罪或负有强制报告责任的，测谎人员当然必须报告；否则基于测谎人员与被测者之间的保密原则，不应该记录在报告中。

表9-1 测谎报告示例

测谎报告 机密
个人信息
姓名：张三
出生日期：1996年9日3日
身份证号：123456789
测试信息
测试地点：××市公安局
测试日期：2022年3月10日（星期四）
案件编号：22-03-0666
测谎人员：李四
上一次测试：以往无测谎经验
第1部分：测试目的
本次测谎测试主要检测，对于本报告第3部分列出的相关问题，张三是否做出了诚实回答。

续表

第2部分：测前阶段

在2022年3月10日14：00点，张三到达并表示愿意接受测谎测试，并且阅读、填写并自愿签署了测谎同意书。

使用录像设备记录了整个测试。

测谎人员认为，张三适合测谎。

测谎人员与被测者一起讨论并审查了所有将要提到的问题。本次详细审查的目的是确保被测者完全理解所有问题。

第3部分：测试阶段

测试所用仪器为CPS计算机化测谎系统。该仪器连续记录呼吸、皮电和脉搏活动。该仪器还包括旨在记录动作和指脉活动的传感器。

测前功能检查确认仪器功能良好。

在测谎测试中提出了以下相关问题："是你拿了保险柜内的珠宝首饰吗？"

第4部分：结果

经过三遍完整的测试，测谎人员做出以下诊断意见：

张三在测试期间没有欺骗迹象（NDI）。

对生理数据的整体分析表明，它具有足够的数据和信息来完成对测试结果的标准化数值分析。

使用"巴克斯特数量化评分技术"对测谎测试进行分析，结果显示，当张三回答上述问题时"没有欺骗迹象"，且结果具有统计上的显著性。显著性水平小于0.01，也就是，张三说谎的可能性不到1%。

第5部分：测后访谈

在测后访谈阶段，张三获悉了测试结果。

注：测谎测试数据及相关文件会保留六个月（自2022年3月10日起）。

测谎人员（签章）：李四

要说明的是，以上测谎报告只是一种形式，事实上报告可以有多种风格和规范。但同一测谎人员最好能保持稳定一致的风格，否则就会显得混乱且不专业。当然，测谎报告也要考虑符合委托方的要求和

标准。

测谎报告在一定程度上也反映了测谎人员的能力和专业水平。所以要注意报告的整体外观以及避免出现错字错句。一般情况下，报告应标记为"机密"，或者根据委托方的要求进行机密程度分级（绝密、机密、秘密），并用印章、注记方法在文件上标明。

9.3 伦理与标准

整个20世纪上半叶，测谎测试是在几乎完全没有任何监管的情况下进行的。随着质疑测谎仪的声音越来越大，特别是测谎仪被应用在更多非犯罪调查领域（如人事雇佣），测谎规范化的要求越来越突出。1966年，为建立测谎专业伦理，并将测谎技术、设备与教育培训标准化，专业人士成立了美国测谎学会。随后美国测谎学会针对各种测谎仪器、设备、程序等作一连串的规范，迄今已成为多数国家引用的标准。到目前为止，测谎技术已经有了专业的伦理道德规范，以及实践标准规范。

伦理

测谎人员的工作是识别谎言或欺骗，其做出的测谎结论可能对被测者、相关单位与机构、社会安全，乃至国家安全产生重大而持久的影响。特别是在刑事司法中，测试结果可能会影响被测者的定罪、财产损失、人身自由，乃至生命。可见，测谎人员在履行其专业职责时，因其所扮演的角色的独特性，肩负着巨大的责任。

此外，在各种应用情景下，测谎仪可以对招聘、解雇、缓刑、释放、起诉、罪犯管理、情报和反情报以及犯罪侦查等这些高风险决策产生重大影响，某种程度上还起着决定性的作用。比如，申请警察职位，可能就会因为没有通过测谎而惨遭淘汰。可见，测谎人员也拥有一定的权力，所以必须时刻注意做出负责任的行为和决策。未能遵守职业伦理和道德标准的测谎人员不仅背叛了职业，可能也会对他人造成毁灭性的、切实的影响。我们后面（第十三章）所提到的一位测谎仪的著名反对者弗洛伊德·费伊（Floyd Fay），声称就是因为自己被测谎仪误判，所以要站出来反对它。

所以，实施测谎测试是一个责任重大、权力也大的工作，需要有明确的伦理和道德标准。其实这不仅有利于被测者，在某种程度上也是保护测谎人员自己，因为一旦出了重大错误，测谎人员也需要承担相应的后果。

而作为测谎人员，首先要记住的一个基本原则是：**认定有罪相对容易，测谎真正的技能在于不冤枉无辜。**

所有职业都有核心伦理，它是区分职业与简单工作的一部分。对于测谎这个非常特殊的领域，伦理应该是怎样的呢？幸运的是，测谎发展较晚，已经有了相近或相关的其他领域的榜样。一个领域是心理学，其伦理的核心是关注患者的最大利益，或者至少不伤害他们。另一个领域则是法律，它更关注社会的整体利益，并将公平正义视为最高伦理原则。这与心理学不同，心理学家的伦理原则是，"公正虽然重要，但次于患者的需要"。

测谎跨越这两个领域：与心理学不同，测谎人员寻找真相而不是被测者的最大利益。也与法律人士不同，测谎人员拥有"科学的"评估工具来指导自己。因此，测谎人员必须公正，但也要用科学来指导自己的实践。所以测谎人员需要遵守以下基本伦理规范：尊重、合格、客观和公正。

1.尊重

保证被测者的权利是最根本的。未经被测者知情同意，不得进行测谎测试。所以测试之前一定要获得被测者的知情同意。以下是安全审查领域里比较常见的知情同意书样式。

表9-2　测谎同意书

测谎同意书

我＿＿＿＿＿＿＿＿＿（签名），被＿＿＿＿＿＿＿＿＿要求接受测有关××××的
测谎测试。我知道：

A.测谎测试是自愿的，在正式接受测试之前需要获得我的书面同意。
B.不会仅因拒绝接受此测试而对我采取不利行动，不会将任何拒绝测谎记录记入
　我的人事档案。
C.拒绝接受测谎并不排除通过其他方式进行安全审查。
D.测谎人员将会对测谎进行解释，并且在每次测试之前审查所有的测试问题。
E.测试环境还包含以下记录设备：
　　双向观察镜　　　是　　　否
　　录像设备　　　　是　　　否
　　录音设备　　　　是　　　否
F.我知道此测试将被记录和/或观察。
G.本同意书并不构成对我反对自证其罪的宪法权利的放弃。
H.我可能会咨询法律顾问以回答有关测谎的问题。

我知道关于测谎测试自由和自愿的规定。
我接受本次测谎测试不是因为受到威胁或者有人许诺了好处。

日期：	被测者签名：
时间：	测谎人员签名：
证人签名：	

2.合格

测谎测试的准确性至关重要。与一般人的理解不同，**测谎人员合格比
仪器本身更重要**。在公共领域，人们几乎都是围绕着测谎仪的科学性和准确
性争论，但实际上关键的还是操作仪器的人，以及测谎人员对获取的测谎
数据的解释。合格的测谎人员不仅要精通测谎操作，还要对相关领域或专
业（如心理学和法律）有足够的了解。一般情况下，从业的测谎人员要有
专业资格认证，而且有些特殊领域的测谎还需要有特定资格认证，如进行

"间谍测谎测试（TES）"的测谎人员必须是接受过专门的TES培训的，此培训由美国国防部可信度评估学院（DACA）提供。除了资格认证，测谎人员还需要定期参加继续教育或培训，让自己的技能保持在最新、最佳的水平。

合法

测谎人员的职业行为应遵守相关的法律法规，以及相关的合同和协议。测谎人员不能非法进行测谎，不得更改测试结果，并尽可能保留所有的原始数据和记录。

3. 客观

从前面的内容我们可以知道，即使是最有道德的测谎人员在做出最后诊断时也会有自己的决策标准。而决策标准是考量各方因素所确定的。所以，完全排除所有因素影响既不可能也无必要，但是测谎人员必须意识到这些影响，尽量排除那些不良的、会损害测谎结果的影响。

这些影响可以是来自外部的，如要测的被测者由于疲劳、醉酒、感冒、精神疾病或情绪低落而明显不适合测谎，但你的上司坚持要实施；又如被测者可能会试图利用他们的社会地位来向测谎人员施压；或者有些公司以测谎为幌子向自己雇用的测谎人员施加压力，要求其用测谎测试筛出某一特定员工，变相解雇。

还有一些影响是来自测谎人员本身。最常见的就是测谎人员本身就是警方侦查人员，有时候他们不是真的在测谎，而是将测谎仪作为道具，来套取证词。比如，某警察机关，在进行测谎时恰逢机器故障，测谎人员并没有停下来，最后还给出了"有罪"的诊断结论，并且马上使用此结果进行审讯，声称测谎结果证明嫌疑人是真正的作案人，如果此时认罪可以算是"自首"。这显然不符合职业伦理。此外，一些测谎人员出于对金钱或名声的渴望，在电视节目中使用测谎仪，并以不正规甚至歪曲的方式介绍测谎仪和测谎技术。

4. 公正

测谎人员的诊断结论必须是可靠的、独立的，并且完全基于客观的数据。无论其他人的要求、期望如何，测谎人员在所有情况下都必须对每名被测者保持公平和一致。不得基于私人关系或者个人利益而进行测谎，如身边的好友希望你帮助他对他的伴侣进行婚姻忠诚度测试，应该拒绝。

实践标准

为了保证每名测谎人员实施的测谎测试尽量科学、准确，测谎领域也制定了一些标准或规范来指导从业实践。

1.测试环境标准

测谎应在合适的测谎室进行。应该有专业的测谎椅或带扶手的椅子。测试房间不宜太大（建议值$4m^2 \times 4m^2$），不应包含分散注意力的设备或装饰品，并应尽量控制环境温度（建议值20℃~25℃）。房间最好有单向玻璃窗，并且尽量设有录音或录像设备。此外，**最重要的是保证安全**。

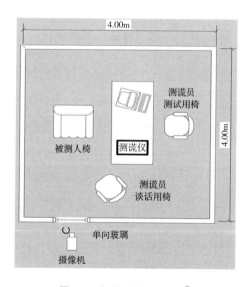

图9-3 标准测谎室平面图[①]

----

① 图源自本人实验研究。

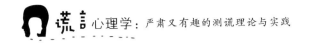

2.测谎仪标准

目前全世界有各种规格的测谎仪，我国也存在着至少四种不同厂商的测谎仪。测谎测试标准要求必须使用得到权威部门（如公安部、国防部）认证的测谎仪器。所用的仪器应至少包括两个独立的（胸部和腹部）呼吸传感器、皮电传感器，以及一种能够记录心血管活动的传感器（血压或脉搏）。

3.测谎人员标准

测谎人员应具备资格，特殊测试（如TES）还需要具有特定资格。利益冲突回避原则也同样适用于测谎人员。此外，测谎人员每天进行的测谎测试不应超过五次。除了测谎人员和被测者，不允许其他人进入测谎室，但翻译人员除外。

4.被测者标准

并不是所有的人都适合接受测谎测试。为了保证测谎质量，如被测者出现以下任何一种情况，原则上都不应继续测试。

（1）饥饿；

（2）明显的疲惫；

（3）睡眠严重不足；

（4）发冷、身体发僵；

（5）发热、出汗过多；

（6）身体受伤或正处于疼痛状态；

（7）正遭受心灵创伤；

（8）刚经历过长时间的审讯；

（9）言行明显处于酒精或药物作用之下；

（10）毒瘾发作；

（11）正在感冒发烧、咳嗽；

（12）服用抑制神经的药物没超过12个小时；

（13）患有精神病或精神病发作；

（14）患有心脏病或血压状态不稳；

（15）妇女怀孕三个月以上；

（16）14周岁以下的未成年人；

（17）智商过低或呆傻的人。

5.测前标准

核实被测者身份，必须向被测者正确解释测谎工作原理，以及他所拥有的相关权利，并让被测者签署知情同意书。一般建议与被测者对测试问题进行讨论。

6.正式测试标准

测谎测试应收集足够的生理数据用于后续评分，一般建议测试三遍。每一遍测试尽量保证能连续记录，不被随意打断或暂停。问题间隔应在合理范围（建议值20～35秒）之内，且所有问题间隔尽量保持一致。

7.测试中止标准

测试中如果仪器、测谎人员或者被测者出现故障或意外，都应该中止测试。此外，被测者可以随时终止测试，可以随时求助法律援助。但是律师不应出现在测谎室内。任何中止或终止，都应该详细记录具体原因，并在最终测谎报告中注明。

8.评分标准

测谎人员应使用被广泛认同的，且自己已掌握的评分技术。应保存所有的数据分析记录至少一年，或者其他法律法规要求的保存时间。在做出最后诊断结论之前，测谎人员要对测试数据严格保密。

9.测后标准

在收集和分析所有生理数据后，应该告知被测者他的测谎结果，有法律另行规定的除外。

10.测谎报告标准

测谎人员必须提供标准的测谎结果报告。报告应真实、公正和客观，不得故意提交误导性或虚假的测谎报告。如果有中止情况的，还需

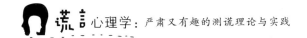

要补充中止报告。应充分报告中止原因、已完成和未完成的量，以及是否可以依据已有的数据做出诊断结论，等等。不得在没有充分生理数据时强行给出肯定性结论，应客观报告"无法判断"。

第十章

测谎的应用——日常生活测谎实践

　　1921年，拉森发明了第一台现代测谎仪，而后经过拉基的改良和批量化生产，也开启了其商业的道路。从20世纪50年代开始，到80年代，测谎在美国经历了一个高速发展的时期，而这主要得益于测谎仪在日常生活中的使用——它被用来招聘员工及管理员工。美国从联邦和地方政府、各级执法机构到银行、工厂、公司，测谎仪都被用来筛选员工并调查他们是否有违法违规行为。雇主使用该技术来窥视员工"心灵的最深处"，评估员工的诚实度和忠诚度，将吸毒者和小偷从自己的企业排除掉。到了1985年，估计有200万名求职者和雇员被迫接受测谎，比过去十年增加了3倍。1988年美国颁布了《雇员测谎保护条例》，明令"原则上禁止对员工实施测谎"，但公务机关（包括地方政府、联邦政府及其附属机构）、国防及安全体系、FBI契约承包商、保全公司，以及医药安全体系等不受限制。

　　所以，即使测谎技术受到了限制，但前期的大规模使用仍对社会产生了极大的影响。其表现之一就是，越来越多的学者（如大家都知道的微表情专家埃克曼）开始进入此行业，探索各种各样的测谎方式。而普通民众似乎也都成了半个"测谎专家"。当社会上出现一些富有争议的事件时，民众常会提出一些"测谎"建议或看法。比如，足球界出现"吹黑哨"疑云时，民众就纷纷建议"上测谎仪"。

10.1 公众人物的谎言识别

事实上，对于公众人物的测谎是相对容易的。有时候即使不用测谎仪或者其他比较复杂的技术，也可以识别。原因很简单，因为他们是公众人物，所以社会对他们的道德标准要求更高，他们的一举一动都会受到公众的检视。换句话说，他们需要谨慎，尽量避免说谎，特别是在公众场合说谎。

所以我们前面提到的文本分析测谎就特别适用于公众人物，也就是曾提到的**简单标准：除了"没有"，任何其他的回答都意味着"是的"**。因为公众人物不能撒谎，一旦被发现撒谎，可能会承受身败名裂的后果，所以他们往往会选择使用模糊的语言。而模糊的回答，其实就是一种变相的"承认"。

辛普森案

辛普森案被称为美国历史上最受公众关注、最著名的刑事审判案件。前美式橄榄球明星、演员O.J.辛普森被指控于1994年6月12日深夜谋杀了其前妻妮可·辛普森及其好友罗纳德·高曼。

美国加利福尼亚州最高法院对此案进行了审理，整个审判持续了创加州审判史纪录的九个月，检方和辩方都阵容强大。尤其是辛普森的律师团队，其耗资600万美元组建了"梦之队"。双方在法庭上唇枪舌战、针锋相对，对警察提供的证据展开了激烈辩论。因为是名人，而且还发生了警车和媒体一起"追捕"辛普森并"现场直播"的戏码，可谓赚足了公众的眼球。而在随后的庭审上，法官伊藤竟然批准了摄像直播。这个决定在后来也被认为让审判或多或少受到了媒体的影响。

全程的电视转播，使得全世界的注意力都被吸引到该案上来，因此辛普森案也被称作"世纪审判"。而普通民众则可以从每天的新闻报道中全程掌握进展，不少人也建议说，给辛普森"上测谎仪"。事实上，辛普森在妮可和高曼被杀的两天后就接受过一次测谎。检方在最初就曾提出来，伊藤法官并没有马上阻止。这引发了批评的声音，按照这些批评者的说法，当时全美只有一个州允许在法庭中引入测谎结论，所以伊藤很快将测谎排除在了法庭之外，同时裁定不让辛普森再接受测谎测试。所以，在很多报道中，测谎仪似乎与辛普森案没有什么关系。

这场世纪审判的结果是辛普森被判无罪，这让全世界都大跌眼镜。因为根据媒体的报道，警方提供的很多证据都指向辛普森是凶手，但最后这些证据都在司法层面站不住脚。同时警方，特别是发现重要物证（那双著名的手套）的警察马克·福尔曼在法庭上的表现，令陪审团相信，警方有伪造证据、陷害辛普森的嫌疑：

1. 警察在未获得检察官签发搜查许可证的前提下就进入辛普森家搜查，违反了程序；

2. 办案警察在抽了辛普森的血后，没有直接把血样送回警局，而是带着它到凶案现场晃悠了3个多小时，也无法解释为何当初从辛普森那里提取并收入证据中的8cc（立方厘米）的血液少了1.5cc；

3. 警察福尔曼在证人席上否认自己是一个种族主义者，并称自己在作证之前的10年间从未用过"黑鬼"（nigger）这个词来形容黑人。但是几个月后，辩方提供了一盘录音带。这盘录音带是一位电影编剧，为了编写一部有关警察的剧本，于1986年采访过福尔曼。在这段录音资料中，福尔曼曾反复使用"黑鬼"这个词总计41次。

这对检方是致命的一击。此后不久，福尔曼因伪证罪被正式起诉，最后法庭判他三年有期徒刑。

世纪审判结束四个月后，被害人妮可和高曼的家人都向辛普森提起了民事诉讼，寻求民事赔偿。在审判中，高曼的律师提出辛普森曾接受过测谎，而且没有通过。为了求证，高曼的律师向辛普森询问了这次测谎。而在整个审判过程中（包括刑事和民事），辛普森及其律师团队都统一口径说，确实有那么一次非正式的测谎，但根本就不是一次完整的测试，更不用说辛普森测谎失败了。民事审判最后的结果是，陪审团一致认为，有足够证据说明辛普森应为高曼的枉死和对布朗的殴打行为支付民事赔偿。对于与刑事案件完全相反的判决，一些学者，包括辛普森自己的一名律师都认为，在民事庭审中讨论辛普森没有通过测谎，可能是导致他败诉的原因之一。

而关于辛普森是否真的接受过测谎测试，以及具体测谎细节和结果，一直没有一个完整、一致的答案。

根据洛杉矶本地的一家电视台的报道，辛普森和他的老友罗伯特·卡戴珊在辩护律师罗伯特·夏皮罗的催促下，于1994年6月14日开车前往测谎人员爱德华·盖尔布处进行了测谎测试，但结果很不好。

而根据《美国犯罪故事》（*American Crime Story*）中《辛普森杀妻案》中的剧情说法，那次测谎辛普森的测试图谱评分结果是–24分，这是能够得的最低分，意味着辛普森非常确定地没有通过测试。不过，另有一些资料显示，其实并不是–24分，而是–22分。不过谁对谁错不重要，因为完全没有差别。如果这分数是真实的，那么测谎人员盖尔布所用的评分技术应该是最常用的巴克斯特评分技术（见第九章）。这一技术理论上最后的总分为–27分至+27分。但实践中不可能有人真的获得 ±27分。巴克斯特本人给出的风险决策标准分别是：总分小于（包括等于）–13分时，诊断为"有欺骗迹象（DI）"。所以无论是–22分或者是–24分，都丝毫不影响辛普森没有通过测谎的结果。

该电视台继续爆料说，辛普森最初认为他要去接受普通医学检查，而当夏皮罗告诉他是要做测谎时，他很生气。不过辛普森最后还是同意了测试，甚至当他得知结果不好时，提出可以再做一次，但其他人不建议他再做，部分原因是他当时刚吃完药。

媒体后来向相关当事人求证，夏皮罗完全没理会，而测谎人员盖尔布则拒绝承认或否认实施了测试。不过，按照我们刚刚还提到的**简单标准：除了"没有"，任何其他的回答都意味着"是的"。我们可以做出自己的判断——那就是"是的"**。

如果说辛普森一开始决定接受测谎是一个错误，那么帮助弥补这个错误，并对外统一口径说"没有进行过完整的测谎"的功臣则是F.李·贝利（Francis Lee Bailey）。贝利是律师团队"梦之队"中的主心骨，几乎所有的关键辩护场景，都是贝利上场。辛普森说，贝利是团队中最有价值的成员，"我认为他对案件中最重要的部分有着惊人的把握，结果证明这是真的"。

由于在辛普森案中的高曝光度，很多人都知道贝利是著名的辩护律师。但很少有人知道他其实也是一名测谎专家。1960年，贝利以全班第一名的成绩在波士顿大学获得法学学位，后来又进入基勒测谎学校学习，深受当时测谎学校校长的赏识。在校长的推荐下，贝利为当时一起有名的刑事案件辩护，并担任测谎方面的顾问，获得了极大的成功，所以贝利28岁就声名鹊起。贝利后来成为美国测谎学会法律顾问团的成员，并在测谎领域经典案例之一**谢弗案**（见第十四章）中作为专家顾问出庭。不过他是空军刑事辩护上诉小组的顾问，是协助空军律师进行辩护的，其立场是反对测谎结论作为证据使用。

也许正是有着这样的背景和履历，当辛普森测谎结果不妙时，辛普森的律师夏皮罗找到了贝利，询问他的建议。贝利建议马上停止测谎，因为在前妻被谋杀后的48小时内给丈夫进行测谎是非常不明智的做法。正如《美国犯罪故事》中所表现的，辛普森对于被反复问到自己的前妻，自己孩子的母亲如何死去的细节，情绪反应非常强烈，但这很有可能不是因为他有罪导致的。贝利还建议，如果一定要测谎，所提的问题最好只与高曼相关。

贝利的这一说法得到了其他人的验证。辛普森的老友卡戴珊在判决之后告诉美国广播公司，当得知辛普森测谎没通过时他非常震惊。他说，辛普森告诉他，之所以没通过是因为他当时非常情绪化。如果我们阅读过前面的测谎编题技术，肯定也会同意这种说法。贝利也因为这些有价值的建议，被辛普森聘请加入他的"梦之队"。最后的结果也表明，这一决策是非常英明的。

不过有意思的是，当辛普森案尘埃落定后，相关的测谎还没有完全结束。1997年，刑期结束后警察福尔曼在媒体上否认故意陷害辛普森，并表示他愿意接受测谎，以自证清白，为自己和洛杉矶警察局找回公道。而贝利则回应道，如果福尔曼通过测谎，他本人将向其"公开道歉"。结果福尔曼的测谎真的通过了，但贝利却拒绝向其道歉，理由是福尔曼使用的测谎技术已经过时，结果应该由美国测谎学会的专家小组审查。

10.2 雇前人事筛选

我们为什么需要人事筛选测谎

如果某人申请一个工作，但是被告知，接受测谎也是申请程序的一部分，他会做出什么样的反应呢？可能大部分人会认为，他肯定生气、不理解，并认为此行为违法或自己受到冒犯。但几项研究却发现，事实上大多数的求职者对自己要接受测谎持正面看法。因为这些未来的员工知道如果其他人在进公司前也接受过同样的测谎筛选，那么他未来的同事都会比较值得信赖，未来工作环境中出现盗窃或吸毒同事的可能性会很小。

另外，国外一些研究也证实，人们在申请工作时常常不会如实报告自己的一些真实信息，特别是涉及轻微违法犯罪的信息。这很好理解，因为如果报告的话，基本就断送了自己的工作机会；但如果不报告，雇主或雇佣机构其实也无法或不会去查证。一项研究数据向我们展示了人们在申请工作时的说谎比例：

表10-1　人们在申请工作时的说谎比例[①]

审查内容	女性说谎比例	男性说谎比例
你是否故意隐瞒任何重要的、不想让我知道的、你以前的工作相关信息？	24%	26%
你是否曾被解雇过？	4.9%	14.4%
你有没有犯罪记录？	3%	6%
你是否吸食过大麻？	17.7%	18%
你是否曾经从雇主或工作岗位拿过不属于你的财物？	59%	66%

从以上数据中我们会发现，即使是以往的犯罪记录，也有应聘者想隐瞒，虽然人数极少。这类记录理论上应该很容易查实，但仍有人抱着侥幸心理。因为确实有时候，由于记录过去了很长时间、没有电子存档或者档案遗失，甚至公司怠于亲自核查等，都让应聘者有机会蒙混过关。

此外，该研究还发现，包括吸食大麻在内的吸毒行为相当普遍，如果雇主要以此为理由淘汰应聘者，那么86%的人将失业。但实际上，几乎很少有人在应聘时承认自己有吸毒行为。

[①] Gordon N. J., Essentials of Polygraph and Polygraph Testing, CRC Press, 2016.（［美］内森·戈登：《测谎仪与测谎测试精要》，CRC出版社2016年版。）

很明显，大多数需要获得的对于职位很关键的信息，无法通过其他来源获得，因为一些行为可能从来没有被他人或官方发现。即使有时候不法行为被前雇主发现，大多数前雇主由于害怕麻烦或承担责任也不愿意透露这类信息。根据2011年的全美调查数据，大概有三分之一的工作简历都包含虚假信息。而因为员工的欺诈行为，导致了美国公司总共9970亿美元的损失，占这些公司当年总收入的7%。[①]

所以雇前人事审查非常重要，即使现在对于一般私人公司来说，对应聘者实施测谎可能是违法的，但是其实人力资源管理都在以一种类似测谎的方式审查应聘者。应聘面试就有这样的功能，人力资源管理者不仅会考察应聘者与职位相关的能力，也会通过观察他的言行举止来判断他的品行。但这常常不准确。事实是：**最了解一个人的人是他自己。**而如果一个人不愿意诚实地讲述关于自己的事情，那么测谎也许是一种有效的技术，虽然存在合法性和正当性问题。

历史渊源

测谎仪用作人事筛选工具其实很早就开始了，可以说几乎和现代测谎仪的诞生同步。我们已经知道了，闵斯特伯格是犯罪心理学以及测谎技术的开创者，他其实也是工业心理学的开创者。马斯顿作为他的学生进入了测谎领域，而他另一个学生，也就是马斯顿的同门罗伯特·耶克斯（Robert Yerkes）则致力于在工业心理学领域打出一片天地。"一战"期间，耶克斯作为专家之一开发了用于评估士兵服役能力的著名筛选测试——陆军甲种测验（The Army Alpha Test）。这一测验可以在1小时内对数千名新兵进行评估，筛选出合格的士兵。马斯顿作为耶克斯的

---

① 转引自 Meyer P., How to Spot A Liar, Pamela Meyer［Electronic resource］, https://www. ted. com/talks/pamela_meyer_how_to_spot_ a_liar, 2011. （转引自［美］帕梅拉·梅耶：《如何识别说谎者》，TED演讲，2011年。https://www.ted.com/talks/pamela_meyer_how_to_spot_ a_liar。）

同门，也参与了其中的一些工作，因此目睹了这一巨大的成功。他"深感心理学家拥有类似于物理学家的技术，因此理应获得更高的地位和支持"，开始致力于让测谎技术像陆军甲种测验一样能被用于普通公民以及军队、学校等大型机构。

1918年年初，马斯顿将他的测谎仪带到了佐治亚州格林利夫营的军队情报部门。格林利夫营正是耶克斯当初开发陆军甲种测验的地方。在那里，马斯顿和陆军情报人员一样，展开了关于识别敌方特工的实验。按照马斯顿自己的说法，这一尝试相当成功，准确率为94.2%。

另一位测谎专家基勒也有类似的野心。在1929年，基勒在一封写给沃尔默的信中描述了他试图将测谎仪带入企业界的计划：

> 我发现大型百货公司每年因为员工不守规则而损失大笔的资金……假如我们现在在百货公司设置一个专门的测谎人员，负责审查所有员工（测试常规实施，每个人可能是每4或6个月接受一次测谎），会有什么影响呢？我相信我们会很快筛掉那些"小偷小摸""拉帮结派"的人，并让其他人有"敬畏上帝"的心。而因为筛除不良员工，以及对所有员工带来的心理（威慑）影响，可以将我们的损失减少或至少减少大约75%。

可见，在基勒眼中，测谎仪的目标包括，实际减少员工盗窃，还要通过威慑"控制"其他员工。

随后基勒将自己研制的"基勒式测谎仪"批量生产，成了当时最便宜的测谎仪。1939年，基勒创立公司，正式向政府和私人企业提供人事筛选测谎服务及相关培训，培训包括为期两周的迎新课程和为期六周的完整课程。基勒在此领域的商业服务相当成功，不少人认为这与他"富二代"的身份不无关系。

1945年，"二战"后的美国为了训练在德国部署的警察部队，想要从德国战俘中筛选出训练有素且符合美国利益的候选人。为此，他们请基勒担任首席测谎专家，主要目的是筛掉那些与纳粹分子有关系、同情纳粹分子、对美国有反感或有其他犯罪活动的人。据说一些纳粹成员及其同情者，还有一些计划中的破坏活动都被测谎仪挖了出来。但这一测谎程序后来被停止了，具体原因从来没有披露过。这可能是有史以来第一次使用现代测谎仪来审查政治忠诚度的实践。

而到了次年，也就是1946年，同样的人事筛选测谎程序在田纳西州橡树岭的核设施机构继续进行。

可见，随着第二次世界大战结束，国际形势发生巨大变化，美国对政治忠诚度有了强烈的需求，这对测谎技术，特别是在人事审查和筛选方面的测谎技术起到了积极的促进作用。

从20世纪60年代开始，美国联邦机构每年大约进行19000次测谎。同时，测谎仪也开始大规模地用于私营机构，包括企业、银行、快餐连锁店，等等。测谎测试不仅用来确定应聘者是否在申请工作时说了实话，也要确定他们是不是值得雇用的人。为此，测谎测试的范围包括了审查应聘者是否曾从前雇主那里偷过东西、吸过毒，或从事过其他类型的犯罪或越轨行为。

到70年代，在私营机构每年大约有20万人被要求接受雇前和雇中测谎，这也给测谎行业带来了每年数百万美元的收入。当时的著名私人企业酷尔斯（Coors）啤酒公司就要求应聘者接受测谎测试，并被作为行业标杆。公司总裁说，测谎仪可以帮助我们确保"最终招聘的员工今后不会带来一些颠覆性的坏影响，如破坏我们公司的运营"。不过在测试中，应聘者会被问到一些敏感问题，包括"你多久换一次内衣""你有没有对你的妻子做过任何可能是不道德的事"等。

到80年代初，接受人事筛选测谎的人数进一步增加，估计每年在包括美国邮政服务在内的各种联邦机构内进行了超过23000次测谎。此外，在私营机构，每年大约有100万次测谎，其中有30万次是雇前测试。雇前测试的内容包括：居住稳定性、工作经历、赌博、负债、吸毒、驾驶记录、参军历史，以及忠诚度测试。人事筛选测谎到20世纪80年代末期达到巅峰，每年有多达200万次例行的测试。

1983年，美国总统里根颁布了第84号国家安全决策指令，授权所有联邦机构都可以用测谎仪来测试他们的员工是否泄露了机密信息。但3个月后因为遭遇到广泛的抗议，里根总统又撤销了该指令。

1988年，为了阻止测谎技术在社会上日益泛滥的趋势，美国颁布了《雇员测谎保护条例》，也就是EPPA，对那些试图通过测谎测试来进行人事筛选的公司与机构进行了严格的限制。

但有一些学者则认为，这一条例的颁布和实施，虽然限制了私人领域的测谎，但反而使得它在政府内得到了更为广泛的应用。例如，在1993年，也就是EPPA颁布后的第五年，一项针对600个大城市警察部门的调查发现，每年有超过67000名应聘者在申请警察职位时接受了测谎测试，其中有22%的人因为测谎测试结果不理想而没能最终申请成功。在联邦政府中，大约有24家机构都有例行的测谎测试，其中包括各大警察部门、中央情报局、特勤局、国防部、联邦调查局、移民和海关执法局、国家安全局、陆军、空军、航空航天局，以及能源部等。

所以，在1988年EPPA颁布后，人事筛选测谎在私营机构基本消失了，只有极少的行业是例外，如银行、保险公司等。但在许多政府部门仍常规性地使用。

雇前测谎测什么？

人事筛选测谎最常见的就是当人们申请一些特殊职位时必须接受测谎测试，也就是被雇前的测谎。

雇前测谎的主要目的是通过现在的测谎表现来预测被测者未来在特定职位上的工作表现。因此，这与其他领域的测谎大不相同，因为它并不是针对特定的、已经发生的事情（如已经发生且被警方立案的凶杀案），而是针对未来可能发生的、损害工作职能、危及国家或公共安全的行为。

但具体是什么有害行为，测试时并不确定。所以，如何测试，特别是怎么提问就成了问题。通常来说，雇前测谎的做法和思路就是：**通过过去的行为来预测未来的工作表现**。例如，关于过去的问题（"你有没有吸过毒"）来预测未来的问题，特别是用人单位可能最关心——此人未来是否会被敌方单位策反。

可见，这本质上就是一种背景调查，只不过传统的方式是直接询问应聘者本人，道理很简单：**没有人比应聘者更知道自己过去的事**。但问题在于，应聘者往往不会完全诚实回答。而为了得到真实的答案，还有什么比使用测谎仪更好的方法呢？这就是为什么几乎每个政府机构和大多数执法机构都使用测谎仪的原因。

到目前为止，测谎领域已经发展出了比较固定的雇前测谎编题模式。我们以应聘警察工作时普遍需要接受的测谎测试为例说明，示例题目如下：

表10-2　示例题目

题号	问题
1	今天是周六吗？
2	你是否了解我只会问我们刚刚讨论过的问题？
3	你是否打算如实回答每个问题？
4	今天是星期天吗？
C5	你还记得你曾辜负过朋友的信任吗？
R6	作为一个成年人，你是否曾被解雇过？
7	你现在是在美国吗？

续表

题号	问题
C8	你是那种会一错再错的人吗？
R9	作为一名成年人，你是否曾犯下过严重的、未被发现的罪行？
10	你现在是在英国吗？
C11	你是那种会通过撒谎来摆脱麻烦的人吗？
R12	在过去的5年中，你是否有任何吸毒的行为？
C13	是什么原因让有的人会说你是一个人品不好的人？
R14	在过去的5年中，你是否曾偷过任何价值超过50美元的东西？
15	你有没有刻意做一些事来试图通过本次测试？

完整的测试题共有15道。测谎人员在测前访谈时会告诉被测者，这15个题主要分为三种类型。

第一种是"**真相问题**"，是一些正在发生的事情，如第一题"今天是周六吗"，因为今天确实是周六，所以他的回答"是"是诚实回答。而第四题"今天是星期天吗"，他应该诚实回答"不是"。

第二种是"**成人行为问题**"，也就是第R6、R9、R12、R14。需要说明的是，被测者本人是看不到具体题号的。在审查这些问题时，定义每个问题很重要，所以需要向被测者详细说明。如第R12题中所说的"吸毒的行为"，指的是被测者自己确实在使用毒品。比如，"走在街上或身处某环境中，别人吸食毒品，而你闻到了烟雾；或者你参加聚会，在聚会上因为旁边人吸食可卡因，你偶然尝试了一下"。这些都不算本题的"吸毒行为"。在R9中所说的"严重罪行"指的是重罪，如强奸、杀人、纵火、盗窃汽车和猥亵儿童。不包括酒驾、超速等轻罪或违法行为。

第三种是"**性格问题**"，也就是第C5、C8、C11、C13。测谎人员会对被测者这样介绍这类问题："用人单位曾经请心理学家对他们的优秀员工进行过性格测验，发现了最优秀员工的一些性格特征。所以我会问一些性格相关的问题。"

事实上，我们在前面已了解过测谎的基本编题技术，从"专业的角度"看就知道，这些问题题号中的字母已经表明他们真正的问题类型，R代表相关问题，C代表对照问题，而没有字母的则是不相关问题和一些牺牲相关问题。所以此测试其实使用的是对照问题测试法CQT。事实上，人事筛选测谎基本上都是使用CQT技术。不仅如此，我们还知道具体如何评分，也就是比较相关问题与对照问题的反应大小。如果相关问题反应明显大于对照问题，则被测者可能不是"合适"的人。

不过，我们现在看到的这些问题，是经过多年修改完善后的版本。在早期，或者某些特殊职业招聘中，一些被认为可以预测未来行为或者政治忠诚度的"成人行为问题"非常富有争议性。

1990年，一位刚从法学院毕业的男性大学生申请自己向往很久的CIA实习生的职位。在通过初试以后，他飞到CIA总部，西装笔挺、意气风发地参加面试，并接受了他早早就被告知的测谎测试。可是当测试开始后，他心情急转直下，第一个让他困扰的问题出现了："你是否曾吸食过毒品？"因为他是大学兄弟会骨干成员，曾经确实有其他成员在他面前吸食毒品，他不可避免地被动吸入了一些毒品烟雾。他不知道应该怎么回答，当还在困扰答案时，另一个问题砸过来："你和男人发生过关系吗？"这个问题涉及他童年的一个黑暗秘密，大约7岁的时候，曾经与自己的表弟有互相抚摸隐私部位的行为。他又不知道如何回答这个问题，"我的焦虑上升了"，他后来写道，"就像一个长期被忽视的、布满灰尘的东西，突然动起来"。当他给出否定的回答时，"（测谎仪的）指针疯狂地在纸上来回滑动——说谎"。然后他急忙转向测谎人员"坦诚我当时所有的想法，并请求重新测试"。这次他回答"是"，但是测谎结果仍是"有欺骗

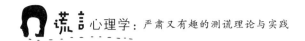

迹象（DI）"。多年以后，这名CIA的落选者成了一名记者，他仍耿耿于怀"我至今也不知道我当时是说谎了还是没有说谎，而怎样的反应是正确的"。

第十一章

测谎仪审讯实践（案例研究）

测谎结论在全世界范围内很少能被作为证据使用，但已经成为不少国家常规的刑事案件调查工具。在我国，测谎技术已经应用得非常广泛了，特别在北京、上海等地的公安系统中已经设置有专门的测谎技术部门。结合我国几十年的测谎实践检验，初步的结论是：测谎技术对我国大多数刑事犯罪案件是适用的，特别是杀人、放火、特大盗窃、抢劫、贪污贿赂、重伤害等类型案件。

不过更重要的是，测谎技术并不是适合所有案件的。

此外，我们经常会出现一种错误认识，即所有的犯罪都是一件事。这种错误被专业人士称为**"犯罪迷思"**。事实上，犯罪是个很大的概念，性犯罪和财产犯罪一般情况下是完全不同的事情。测谎实践中也发现，对于不同类型的案件，由于性质不同，犯罪的后果不同，因此被测者的关注重点也不同。相应地，测前**犯罪心理分析**不同，最后编制的测试问题也不一样。因此，我们就比较适合使用测谎技术的真实案件分类进行介绍。

11.1　杀人案件的测谎

杀人，就是使他人死于非命。这里的杀人案件，是指我国《刑法》第232条所规定的故意杀人罪，即非法剥夺他人生命的行为。**杀人罪一直被认为是严重的罪行，成功侦缉到杀人凶手常常被当作警方办案能力**

的最直接体现。所以在处理杀人案件时，警方往往会使用到所有可能的侦查手段和最先进的刑事科学技术，其中当然包括了测谎技术。

因为我国对致命性武器如枪支管控比较严格，导致杀人案件以刀具为主，当事人之间互动相对较多。另外，研究数据发现，75%以上的杀人案件当事人双方往往是认识的，且是有前因的，如感情纠纷，这使得杀人案件有比较多的可供测谎测试的关键点。所以，**杀人案件是比较适合使用测谎技术的**。

从测前犯罪心理分析的角度看，杀人案件一般具有如下的一些特点：

1. 犯罪人与被害人之间往往有明显的纠葛，随机选择陌生被害人的情况相当少见。换句话说，犯罪人杀人是有动机的，或者都是有原因的，而且动机应该是比较强烈的。对于一般人来说，动机需要达到一定强度才能够让人不计后果去杀人，因为"杀人偿命"是一般人都知道的常识。前面我们已经提到，每个人犯罪的动机其实都是独特的。测谎人员或侦查人员可以通过调查大致判断出犯罪的动机，但往往不是完全精准的。真正的、具体的原因其实只有犯罪人知道。例如，在一起杀人案件中，被害人及其家人都身中几十刀，这显然超出了"杀死一个人"所需的正常"刀数"，所以测谎人员或侦查人员会根据分析认为：犯罪人的作案动机是为了泄愤，这可能是仇杀。但是真实情况是否如此？以及是因为什么具体的问题导致仇恨，其实只有犯罪人才知道，而有时候被害人都不太清楚。所以，犯罪动机是杀人案件一个比较好的测试关键点。

2. 对于犯罪人来说，杀人是一件非常严肃、重要的事情，所以他希望成功且自己不会有损伤。因此犯罪人在事先都会有一些计划，如他是如何见到被害人的、如何准备凶器等。不过在有些情况下，犯罪人决定犯罪仅仅在一瞬间，也就是临时起意。不过即使是临时起意，也是需要一定的作案工具的，只是它们可能是从现场直接获得的。所以杀人工具的来源也是一个测试关键点。

3.杀人过程中犯罪人与被害人之间常常会有一些互动。或者犯罪人在犯罪现场都是按照一定的顺序完成整个犯罪活动。例如，真正实施杀害行为之前有哪些互动；具体实施侵害行为的方式、手段为何；是否顺利；是否与计划或者预想的不一样；等等。这些犯罪人一般都记忆深刻，而且也只有犯罪人自己对这些过程心知肚明。

4.杀人之后，犯罪人会有一些毁尸灭迹的行为，特别是哪些将来可能会被作为线索追踪到他自己的，或者称为定罪证据的，犯罪人一般都会想办法处理掉。而测谎测试的强大之处就在于，有时候犯罪人可以清理掉这些物品，但是他的记忆是清理不掉的，甚至清理的过程反而又成了最好的测试关键点。

案例研究

案情简介：居民王甲一家三口被人杀死在家中。现场勘查发现：王甲妻子在自家客厅被刀（法医鉴定很大可能是菜刀）砍死，身中7刀；丈夫王甲被同样的凶器砍死在夫妻的卧室里，身中20多刀；而他们的女儿王乙则被杀死在自己的卧室里，身中10多刀。犯罪人在犯罪后有清理打扫现场的行为，导致现场有价值的线索很少。现场没有找到凶器，也没有找到任何菜刀，这与常识不符。因为一般的家庭至少会有一把菜刀。案发后，警方对周围居民进行了调查摸排工作，获得了一些有价值的线索。丈夫王甲曾有外遇对象，而且外遇对象的丈夫张某知情，也很生气，曾找王甲争执过。因此，警方很快将张某作为头号嫌疑人进行调查讯问。在这种情况下，警方决定引入测谎技术帮助打破僵局。

测谎目标：警方期待测谎技术至少能帮助确定张某是不是真的犯罪人，从而对下一步工作提供参考意见。

测谎人员首先充分了解了案情，判定本案为典型的故意杀人案件，比较适合进行测谎。然后在办案警察的帮助下，进行犯罪心理分析以后，编制了如下的测谎问题，且以**犯罪知识测试法GKT**为主：

表11-1　对张某的测谎问题

问题类型	问题
不相关问题（I）	你是叫张某吗？
不相关问题（I）	你今年是41岁吗？
牺牲相关问题（Sr）	你记得去年11月23日晚上王甲一家三口被害的事吗？
牺牲相关问题（Sr）	这个案件，你看见是谁做的吗？
S	你怀疑是谁做的吗？
K	你知道是谁做的吗？
Y	是你做的吗？
测试主题：作案人数	王甲家三口人被杀，你是觉得他们该死吗？　*
	案犯杀人，是一个人自己做的吗？
	是两个人一块儿做的吗？
	是三个人一块儿做的吗？
测试主题：犯罪动机	杀害一家三口，是因为工作上的事吗？　*
	是因为感情吗？
	是为了搞点钱吗？
	是为了出口气吗？
	是有其他原因吗？
测试主题：凶器来源	作案人用的刀，你是不知道从哪里来的吗？　*
	是进房以后找的吗？
	是自己带来的吗？
	是从厨房里拿的吗？
测试主题：作案时间	案发那个晚上，是9点钟以前作案的吗？　*
	是9点以后作的吗？
	是10点以前作的吗？
	是10点以后作的吗？
	是11点以前作的吗？
测试主题：灭证行为	案犯杀人以后，是到阳台洗手了吗？　*
	是把血衣和刀拿走了吗？
	是把东西泡在水池里了吗？
	是把地板擦干净了吗？
	是把房间灯关掉了吗？

续表

问题类型	问题
测试主题：证据（如刀）去向	作案人杀人以后，是马上跑了吗？*
	是从河边跑了吗？
	是从街上跑掉了吗？
	是把刀扔河里了吗？
	是碰到什么人了吗？
结束题	作案人现在是很后悔吗？

需要说明的是，每个测试主题的第一题（用*号标出）主要有两个作用，一是点题，告诉被测者接下来的一系列（一般是3~4个）问题是关于什么主题的。另一个作用则类似于牺牲相关问题，用于克服首题效应影响。当进入一个新的主题时，被测者一般都会因为是新的内容而出现认知唤醒。这时候生理曲线可能会有所上升，但可能并不是因为有罪，而是认知唤醒导致的。所以这个首题的数据是不纳入最后的评分的，会牺牲掉。正因为如此，**首题一定不能是正确答案**。否则，出现强烈反应后无法确认是因为首题效应还是因为有罪导致的。

测谎结果：张某在接受完测试后，通过测谎数据分析，并结合访谈、表情和动作观察，测谎人员最后给出了"无罪"的结论。

这样的结果虽然达到了最初的目的，但是办案民警很难接受，因为没有其他证据证明测谎结论是否准确。警方又面临了新的问题，即要不要按照这一结果来决定下一步工作的方向？在这种情况下，测谎人员和警察商议后决定把三名报案人纳入测谎测试。事实上，这三名报案人从来都没有成为警方调查的嫌疑人，只是作为与案情有所关联而被纳入了测谎。

这三名报案人的测试问题与张某的一致，只不过第1题和第2题根据每个人具体的情况有过改变。

最后在这三名报案人中发现了一名数据异常者。该名数据异常者名叫吴某，在测试过程中采用了反测谎对策——控制自己的呼吸。但测谎仪本身就包括呼吸指标，所以能非常容易地发现这种反测谎行为。所以反测谎不仅没有帮到吴某自己，反而帮测谎人员做出更有信心、更准确的判断。最后通过测谎数据分析，并结合访谈、表情和动作观察，测谎人员给出了"有罪"的结论。

经过测后审讯，吴某供认了自己犯罪的事实：他一直有赌博的嗜好，并欠下了一笔大额的赌债。因为到了年底，被债主逼债，所以去平时关系好的王甲家借钱。但没想到被直接拒绝了，他一气之下杀害了王甲全家。因为是临时起意，所以凶器就是王甲家的菜刀。事后他冷静下来，也很后悔，但大错已经铸成。吴某曾经接触过一些刑事侦查与反侦查的知识，所以他事后有比较专业的掩盖或破坏犯罪现场的行为。同时，也导致他在测谎时采用了控制呼吸的反测谎措施，因为他比一般人稍微多了解一点测谎仪。

案例总结：测谎测试可以为案件突破提供参考，让无辜者（最初的头号嫌疑人）洗脱了嫌疑，而且可以协助从被忽略的犯罪嫌疑人当中找到了真正的犯罪人。测谎技术在本案中的作用是非常关键、确实的。可见，**测谎其实不仅只是协助认定犯罪人，它也可以被用来协助排除无辜者**。

11.2　纵火案件的测谎

纵火案件是指涉及放火罪的刑事案件。所谓放火罪，是指我国《刑法》所规定的故意放火焚烧公私财物，危害公共安全的行为。放火罪的客体是公共安全，即不特定多人的生命、健康与重大公私财产的安全，放火焚烧的对象通常是国家的、集体的或者他人的财物。放火罪在主观方面表现为故意，即明知自己的放火行为会引起火灾，危害公共安全，并且希望或者放任这种结果发生的心理态度，包括直接故意和间接故意。

从测前犯罪心理分析的角度看，纵火案件是非常有特色的、与心理学关系较为密切的案件类型，所以我们常在一些犯罪心理学研究案例中看到纵火案件的专门研究。这是因为：

1.纵火后果影响范围广，当场所有人都会看到冒烟放火，所以与其他类型案件不同，犯罪人是想让所有人都知道有纵火行为发生。

2.纵火都是故意的，也就是说是有明显的动机，如泄愤报复、嫁祸他人、湮灭罪迹等。

3.纵火要达到目标，事前需要考虑到用什么东西来助燃、具体从哪里点火、火势要控制到多大范围等。

4.点完火后，纵火者必须离开纵火点，否则就会被赶来灭火的人发现。但是他又不能真正地离开现场，因为他需要知道具体的火势是不是如预期。所以纵火者常常会待在现场，假装成普通旁观者。

5.还有一些犯罪心理学家认为，纵火者之所以不离开现场，是因为他们需要通过观看火势来达到心理上的满足感。

6.由于现场救火进出人员多而杂，有时候为了救火现场会有大量积水或灭火泡沫。所以当灭火以后再勘查现场，一些有价值的物证如指纹、脚印等都已经被破坏。测谎技术就成了少数可用的调查手段，所以它特别适合纵火案件的调查。

由于纵火案的这些特点，从测谎编题的角度分析，纵火案件可以围绕着以下主题展开：

（1）纵火案件的点火过程是非常短的，其具体的过程在纵火者的心理记忆中是比较模糊的，因此，这个过程并不是编题的好主题。相反，纵火者往往对准备过程和事后处理一些东西的情况记忆比较深刻，是我们编题的重点之所在。

（2）测谎人员通过测前犯罪心理分析，必须弄明白什么人在什么地点、什么时间和什么情况下最先发现起火，起火点在什么地方、是一处还是几处，引火物是什么、是纵火者自备的还是现场上原来就有的，纵火者在现场上有无遗留其他痕迹、物证，等等。

（3）测谎人员还要分析当时救火的情况。因为有些纵火者往往会留在现场，甚至参与救火。因此，要详细询问参加救火的情况，如果有必要，可以考虑对所有参加救火的人员进行测谎。了解救火中的一些情况，包括有哪些人参加了救火，谁进入现场，对现场做了哪些变动，在救火中听到、看到了什么情况，这些都可能成为编题的关键点。

（4）注意发现可能的引燃物。在火灾现场周围及起火地点的灰烬中，寻找带有纵火痕迹或引火的物证，如装有油类的容器，浇有油类的木材、稻草、废纸、刨花及火柴、香烟头等。这些引燃物的来源、去向，以及具体使用过程也是很好的测试主题。

案例研究

案情简介：某日凌晨3点左右，某部队的两位基层干部从外面吃完宵夜回来，发现后勤部办公大楼六楼有烟，有失火的迹象。两人准备一起上楼查看的时候，发现军需科科长陈某从办公大楼里出来。于是，三人一起来到六楼，发现六楼会议室着火。三个人马上找到灭火器灭火，并找其他的人来救火。20分钟以后，现场的火全部被扑灭。现场勘查发现，六楼会议室是一个能够容纳三十多人的房间，会议室的门是双扇门，呈关闭状态。门的把手上用一条锁链锁住，锁头呈关闭状态，锁头完好，没有撬锁的痕迹。不过锁链较长，即使锁着时两扇门仍可推开二三十厘米的宽缝，身体不太胖的人可以钻进去。在救火的紧急状态中门框上的大玻璃已被人砸碎，作为救火的出入口。起火点是在靠门椅子的椅垫上，现场还发现了没有烧尽的固体酒精、烧残的毛巾和报纸以及两块未见燃烧痕迹的固体酒精。根据消防人员的判断，3点左右案发，火未烧大，估计燃烧时间不长（20～30分钟），所以推测放火时间在凌晨2点半左右。

经调查发现，这个部队的门岗制度非常严格，楼外有卫兵站岗，大楼进出口处有值班室。门岗和值班人员均证实，起火当晚没有看见外人出入大楼。因此，结合现场勘查的情况，可以认定外部人员进来作案的可能性很小，后勤部内部人员作案的可能性比较大，且作案人对作案现场很熟悉。侦查人员很快就查明，当晚在办公楼内的共有8个人。其中军需科科长陈某因为案发时被人看到正从起火大楼走出，所以嫌疑较大。但陈某是当天的值班人员，并且解释说："我一直在坚守岗位，没去过别的地方。约2点多钟，我去楼里上了一趟厕所，出楼门的时候碰见他们两个慌慌张张朝我喊'大楼失火了'，我就赶紧随他们去救火了。"听起来也似乎合情合理，而且很多细节也可以相互印证。

此外，现场确实提取到了一些比较清晰的指纹和脚印，但由于现场救火进出人员多而杂，不好认定哪些是纵火者留下的，哪些是正常进出会议室或救火的人留下的。在这种情况下，案件侦查人员决定使用测谎技术。

测谎目标：期待测谎技术从8名嫌疑人中找到真正的纵火者，或者说希望厘清头号嫌疑人陈某的嫌疑。

测谎人员首先充分了解了案情，判定本案为比较典型的纵火案件，比较适合进行测谎测试。然后在本案侦查人员的帮助下，进行犯罪心理分析后，编制了如下的测谎问题，且以**犯罪知识测试法GKT**为主：

表11-2　对本案嫌疑人的测谎问题

问题类型	问题
不相关问题（I）	你是叫××吗？
不相关问题（I）	你今年是××岁吗？
牺牲相关问题（Sr）	你知道某日晚上后勤大楼会议室被烧的事吗？
S	在会议室放火，你怀疑是谁干的吗？
K	你知道是谁干的吗？

续表

问题类型	问题
Y	是你干的吗？
测试主题：犯罪动机	在会议室放火，是因为自己有毛病吗？　*
	是临时想到这么干的吗？
	是早就准备好的吗？
	是因为工作上的事吗？
	是为了报复谁吗？
	是想给领导难堪吗？
	是为了出口气吗？
测试主题：作案时间	放火的人那天晚上，是在10点多钟干的吗？　*
	是在11点多钟干的吗？
	是在12点多钟干的吗？
	是在1点多钟干的吗？
	是在2点多钟干的吗？
测试主题：事前准备	放火用的东西，是很早就带进楼里的吗？　*
	是用瓶子装着的吗？
	是用报纸包着的吗？
	是用铁罐装着的吗？
	是用毛巾包着的吗？
	是用塑料袋装着的吗？
测试主题：事后行为	放火的人放火以后，是马上跑了吗？　*
	是从门钻出来的吗？
	是看着火起来的吗？
	是带着火出来的吗？
	是一直躲在楼里边吗？
	是去过卫生间了吗？
	是又上楼救火了吗？
结束题	作案人现在是很后悔吗？

需要说明的是，在本案中有多个嫌疑人，但测谎每次只能对一个人进行测试。因此，存在着一个先后顺序问题。测谎测试建议的规则是：**将嫌疑最小的被测者放在第一个测试**。这种做法背后的想法是：这个嫌疑最小的被测者是最可能为无辜者的人，我们可以通过测谎建立一个基线（即无辜者的反应水平），后面的数据可以与之进行比对。不过有趣的是：**有时候嫌疑最小的人反而是真正的犯罪人**。所以测试时，还是要特别谨慎。基于这样的规则，本案例第1个和第2个接受测谎的是从外面吃宵夜回来发现失火的两名干部，因为他们肯定是8个人中嫌疑最小的。而头号嫌疑人陈某被放在了第3个接受测谎的位置上。

测谎结果：前两名嫌疑人在接受完测试后，通过测谎数据分析，并结合访谈、表情和动作观察，测谎人员最后给出了"无罪"的结论。

第3名被测者陈某，测谎人员给出了"有罪"的结论。

但是测谎测试并没有停下来，而是将后面的5人都一一测试完，并且都给出了"无罪"的结论。

全此，测谎人员非常有把握地给出了最后的结论：嫌疑人陈某是本纵火案的作案人。

经过测后审讯，陈某承认了自己犯罪的事实：陈某因为与上级关系不好，为了发泄自己的不满，想到了纵火的方式。而单位出现失火事件，无论是什么原因，都可以让领导难堪。此次放火，是早就计划好的。他先让自己的一个心腹从食堂拿出一些固体酒精放在自己的办公室。在放火当天的凌晨2点左右，陈某趁大家离开办公楼的时机，溜进六楼会议室放火。在放火后，他曾去洗手间洗掉手上遗留的固体酒精。

案例总结：本案例特别适合使用测谎技术。一是因为是纵火案件；另一个更重要的原因是，本案的真正作案人肯定是在8名嫌疑人当中。如果再严格一点，是在6名嫌疑人中，因为有2名从外面吃完宵夜回来的人肯定不是。基础概率其实就已经是16.7%了，这意味着测试准确性已经有所保证了。测谎只需要找到6人中数据最异常的就可以了，相对比较简单，而且准确性较高。可见，此案反映的测谎作用主要是从已知的嫌疑人中找到真正的犯罪人。此外，因为陈某其实是侦查人员测前已经高度怀疑的嫌疑人，所以，本案的测谎技术还帮助侦查人员克服了疑虑、坚定了信心。

11.3　重大盗窃案件的测谎

盗窃是指秘密盗窃公私财物的行为。这里的盗窃案件，是指我国《刑法》第264条所规定的盗窃罪，即以非法占有为目的，盗窃公私财物数额较大或者多次盗窃、入户盗窃、携带凶器盗窃、扒窃公私财物的行为。目前，我国测谎技术还不是特别普及，所以一般来说，只有重大盗窃案件才会用到测谎仪。按照现行标准规定：盗窃数额在2000元以上的，或虽不足2000元但情节或后果严重的，立为**重大**盗窃案件。本案例研究的内容只适合重大盗窃案件，对于普通盗窃案件的适用性尚不确定。

从测前犯罪心理分析的角度看，盗窃犯罪的显著特点在于：犯罪人是以各种方式，掩人耳目，要达到秘密窃取财物的目的。因此，盗窃犯罪人经常在作案时间、作案场所、作案手段上精心准备，精心预谋。

所以，从测谎编题的角度分析，盗窃案件可以围绕以下主题展开：

（1）盗窃犯罪除一些临时见财起意者外，大多具有预谋性，作案之前就进行一些准备，选择作案对象和作案时间，准备作案工具，设想一旦被发现后的应急对策，甚至对一旦作案成功后如何支配盗窃的财物，都作了计划。因此，如果作案工具不是现场的物品，应该能够判断出犯罪人是早有预谋的。但是也不能排除一些职业盗窃分子，随身携带犯罪工具，见有可下手的对象，临时决定实施盗窃行为。相反，对于一些临时起意的偶犯，由于是临时决定作案，身边没有适合作案的工具，而往往就地取材，使用现场的一些物品，使用完也往往随手扔在现场。

（2）盗窃的犯罪手段以谨慎、隐蔽为特点。但这种隐蔽、谨慎，并不是说他们只在月黑风高之夜去作案，而是犯罪人的一切行为都是以隐蔽自己为出发点。因此，根据犯罪现场的痕迹分析，看犯罪人是否有意在掩盖自己的罪行。

（3）从心理学的角度看，盗窃犯罪是最容易使人产生犯罪习惯的类型之一。因为盗窃作案的成功，能极大地膨胀贪婪的欲望；而如果作案不成，则可能在补偿心理支配下继续作案。多次盗窃犯罪的结果，使其练就了一定技能，令其犯罪行为更具有冒险性、更猖狂，甚至会使之形成盗窃的癖好、习惯，从而成为惯犯。例如，有惯犯表示："如果我偷不到别人的钱，比我自己丢了钱还难受。"如果测谎对象是盗窃惯犯，那么他们可能在本案之前从事过多次其他盗窃行为，所以如何控制前科盗窃行为对测谎的影响，是测谎人员需要特别考虑的问题。

（4）对于重大盗窃案件来说，被盗的往往是一些贵重物品，一般人很难接触到，盗窃现场也一般会安装安全措施。因此，此类案件的作案人可能会拥有一定的专业工具和技能，在编题中应格外注意增加此类测试关键点。

案例研究

案情简介：

某年9月12日，某银行工作人员上班时发现门房守卫不在，感觉蹊跷，快速走向金库。金库门如日常一样关闭，但打开后发现金库灯亮着，金库内所有现金（包括外币）被盗。根据现场勘查发现，防盗报警装备被人用正确的密码撤防，而且4道铁门也都被人用钥匙打开。而金库的电开关藏在门后的隐蔽处，不熟悉的人根本找不到。因此经过对现场的勘查、分析之后，侦查人员初步认定有内部人参与作案，并确定了11名犯罪嫌疑人。

需要特别指出的是，由于制度问题，几乎没有一个嫌疑人可以同时掌握密码和4把钥匙，因此在11名犯罪嫌疑人中很可能有两名或两名以上有罪者。但警方通过各种推演，也不能完全排除只有一人作案的可能性。此外，如果是多人作案，他们之间可能早就形成了"攻守同盟"，所以每名嫌疑人提供的信息都不能完全相信，即使存在互相印证的情况。而测谎技术并不太受被测者说什么影响，更关注的是被测者在想什么。在这种情况下，案件侦查人员决定使用测谎技术。

测谎目标：期待测谎技术从11名嫌疑人中找到盗窃金库的同案犯，可能是一名，也可能是多名。同时期待测谎能够帮助打破同案犯之间的"攻守同盟"。

测谎人员首先充分了解了案情，判定本案的犯罪人非常可能在嫌疑人中，且细节较多，比较适合进行测谎测试。在本案侦查人员的帮助下，进行犯罪心理分析以后，编制了如下的测谎问题，且以**犯罪知识测试法GKT**为主：

表11-3　对本案嫌疑人的测谎问题

问题类型	问题
不相关问题（I）	你是叫××吗？
不相关问题（I）	你今年是××岁吗？
牺牲相关问题（Sr）	你知道11日晚上银行金库被盗的事吗？
症候问题（S）	除了金库被盗，你会担心问到你其他事情吗？
S	金库被盗，你怀疑是谁干的吗？
K	你知道是谁干的吗？
Y	是你干的吗？
SKY补充1	是有人叫你一块儿干的吗？

续表

问题类型	问题
SKY 补充 2	是你叫别人一块儿干的吗？
测试主题：犯罪动机	盗窃金库的人，是穷得没钱花吗？　*
	是急需用钱吗？
	是为了女人吗？
	是为了买房子吗？
	是临时起意吗？
	是早有打算吗？
测试主题：事前准备	盗窃金库以前，作案人是和别人商量过吗？　*
	作案人当时，是在发案前十来天商量的吗？
	是在发案前五六天商量的吗？
	是在发案前一两天商量的吗？
	是在发案当天商量的吗？
测试主题：工具来源	金库被盗时，是没有锁门？　*
	作案人当时，是用钥匙开的门吗？
	是用自己的钥匙吗？
	是用配的钥匙吗？
	是用工具撬开的门吗？
	是里面有人给开的门吗？
测试主题：赃款去向	被偷的钱现在，是还在银行里吗？　*
	是马上被分掉了吗？
	是放在自己家里了吗？
	是放在别人家里了吗？
	是不知道去哪儿了吗？
	是给其他人了吗？
结束题	作案人现在，是想主动讲清楚，从轻处理吗？

需要说明的是，在本案中也有多个嫌疑人，按照同样的规则，**将嫌疑最小的被测者放在第一个测试**。此外，此案的特殊之处在于，有罪者可能有多名且肯定有过串供行为，所以还要考虑帮助警方打破可能的"攻守同盟"。所以我们使用了一些让被测者区分主犯和从犯的暗示性题目："是有人叫你一块儿干的吗""是你叫别人一块儿干的吗"，特别是最后的结束题，一般都会用"作案人现在是很后悔吗"，但是本案进行了修改，变成"作案人现在，是想主动讲清楚，从轻处理吗"，主要是通过提问，暗示有罪者：测谎已经把所有人测出来了，你应该最早出来交代，争取从轻处理；如果别人先交代，那么你就不属于主动供述，就失去机会了。

测谎结果：11名嫌疑人在接受完测试后，通过测谎数据分析，并结合访谈、表情和动作观察，测谎人员最后对其中9名给出了"无罪"的结论，另外2名则给出了"有罪"的结论。

这2名被诊断为"有罪"的嫌疑人分别叫向某和张某，测谎人员比对分析了他们的测谎数据，发现张某在结束题"作案人现在，是想主动讲清楚，从轻处理吗"以及"是有人叫你一块儿干的吗"上反应比较强烈，认定其可能是"从犯"。另外加之张某年纪也比较小（29岁），因此被作为重点突破对象，进行了测后审讯。

经过测后审讯，张某首先承认自己犯罪的事实，而另一名犯罪人向某随后也认罪：向某在本地银行系统工作，爱人也在当地不错的商业企业工作，家庭条件在当地也算富足。但向某前几年染上了赌瘾，先后输掉了11万元钱。为了还赌债，他又贷款办企业、又做生意，但哪样也没干好，债务越积越多，竟高达90多万元。被巨额债款压得走投无路的向某，盯上了单位的金库。但他考虑到金库的安防，觉得自己单人作案风险很大，于是说服自己的同事张某共同作案。张某刚入职时是向某带领熟悉业务，所以两人除了是同事，也有着师徒情谊，平时关系就很好。而张某因为要结婚，一直为房、车发愁，所以最终也被说服。不过案发后，张某已经万分后悔，也曾动过投案自首的念头，但因案前与自己的师傅立下了"攻守同盟"，也抱着一些侥幸心理，所以一直也没有真正去投案。

案例总结：本案除了认定有罪者，测谎技术还起到了辅助警方审讯的作用。通过编制有针对性的问题，分化了"攻守同盟"，找到了审讯的突破点。

11.4 抢劫案件的测谎

抢劫案件是指涉及抢劫罪的案件类型。抢劫罪，是指以非法占有为目的，当场使用暴力、胁迫或者其他方法，强行劫取财物的行为。所谓的暴力，是指对财物的所有人、管理人和看护人实行身体强制，包括捆绑、殴打、伤害、杀害等强暴行为，使其不能或者不敢抗拒，而当场交出财物或者抢走财物。在多数情况下，犯罪人都持有凶器。所谓胁迫，是指以暴力相威胁，对被害人实行精神强制，使其产生恐惧，不敢反抗，被迫当场交出财物，或者不敢阻止犯罪人而任其将财物劫走。所谓其他方法，是指采取暴力、胁迫以外的使被害人不知反抗或者丧失反抗能力的各种方法。例如，用酒灌醉、用药物麻醉等方法。抢劫罪不仅侵犯了财产利益，同时还侵害了他人的人身权利。这是抢劫罪不同于其他的侵犯财产罪的重要特征。

抢劫其实是测谎技术运用比较少的案件类型，因为很多此类案件在发生过程中或者刚发生完就被警方发现了。警方常常面对的困境是犯罪人或者嫌疑人已经逃离了犯罪现场，甚至所在的城市。所以在很长的时间里，警方没有找到任何嫌疑人。没有嫌疑人，自然也用不到测谎仪。但是仍有一些案件情况有所不同，使用了测谎仪。从目前实践的效果来看，如果已有嫌疑对象，抢劫案件对于测谎测试来说，还是可使用的。

案例研究

案情简介：某年12月17日晚，某市发生了一起杀人抢劫金行案。犯罪人先进入金行杀死了值班员工，然后用氧割割开金行保险柜，抢走价值百万元的黄金饰品。警方接到报案后，到达现场发现，现场条件差，有用的物证很少，侦破难度大。不过有一个比较有价值的点——犯罪人使用了氧割工具，而且工具并没有留在现场。所以警方进行了大量排查，重点为会氧割技术的人员。然后再结合是否为刑满释放人员、是否有不在场证据，以及一些外围的调查信息，最后确定了7名犯罪嫌疑人。但想要进一步推进工作，认定真正的作案人却非常困难。在这种情况下，有办案人员建议采用测谎技术。

测谎目标：期待测谎技术从7名嫌疑人中找到真正的作案人。但也有很大可能，所有的嫌疑人都是无辜的。

测谎人员首先充分了解了案情，判定本案并不是非常适合进行测谎测试的。因为如果7名嫌疑人中并没有真正的作案人，则基础概率是0。换句话说，无论测谎人员如何努力，认定任何人都是错的。但本案也有一点有利于测谎的地方，因为有一些细节如氧割，是外人不知道的，可以作为测试的主题。所以在本案侦查人员的要求下，进行犯罪心理分析以后，编制了如下的测谎问题，且以**犯罪知识测试法GKT**为主：

表11-4　对本案嫌疑人的测谎问题

问题类型	问题
不相关问题（I）	你是叫××吗？
不相关问题（I）	你今年是××岁吗？
牺牲相关问题（Sr）	你知道17日晚某金行的黄金被盗的事吗？

续表

问题类型	问题
S	金行被盗，你怀疑是谁干的吗？
K	你知道是谁干的吗？
Y	是你干的吗？
测试主题：作案人数	这个案子，是5个人合伙干的吗？ *
	是4个人合伙干的吗？
	是3个人合伙干的吗？
	是2个人合伙干的吗？
	是1个人自己做的吗？
测试主题：事前准备	案犯进金行，是从房顶跳进去的吗？ *
	是从垃圾道翻进去的吗？
	是爬二楼窗户进去的吗？
	是喊开门后进去的吗？
	是提前躲藏在里边的吗？
	是用钥匙开门进去的吗？
测试主题：工具来源	作案人是用氧割割开保险柜了吗？ *
	氧割的东西，是作案人自己的吗？
	是找人借的吗？
	是专门买的吗？
	是别人给的吗？
测试主题：赃物去向	被盗的黄金现在，是还在金店里吗？ *
	是马上被分掉了吗？
	是放在自己家里了吗？
	是放在别人家里了吗？
	是处理掉了吗？
结束题	作案人现在是很后悔吗？

需要说明的是，在本案中"使用氧割割开保险柜"是个很关键的

细节，一般来说会作为测试的主题之一。但是实际测试的对象都是熟悉氧割技术的人，所以直接问"打开保险柜用的是什么工具"这类问题，可能所有的嫌疑人都会在"氧割"上有所反应。但原因可能只是他们比较熟悉而已。所以，测谎人员做了一个相应的调整，改问工具的来源。此外，测谎人员也在测试时提高了诊断标准，也就是只有看到特别明显的、典型的有罪反应，且总体评分相对更高的情况下才给出"有罪"的结论。

测谎结果：7名嫌疑人在接受完测试后，通过测谎数据分析，并结合访谈、表情和动作观察，测谎人员最后对其中6名给出了"无罪"的结论，对另外1名则给出了"有罪"的结论。

这名被诊断为"有罪"的嫌疑人肖某，在测试过程中出现了比较明显的坐立不安、控制呼吸等反测谎行为。此外，他在"是2个人合伙干的吗"以及"是用钥匙开门进去的吗"这两题上反应强烈。这是以前侦查人员没有发现的新情况——有内部人员参与此案。

警方马上针对肖某的人际关系展开密切排查，发现了新的线索。肖某的一名男性亲戚肖甲曾在被盗金店做过店员。警方迅速带回肖甲，并对其进行了测谎。测试结束后也给出了"有罪"结论。

经过测后审讯，两人先后承认了自己犯罪的事实：肖某，36岁，曾因盗窃罪被判刑6年，刑满释放后干个体修理，会氧割技术。但一直认为修理工作辛苦不挣钱，整天琢磨着怎么发大财。由于亲戚关系，和肖甲有了交往，并知道肖甲在一家金店工作。后两人开始策划利用肖甲在店里打工的优势抢劫金店。肖某因为有盗窃犯罪前科，具有作案经验和反侦查伎俩，所以让肖甲悄悄复制金店大门钥匙后找借口辞职。为了更好地避开嫌疑，他们在肖甲离职半年后才实施抢劫。事实说明，这种做法其实是成功的，警方确实没有去调查金店已经离职半年的员工。

案例总结：本案例说明测谎技术其实很依赖被测者的表现。如果被测者生理指标表现良好，甚至出现明显的反测谎行为，即使其他条件都不理想，也是可以发挥作用的。但是如果我们反思一下：被测者由于各种原因没有出现上述表现，测谎技术就很可能无效，或者出错。所以，在真实案件测谎实践中，我们一定要始终保持谨慎。因为在很多时候，我们其实没有那么幸运。

第十二章

性犯罪人评估和矫治的测谎实践

12.1　婚姻忠诚测谎

对于许多测谎人员来说，最经常的遭遇就是，身边的亲友会问你是否可以帮助用测谎仪调查下伴侣的忠诚度或彼此之间是否"真心相爱"。

作为测谎人员，在学习测谎历史的时候（如前面我们也了解过），会发现关于此类忠诚度的测试比比皆是。《汉谟拉比法典》规定的"神裁法"所适用的情况之一就是丈夫怀疑自己的妻子不忠但又没有证据，则将妻子投入幼发拉底河，以其是否沉入水底作为判断依据。希腊名医埃拉西斯特拉图斯和盖伦通过"把脉"测谎的对象都是深陷情感的年轻男女。还记得我们最早提到的"测谎石"吗？据说是为了测试大臣的"政治忠诚度"或妻子的"婚姻忠诚度"而设立的。还有马斯顿，这位自诩现代"测谎仪之父"的专家在《瞭望》(LOOK) 杂志上充当婚姻顾问，进行婚姻忠诚度的测谎。

所以，一些学者认为，就像"测谎石"的出现一样，测谎技术的诞生可能就源于忠诚度检验的需要，特别是婚姻忠诚度。

夫妻之间其实很少撒谎

历史上的这些测谎实践，可能让我们产生了一些错误的认知，即认为夫妻之间说谎频率很高，甚至认为女性更爱撒谎。**但科学的数据得出的事实是：其实夫妻之间说谎的频率是最低的**。前面（第二章）我们就提到，关系越亲近的人之间就越少说谎，所以夫妻之间说谎的频率是最低的，大概是每10次社交互动中只有1次说谎。但也有一些例外，其中就包括未婚伴侣之间，他们之间的说谎频率为每3次互动就有1次。另一项研究也发现，未婚的大学生情侣之间说谎的比例为85%。另外，不同年龄层也会有影响，25 ～ 35岁的人群中大约有20%的男性和15%的女性对自己的伴侣说谎，而18 ～ 25岁中有30%的人对伴侣说谎。[1]

　　不过与其他日常谎言不同的是，夫妻或未婚伴侣之间的谎言是非常独特的。一般情况下，夫妻之间很少说谎，而且即使是说谎，也较多的是"他人导向"的谎言，也就是夫妻之间说谎不是为自己，而是为了对方，因为关心伴侣并且不想伤害伴侣的感情，如丈夫隐瞒自己失业的事实。夫妻之间也有一些"自我导向"的谎言，但一般是无伤大雅的小谎，最典型的就是"私房钱"了。这些少量的小谎可以满足与个人关系密切的一些重要的隐私需求，如攒私房钱是为了可以和朋友吃吃喝喝。不过，一旦这种"自我导向"的谎言涉及严肃的事情，那么所带来的伤害可能是日常谎言中最严重的了。

　　有研究要求人们写出自己认为"自己说过的最严重的谎言是什么"，压倒性的结果显示，这些"最严重的谎言"的欺骗目标往往是自己的伴侣。而这些谎言也常常是为了要掩盖严重的问题，如不忠。有时候人们会认为如果不说出真相就不会威胁到婚姻关系，所以，他们会认为说谎更可取。虽然他们可能也不愿意说谎，也常常会因为对伴侣说谎而感到内疚、羞愧。但衡量各种利弊，会发现说谎是他们的

----

[1] Hart C. L., Curtis D. A., Williams N. M., et al., Do as I Say, Not as I Do: Benevolent Deception in Romantic Relationships, Journal of Relationships Research, 2014, 5.（［美］克里斯蒂安·哈特等：《照我说的做，而非照我做的做：浪漫关系中的善意欺骗》，载《关系研究期刊》2014年第5期。）

最佳选择。从某种意义上说，选择说谎或隐瞒是有道理的。因为蒂莫西·莱文（Timothy Levine）的研究就发现，有25%的伴侣在发现另一半在不忠问题上说谎，会马上结束双方的关系。不过，研究还有个很有趣的发现：**很多决定分手的伴侣给出的分手理由并非因为不忠本身，而是因为不忠导致的对自己说谎，即无法原谅的是对方的说谎行为。**①

还有一些统计数据表明，多达50%的男性和40%的女性曾有不忠行为，但其中大多数都没有被发现。其中有部分原因可能与说谎或测谎能力有关。有趣的发现是，**人们倾向认为他们在欺骗伴侣方面比在欺骗其他人方面更成功**。因为他们最了解自己的伴侣，所以会更有针对性地隐藏真实的信息。但与之矛盾的是，对方可能也会因为更了解不忠的伴侣，而更容易发现被欺骗。所以总的来说，随着关系越来越亲密，我们欺骗对方或者识破对方谎言的能力都在提高。另外，正如前面提到的"鸵鸟心态"，有些时候丈夫或妻子不会主动戳破谎言。丈夫怀疑他的妻子有外遇，但避免发现真相。因为如果他发现真相并与妻子对质，那么妻子可能会决定离开他。这可能是丈夫不希望发生的事情。

但这种"鸵鸟心态"只存在在部分人身上，还有一些人在怀疑自己的伴侣不忠时，会选择主动去求证，但常常发现很困难。因为婚恋行为本身相对隐秘，也是一件讲究内心体验的事，而绝大多数不忠的行为又都是秘密进行的。最典型的例子就是一些公众人物的婚外出轨事件。如果媒体没有拍到真正的亲密影像，当事人可以完全不承认，只用解释说是好朋友关系，走得近是正常的。这就是为什么我们常说"捉贼捉赃，捉奸捉双"，也是为什么以前的人类需要求助"神裁"，因为婚姻忠诚度问题确实具有隐蔽性，难以证实。

----

① Levine T. R., Truth-default Theory（TDT）A Theory of Human Deception and Deception Detection, Journal of Language and Social Psychology, 2014, 33（4）: pp.378-392.（［美］蒂莫西·莱文：《真相默认理论：人类欺骗和测谎理论》，载《语言与社会心理学期刊》2014年第33卷第4期。）

这不是测谎的战场

微表情专家埃克曼曾经举过一个利用微表情识别不忠的例子。一名丈夫与人通奸，而妻子有所怀疑，找丈夫询问这件事。丈夫很担心在谈话中露出马脚，所以先发制人，假装对妻子怀疑自己很生气。也就是想用假装的愤怒情绪来掩饰自己真实的担忧、恐惧的情绪。埃克曼认为，通过微表情会发现这种伪装，因为要想让假装的情绪骗过自己的妻子，他必须低眉（属于愤怒的微表情），同时压制住要翘起的眉毛（属于恐惧的微表情）。但这个很难，人可以假装一种情绪，而无法做到与真实感受的情绪一模一样，特别是在微表情上。

约翰·戈特曼（John Gottman）提出了一个很有趣的发现，也可以作为识别此类谎言的方式之一。他发现"蔑视"可能是最大的离婚的预兆，并且声称通过观察夫妻之间是否存在着"蔑视"对方的行为，来预测是否会离婚，据说准确率在90%。不过此说法目前只有这么一个研究，而且样本非常小，并不可信。

虽然马斯顿很早就用测谎仪实施过很多次婚姻忠诚度测试。但事实上，目前很少有专业的测谎人员从事这一领域的实践。一方面是因为存在着道德上或法律上的风险，另一个方面则是因为比较容易失误。其实对于这点，我们很好理解，因为这类测谎的相关问题本身就涉及隐私，具有高敏感性。所以被测者在相关问题上出现"欺骗迹象"，并不一定是因为不忠，而可能仅仅是因为这样的问题让被测者羞愤。

不过很少有人涉及，并不代表完全没有。前几年，曾有一个电视节目，邀请专业测谎人员，对参加节目的男女朋友进行婚姻忠诚度测谎。在这个节目中父母会问自己孩子的追求者一些问题，如：

你喜欢我们的女儿吗？
你对她忠诚吗？

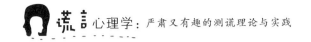

你曾经骗过人吗？

……

这些追求者身上佩戴着测谎仪的传感器，而测谎人员坐在他们身后。被测者回答"是"或"否"，测谎人员则根据测谎仪收集的数据，马上向除了被测者以外的其他人示意他是在说谎（大拇指朝下）还是在说实话（大拇指朝上）。

可以说，这个节目中的测谎非常不专业，不仅违背了测谎的很多实践标准（如测试环境太杂乱、测谎人员坐在被测者后面、只问一遍马上给诊断结论，等等），也可能违背了测谎行业的伦理要求（出于对金钱或名声的渴望，在电视节目中使用测谎仪）。

总之，专业的测谎技术其实不太涉足婚姻忠诚度调查，这不是它发挥作用的战场。不过，在一个与之相近的领域——性犯罪人再犯风险评估，测谎找到了自己发挥作用的立足点，并且获得了难以想象的成功。

12.2　性犯罪人测谎技术

性犯罪也是一种相对隐秘的行为，所以非常依赖自我报告，缺乏客观的判断依据。传统上，在美国，对于性犯罪人的管理和矫治几乎完全依赖于官方的档案信息以及犯罪人的自我报告。通过这些方法所获得的信息往往非常有限，由于羞耻感、社会称许性等问题，性犯罪人可能经常隐瞒与性犯罪有关的高危行为。从而导致很难对其做出正确的评估，矫治效果就更谈不上了。

此外，20世纪六七十年代，在美国，正是测谎仪在各个领域广泛应用，甚至有点滥用的时候，一些法官和测谎专家联手，开始尝试着用测谎仪从性犯罪人处获取真实的信息，以更好地管理他们带来的风险。一项研究结果就很能说明测谎仪在这一领域的价值。该研究发现，使用测谎仪测试缓刑的性犯罪人，发现了他们存在的从未被发现的高危行为，包括吸毒、色情电话或网络聊天、出入色情酒吧，等等。而最令人担忧的是，超过一半的犯罪人（57%）在测谎中承认了跟踪他人行为，表明他们很可能已经处于重新犯罪的边缘。但是在没有使用测谎仪之前，监管他们的缓刑官完全没有发现这一问题。

当时著名的犯罪心理学家，同时也是美国测谎学会董事的斯坦利·艾布拉姆斯（Stanley Abrams）看到了这一新兴领域，和同事进行了系统的对比研究，发现惊人！未经测谎组的犯罪人再犯率为74%，而测谎组的再犯率仅为31%。也就是说，使用测谎仪对已经定罪的犯罪人进行监管，能减少43%的再次犯罪的可能性。艾布拉姆斯将这一技术称为"临床测谎测试"，但很快又改成了一个更专业的、也更长的术语——定罪后性犯罪人测试（post conviction sexual offender testing，PCSOT）。

PCSOT：老瓶装新酒

PCSOT在测试方法上和其他领域的测谎是一样的，虽然也有反对的声音，但总体上得到了几乎是一边倒的支持。它是在测谎百年发展的故事中，最少被质疑的技术。特别是在测谎仪受到强烈攻击和否认的年代，它一枝独秀，也是让测谎仪幸存下来的重要力量之一。所以它也是测谎发展故事中最重要的转折点。

PCSOT出现后不久，美国各个司法管辖区（联邦和各地方）对它的使用数量一直在快速增长。2009年的一项调查显示，在定罪后的矫治计划中使用PCSOT的人数从1996年的30%、2000年的63%、2002年的70%，到2009年的79%。除了美国，加拿大、英国、荷兰，以及其他一些欧洲和亚洲国家也开始使用PCSOT。

相当多的管理性犯罪人的缓刑、假释官员，以及罪犯矫治专业人员，发现测谎仪是一种有用的工具，并认为如果没有它，现在很难有效地完成他们的工作。美国性犯罪人治疗协会已经认可了PCSOT的实用性。美国测谎学会也已经制定了针对PCSOT的测谎标准和从业者指南，以便更好地规范测谎人员使用测谎仪去评估、治疗和监督性犯罪人。

也许是为了让PCSOT摆脱人们对测谎仪的不佳印象，它的支持者坚持强调两者之间存在着根本的不同。

首先，**PCSOT的首要目标是社区安全**，最终目的也是减少新的受害者或是对先前受害者的慰藉与保护。这可能也是民意会站在PCSOT这边的主要原因。近半个世纪以来，性犯罪的案件频频爆出，甚至有些性犯罪人再三犯案，引发了极大的民愤，普遍要求政府对这类人采用高压政策。

其次，支持者认为PCSOT与传统测谎仪不一样，它不是一种审讯形式，而**是一种治疗方法**。它帮助性犯罪人找到自己的问题，并督促自己，是让性犯罪人得到有效矫治（或者说，变得更好）的一部分。

还有就是，测谎仪在性犯罪人管理中的使用并不是作为一种独立的工具，而是作为一种资源，可以整合到一个集体的、专业的、多学科协同的管理团队中。因为要想真正解决性犯罪人再犯问题，需要多学科协作。**管理团队通常由监督人员（如假释官、缓刑官）、矫治人员和测谎人员三方组成，被称为"矫治铁三角"**。而且必要时还可以包括其他的、合格的专业人员，如精神病学家、社工、学校老师、医生、监狱工作人员、研究人员等。各方专业人士可以以独特的、重要的方式为性犯罪人的管理做出贡献，并达到"1+1＞2"的效果。

那么，如此充满希望的PCSOT技术究竟是什么呢？为了快速地了解它，我们引入一个比较经典的案例。

案例研究

一个名叫史密斯的成年男性涉嫌向一名8岁女童展示色情图片而被捕。这名女童是史密斯的邻居，时常到史密斯家玩儿，史密斯和他妻子也时常到女童家做客。但是一次女童从史密斯家回来，告诉自己的父母，她在史密斯家的电脑屏幕看到了一些不雅图片。父母马上报警，警方在史密斯的电脑上发现了一些色情图片，史密斯承认是自己的图片，但否认自己是有意向其展示，只是无意被女童看见。同时，他也否认自己对未成年的8岁孩子有性兴趣。

警方在侦办此案时，向史密斯介绍了测谎技术，并表示如果史密斯想自证清白，可以选择接受测谎测试。最后史密斯同意接受测谎（**第一次测谎**）。测谎结果为史密斯"有欺骗迹象（DI）"，认为他确实是主动向女童展示的图片。后经过**辩诉交易**，史密斯最终被判处了缓刑，并要求在缓刑期间参加社区矫治计划。不过直到定罪，史密斯都坚持自己的说法。

在接受社区矫治的初期，史密斯在与矫治人员的交流中，仍然坚持否认自己对18岁以下女性有性兴趣。不过，他又承认自己在网络聊天室进行视频色情聊天时，对方有可能会有低于18岁的，但是像8岁这么小的孩子他从来没有遇见过。因为社区矫治计划也有测谎测试，按照要求，他需要接受测谎测试（**第二次测谎**）。在测试阶段，测谎人员所使用的相关问题如下：

你是否曾出于性的原因，与未满18岁的人单独相处？
你是否曾出于性的原因，尝试与18岁以下的任何人建立关系？
你是否对任何未满18岁的人有过性幻想？
你是否曾出于性的原因，在互联网上浏览过任何18岁以下的人的不雅图片？

　　史密斯在第三题和第四题上出现了强烈的生理反应，测谎人员给出了"有欺骗迹象（DI）"的诊断结论。在测后访谈阶段，史密斯对于自己没有通过测谎，没有给出合理的解释。但他仍坚持自己的清白，并坚称自己"自缓刑以来"没有做错任何事。负责史密斯的缓刑官，富有经验，而且也是一名心理学家。他通过观察史密斯在访谈中的举止、动作、语气，以及说话的具体内容（即文本），认为他说的是实话。

　　但由于这次测谎没有通过，按照缓刑规定，史密斯在随后不到三个月的时间，又接受了一次测谎（**第三次测谎**）。在正式测试开始之前，也就是在测前访谈阶段，史密斯说他要改变以往的说法。随后他承认了当时他向邻居家女童展示色情图片是有意的。史密斯说，面对前两次的询问，无论对警察还是对缓刑官，他都说了谎，而两次"有欺骗迹象（DI）"的测谎结果让他"倍感压力"。于是测谎人员在这次（也就是第三次）测谎中增加了关于"向那名女童展示不雅图片"的问题，最后的诊断结论是史密斯通过了测谎。在测后访谈时，史密斯表示在测试期间他感觉如释重负，因为他已经坦诚了自己的罪行，也让他确信自己对8岁的女童有不应该的性冲动。同时他进一步坦诚了以前（定罪前）通过视频聊天与未满18岁的人有不当行为，以及自己婚内出轨的事实。

　　而在之后与矫治人员的面谈中，他提出希望下次测谎可以加入一些涉及色情聊天室的问题。因为他下定决心，想要让自己戒掉这一恶习。特别是当他得知，按照规定下一次测谎（**未来的第四次测谎**）会安排在6个月后，他表示更希望能够将时间提早。因为他说，测谎对他的危险想法和行为起到了威慑作用，并相信定期接受测试会对自己起到遏制作用，帮他克制欲望。

　　在这个例子中，如果加上最后计划的6个月后的测谎，史密斯共接受了四次测谎。其中第一次不属于PCSOT，其实就是传统的用于侦查或调查的测谎技术。而后面三次都属于PCSOT。

　　此外，我们还会发现，同属于PCSOT的三次测谎也有所不同，有不同需要完成的目标。由于这种差异，PCSOT目前已经发展出了不同的测试类型。2009年美国测谎学会制定了《定罪后性犯罪人测谎示范政策》，对PCSOT领域的每种测试类型和注意事项进行了全面的规范。不过有的学者建议，根据人事筛选测谎将PCSOT的各种测试类型分为三大类。

之所以要根据人事筛选测谎来划分，是因为PCSOT测试是以传统的人事筛选测谎为蓝本开发的：雇前测谎变成了"性史测试"，雇中特定问题测谎变成了"特定问题测试"，而雇中的定期测谎变成了"监测/保持测试"。

性史测试（SHE）

性犯罪人在供述自己的性犯罪行为时通常会尽量减少侵害人数以及严重性。这不仅是因为他们想避免被判更重的刑罚，也是因为他们对自己的行为感到羞耻。研究表明，在矫治期间，有高达90%的性犯罪人对自己的犯罪历史不能做到完全诚实。而要管理好、矫治好性犯罪人，真正了解他们是最基本的。另外，从犯罪人的角度看，如果连自己所犯的罪行都不能负责任地面对，很难相信他会真的悔改。

所以PCSOT第一个要做的事情就是利用测谎测试对性犯罪人（也是被测者）以往的犯罪历史做一个全面的审查。基于这种目的的PCSOT测试被称为性史测试（sexual history examination，SHE）。按照美国测谎学会的建议，性史测试最好在犯罪人开始接受矫治后不久就进行，并且最好与《性史调查问卷》结合起来使用。《性史调查问卷》由42个项目组成，包括性犯罪人以前的性犯罪、开始犯罪的年龄、被害人的人数、年龄以及类型等。一般由矫治人员和性犯罪人通过访谈完成，而测谎仪主要是来验证犯罪人在完成《性史调查问卷》所提供的信息是否真实。性史测试的相关问题示例如下：

除了你已经说过的，你是否抚摸过儿童的性器官？

除了你已经说过的，你是否曾在公共场所暴露过你的性器官？

除了你已经说过的，你有没有违背女人的意愿与她发生性关系？

除了你已经说过的，你有没有用武器胁迫他人与你发生性行为？

上述史密斯案例中，第二次测谎就属于性史测试，只是审查范围相对较窄。而且我们可以很清楚地看到，本次测谎前后，史密斯披露的信息大为不同。测谎后的信息更多也更真实。研究也发现，性犯罪人在此类测谎过程中确实会披露更多的违法行为。

性史测试可以帮助乔治人员更彻底地了解犯罪人过去的性行为和性偏好，并了解以前从未公开的性活动，如案例研究中史密斯第一次披露了自己婚内出轨的性史。而这些信息帮助了矫治人员对犯罪人进行更全面的评估，制定更有针对性的矫治方案。

而对犯罪人来说，它能帮助犯罪人对之前的犯罪行为负责，培养责任心以及对被害人的同理心，这是"将自己改好"的重要一步。

特定问题测试（SI）

特定问题测试（specific issue examination，SI），又称即时犯罪测试（instant offense，IO）、特定问题否认测试（specific issue denial test，SID）。顾名思义，就是针对某一具体犯罪行为，犯罪人否认自己做过，需要通过测谎测试甄别他是否"欺骗"。简单来说，就是通过测谎来"定罪"。只是这种"定罪"不是由法官做出的，也不会带来刑罚。事实上，最早有人（其实是一些法官）将测谎仪引入本领域也就是出于此目的。由于性行为本身的隐秘性，许多性犯罪案件发生时，只有犯罪人和被害人独处，缺乏其他证人或证据。例如史密斯案中，由于史密斯否认故意展示图片，控方确实难以证明。所以通过辩诉交易，史密斯只承认拥有涉及儿童的色情图片，最后被判缓刑。在这个案例中，原始指控"向8岁女童故意展示色情图片"由于辩诉交易被排除在最终定罪之外。但是在定罪后，进入矫治阶段，管理团队想知道原始指控是否属实。这时候就会对这一特定问题"是否向8岁女童故意展示色情图片"进行测谎，这就是特定问题测试。因为性犯罪人一般如史密斯一样，常常对这类问题是"否认"的，所以又被称为特定问题否认测试。

如果是这种针对犯罪人定罪前罪行进行的测谎，行业中的许多人都认为应将其放在第一次的测试中，也就是所有其他类型的PCSOT测试之前。这很好理解，因为弄清犯罪人是因为什么被定罪而开始接受矫治，是整个矫治工作的起点。此外，这类测试的测试方几乎与警方调查犯罪案件一样，所以相关问题的编制方法也几乎一样。

除了以上这种情况，特定问题测试还包括两种情况：一是在矫治过程中发现犯罪人可能还存在着其他余罪的情况。也就是说，这一罪行发生在定罪之前，因为各种原因没有被发现或被报告过。但是在矫治中被发现了端倪，为了进一步确认是否属实，需要进行测谎。另一种情况则是在定罪后，也就是在假释或缓刑期间，管理人员怀疑犯罪人从事了某种违法犯罪行为而没有报告，为了确认而进行的测谎。

不过要特别强调的是，这种测谎针对的是单一的、特定的犯罪事件，所以它归入"特定问题测试"这一类型下。如果测谎针对的是不确定的，模糊的违反假释或缓刑管理条例的行为，那就不属于"特定问题测试"，而是属于第三种类型的PCSOT测试，即"监测/保持测试"。

监测/保持测试（MM）

PCSOT最重要的功能可能就是监测功能，按照20世纪60年代的一位芝加哥法官的说法，对性犯罪人进行定期测谎，就如同给其装上了"24小时监控的小尾巴"。不过经过多年发展，这一功能现在被细化为两种具体的类型，分别是监测测试（monitor examination，ME）和保持测试（maintenance polygraph examination，MPE），合称监测/保持测试（MM）。

1. 监测测试

测谎仪的一个特别让民众认同的功能就是它可以用于社区风险监控。换句话说，当性犯罪人因为缓刑、假释回归社区，对于社区居民来说，其会有深深的担忧。事实上，这样的担心是有道理的。性犯罪人再犯风险高是经过科学数据证实的，此外也有相当多的不幸案例是由这些进入社区的性犯罪人实施的。虽然他们受监管官员的监督，但是也有很大的漏洞。因为即使是最服从监管的性犯罪人，也不太可能自愿向监管人员说出自己高危险的想法和行为。因为他们担心，一旦告诉自己的监管人员，对方会失望，甚至会采取更多限制性的、不利于自己的措施，如暂停缓刑、召回监狱或额外的定罪。正是因为这个原因，才需要测谎仪的帮助。监测测试的相关问题示例如下：

自上次（测谎）测试以来，你是否触摸过未成年人的性器官？

自上次（测谎）测试以来，你是否与未成年人发生过性关系？

自上次（测谎）测试以来，你是否与未成年人秘密单独相处过？

自上次（测谎）测试以来，你是否与未成年人秘密交往过？

自上次（测谎）测试以来，你是否偷窥过未成年人的裸体？

可见，监测测试主要是针对监管期间（假释或缓刑）性犯罪人是否出现过高风险的、涉嫌犯罪的性行为。换句话说，监测犯罪人是否出现了违法假释或缓刑规定的情况。与前面的一过性的测试不同，监测测试是一种定期进行的测谎，非常类似于人事筛选测谎中的雇中测试。一般建议每 4 ~ 6 个月进行一次，至少不能低于每年一次。

此外，监测测试一般都在不知道性犯罪人是否出现过高风险行为，或者出现哪种高风险行为，也就是没有特定或具体要指控的问题（行为）时进行，所以是一种对未知的探索性检查。通常会根据性犯罪人的性史信息，以及其他渠道的信息（如矫治人员的建议），将最有可能出现的高风险行为纳入，分为3～4个相关问题来进行测试。建议可以首先考虑以下行为：与未成年人发生性接触、与任何年龄的人发生强迫性接触、观看儿童色情、暴露狂、偷窥、跟踪等。

因为本测试监测的是定罪后的行为，所以在相关问题上均需要将时间界定好，也就是在每道题前面将加上"自从假释（或缓刑）以来……"或"自从上一次测试……"

监测测试除了及时让监管人员发现自己监管的犯罪人出现的高危行为，还有一个更重要的作用，就是对试图从事高危行为的犯罪人起到威慑作用。换句话说，当性犯罪人出现犯罪的想法或欲望时，可能会想到马上要接受的测谎测试，担心到时候被揭露，反复权衡后放弃了犯罪的打算。事实上，人事筛选中的雇中测谎也有着同样的威慑作用。GKT的提出者莱肯，即使后来成为测谎仪的重量级反对者，也承认"定期测谎不仅可以获得更完整的报告，也可以起到威慑作用"，不过他还是补充说"但它不应该被解释为对真相的有效的检验"。也就是说，莱肯认为性犯罪人测谎的威慑作用与测谎准确性是两回事。

2.保持测试

保持测试是在监测测试的基础上发展出来的一种新的测谎类型，它的形式，以及一些相关问题的表述与监测测试有一些类似。不过这两类测试的主要目的不同。监测测试主要是检查犯罪人是否出现高风险行为，而保持测试是为了定期检查犯罪人是否一直遵循其既定的治疗和监督指南的技术条款。测谎针对的问题包括禁止使用酒精、毒品、武器、未经授权与未成年人接触、整容行为、违反旅行或住房限制、包括幻想在内的手淫活动、与被害人接触、未经授权使用电脑、违反宵禁、未报告性伴侣、观看色情内容等。

它通常每3～6个月进行一次以确保犯罪人遵守矫治人员对他们的规定与要求。保持测试的相关问题示例如下：

自上次（测谎）测试以来，你是否使用过任何毒品？

自上次（测谎）测试以来，你是否喝过酒？

自上次（测谎）测试以来，你是否打过色情电话？

自上次（测谎）测试以来，你是否在网上和陌生人聊天？

自上次（测谎）测试以来，你是否接触过枪支？

如果某性犯罪人的保持测试是每6个月1次定期进行，那上面的相关问题也可以如下：

最近6个月以来，你是否使用过任何毒品？

最近6个月以来，你是否喝过酒？

最近6个月以来，你是否打过色情电话？

最近6个月以来，你是否在网上和陌生人聊天？

最近6个月以来，你是否接触过枪支？

以上这些相关问题涉及的行为往往是矫治人员根据每个性犯罪人的实际情况，制订的矫治计划的一部分。当犯罪人回到日常生活中，需要按照矫治计划，让自己保持不出现"被禁止的行为"。如果他确实能做到，说明他对矫治的依从性较好。在前面的史密斯案例中，第四次测谎（计划在6个月后进行）针对"出入色情聊天室"这一行为进行，其实就属于一种保持测试。虽然这是史密斯自己提出的，但实际上是多次接受矫治人员的治疗后，得出的一种矫治方案——如果史密斯能够戒掉这一恶习，那么他就能"变好"。

如果从另一种角度看，保持测试解决了性犯罪人矫治中的一个难题——通常很难准确监测犯罪人的矫治进展情况。当矫治人员教给了犯罪人一些新知识——如"如何避免自己打色情电话"，在学习的时候，性犯罪人确实掌握了，但是回到家中，却选择不应用所学这些知识。通过传统的方法（如直接询问）常常很难准确地知道他是否将学习的知识真的融入他的生活当中。保持测试则提供了一个有效的工具来准确掌握治疗进展。

这四种不同类型的PCSOT，使用的具体阶段，以及要解决的问题都有所不同，但往往都会先后使用在同一名性犯罪人身上。而且在性史测试中，所有相关问题的时间点都要设在"定罪之前"；而监测／保持测试则都要设定在"定罪后"或"上次测试以来"。更重要的是，它们之间是相互协助的。比如，监测测试所需要定期监测的具体高危行为（也就是相关问题），需要性史测试进行协助，以便获得该名性犯罪人的异常活动和高危行为，避免治疗出现差错。

此外，人们在性犯罪人测谎测试中还发现了测谎仪一个特别有趣的作用——虚假管道效应。

虚假管道效应

一般来说，我们都会认为有罪者在接受测试时，都是"不愿意"让自己的真实情况被测出来的，但是性犯罪人测谎实践让我们发现：某些性犯罪人其实是想把自己一些不堪的事情说出来的。

犯罪侦查中的测谎也有类似的情况。例如，行贿受贿案件，有时候行贿者是想把自己向某人行贿的事情说清楚的，但是迫于压力不能主动这样做。因为他如果主动说出来，传出去后，他可能不会再被别人"信任"，因为他"出卖了朋友"。但如果他接受了测谎，他就可以把"说出去"的责任推给测谎仪，"不是我说的，是测谎仪测出来的"，这就是所谓的"虚假管道效应"。表面上看，是因为测谎仪太准，导致事实"被披露"，测谎仪是通向真相的管道，但实际上并不是测谎仪的功劳，所以这一管道是"虚假"的。

性犯罪人也存在着同样的情况，而且相对普遍。比如史密斯案例中，他其实很早就"婚内出轨"，而且他内心其实一直认为婚姻生活妨碍了他的"隐秘行为"，妻子有时候是他从事性侵害行为的障碍。但他无法直接向妻子提出离婚，而借助测谎测试，让他的"出轨行为"大白天下，妻子可能会因此主动提出离婚。这也是一种虚假管道效应。

不过，对于这个虚假管道效应的例子，有人会质疑，测谎虽然促进了"诚实"，但似乎"被利用了"。但 PCSOT 测试更强调诚实的必要性，因为犯罪人只有变得诚实，才能过上健康、不神秘的生活方式，做出持久的改变。一项研究调查了参加 PCSOT 项目的 95 名犯罪人，其中有 72% 认为测谎仪增加了他们对自我的诚实。还有许多人报告说，他们越来越诚实，对工作以及人际关系都产生了积极的影响。

另外，PCSOT 测试还有一些其他的问题。比如，它的威慑作用本质上取决于犯罪人相信测谎仪能揭露任何欺骗行为，并且相信一旦被发现说谎或欺骗，是要付出代价的（如被召回监狱）。如果测谎仪不是特别准确，那么随着时间推移，犯罪人就不会感受到威慑的作用，该技术的价值就会大打折扣。美国性犯罪人治疗协会在肯定测谎仪在矫治性犯罪人上具有"显著的临床价值"之余，仍告诫专业人士要避免"过度依赖仪器"。

12.3　美国性犯罪人测谎实践

和现代测谎技术一样，性犯罪人测谎也是在美国诞生的，目前在美国应用最为广泛，现在的英国同行大有奋起直追的趋势。

最早是 20 世纪 60 年代，两名彼此不认识的法官，分别在自己的工作中引入了当时时兴的测谎仪。

小试牛刀

1966 年，伊利诺伊州的帕蒂（Partee）法官开始用测谎仪来决定缓刑申请。当时测谎主要审查的是犯罪人是否还有未被发现的余罪，并要求其在缓刑期间每年接受一次测谎，以防止他再次犯罪。人们普遍认同，帕蒂法官的这次尝试是测谎仪首次正式用于定罪后领域，开创了历史的先河。

1969年，华盛顿州的塔特尔（Tuttle）法官使用测谎仪定期测试缓刑人员，以确保他们没有违反缓刑规定或再次犯罪。他发现测谎对缓刑人员起到了威慑作用。缓刑人员知道，如果他们再次犯罪，即使短期内侥幸逃脱，但当接受下一次测谎时也会被发现。另一个优点是，这些缓刑人员的"狐朋狗友"不再找他们，因为担心缓刑人员在接受测谎时会泄露关于自己（即"狐朋狗友"）的信息。这样一来，这些缓刑人员减少了再犯的风险（因为没人拉他们一起去干坏事）。当时一些学者在评论塔特尔法官的工作时，将这种定期对犯罪人实施的测谎描述为"人造的良心"。而塔特尔法官后来则进一步发现，测谎仪甚至可能会影响犯罪人的"思考内容"，因为他们担心自己的"所思所想"会被测谎仪检视，所以强迫自己"可以想"或"不能想"某些内容。

历史背景

这两位法官之所以想到使用测谎仪，其实反映了当时测谎仪在美国的使用十分普遍。当时它最常应用的领域为军事（国家安全）、人事筛选以及犯罪侦查。虽然测谎结论被排除在法庭之外，但它一直试图进入法庭，使得不少的法官对它相当熟悉。

此外，两位法官都是将之用于"缓刑"人员。这其实也反映了当时美国日益严重的监狱人口危机。20世纪80年代，美国州立监狱关押的"性犯罪人"约有2万名，而到了90年代中期，这一数字达到了8万人左右。这还是只是"性犯罪人"的人数，可以想见各种类型的犯罪人在监狱里"人满为患"的景象。而随着监狱人口快速增加，美国政府不得不将一些犯罪人放回社区，主要将一些缓刑和假释人员放回。

据统计，20世纪90年代中期的美国，约有60%的定罪的犯罪人是在社区服刑的。

那么什么样的犯罪人更适合回到社区——再次犯罪可能性低的，也就是专业术语称为"低再犯风险"的犯罪人可能更合适。但是经过一段时间，人们发现，性犯罪人是需要特别关注的一个群体。因为和其他类型犯罪人相比，他们的再犯风险都相对较高。研究数据表明，如果一名回归社区的性犯罪人没有得到良好的监管、矫治，那么平均下来，将会有更多（约5名）的无辜者受其侵害，其中不乏未成年人。所以，美国民众强烈呼吁政府对这些释放到社区服刑的性犯罪人给予更严格、更有效的监管和治疗。

俄勒冈州的实践

1973年，出生于美国俄勒冈州的艾布拉姆斯，将测谎仪用在矫治性犯罪人中，这是世界上第一个专业针对性犯罪人的测谎研究。研究表明，通过测谎仪可以提高对性犯罪人监督和治疗效果。随后他周游全美，向政府和相关机构推广此项技术。在80年代早期的一次美国测谎学会的董事会会议上，艾布拉姆斯请求董事会资助1万美元用于他自己新开发的PCSOT（当时使用的是最早的名称"临床测谎"）。为了说服董事会，艾布拉姆斯解释了此项技术的主要作用，包括：

减少监狱人口

降低收容犯罪人的成本

协助管理/监督犯罪人

阻止性犯罪人再次犯罪

识别并帮助累犯

帮助保护社区和社会

在矫治过程中提供帮助

　　艾布拉姆斯博士还解释说，PCSOT可能会改变整个测谎领域的发展方向，并改变人们对测谎仪的负面看法。随后，艾布拉姆斯开始了一项为期两年的研究。主要针对那些定罪的犯罪人，包括盗窃、吸毒及性犯罪人。最后的研究发现，接受定期测谎的犯罪人中有69%成功地完成了他们的缓刑，没有出现再犯；而没有使用定期测谎，只有常规监管的犯罪人中，只有26%成功地完成了他们的缓刑，没有再犯。这些结果提供了实质性的证据，证明测谎在监测和减少犯罪方面的效用。

　　同样也是在俄勒冈州，一位名叫比蒂的法官，从1973年开始用测谎决定是否同意犯罪人的缓刑申请。他将测谎测试认为"高风险""对社会有威胁"的犯罪人送进了监狱，拒绝同意他们的缓刑申请。四年后，有人检视了比蒂法官测谎的后续效应。结果发现，比蒂法官当初通过测谎认定的117名"再犯风险高"的犯罪人，其中有60名再次犯罪。

　　因为有着较好的基础，80年代后期，俄勒冈州成为第一个系统地实施PCSOT的州，并逐渐将自己的经验推广到其他州。1995年，田纳西州立法机构通过了一项法律，强制要求对缓刑的性犯罪人进行测谎；科罗拉多州于次年出台了类似的法律。到了2007年，美国测谎学会的一项调查显示，美国50个州中有46个州在矫治性犯罪人中采用了PCSOT技术，而另外4个州也正在审查是否采用该技术。在美国测谎行业的历史上，从来没有任何一种测谎应用技术扩张得如此广泛。

　　此外，PCSOT也是美国测谎领域中，唯一同时获得相关专业、司法部门以及绝大多数民意支持的技术。它代表了美国测谎实践中增长最快的部分，发展速度令人咋舌。从80年代后期俄勒冈州建立第一个系统的PCSOT体系，到2007年，不到20年的时间，其已经从一个"实验性"项目发展成了"矫治铁三角"的"一角"。

"矫治铁三角"

随着PCSOT在美国一个个试点，人们对测谎技术的看法也正在发生变化。越来越多的美国人认为，针对性犯罪人的调查性测谎是有价值的工具，它是保护美国公民免受性侵困扰的重要措施之一。

不过，美国的专业人士也意识到，要想体现测谎的价值，就必须将它作为管理性犯罪人的"整体战略"一部分。在这个整体战略中，包括了**测谎人员、矫治人员以及监督人员（假释官或缓刑官）**，共同合作，以"遏制"在社区"服刑"的性犯罪人再犯。这三大组成部分又被称为**"矫治铁三角"**。以这个"铁三角"为中心，构建起一个**管理团队**，并提倡跨部门和多学科合作的方式。合作机构还可以包括执法、缓刑、假释、学校、社会服务、强奸危机中心、医院、监狱、研究人员和受害者维权组织，等等。此外美国医学会补充说，除了以上人员，还应该加上律师、急诊室工作人员、受害者援助中心。而具体的合作方式有很多种。例如，在科罗拉多州，州政府牵头成立了性犯罪人管理委员会，委员会成员具有各种学科背景。这个委员会负责相关立法，并每月开一次会。目前委员会已颁布了《成年性犯罪人的治疗和行为监测指南》。在亚利桑那州马里科帕县（凤凰城），人们一直致力于采用强有力的跨部门和多学科方法来管理成年和青少年性犯罪人。地方检察官办公室和当地警察局合作培训检察官和执法人员。在这些州县里，矫治人员、监督人员和测谎人员组成紧密的团队，监控每一个性犯罪人。所有这些都是为了最大限度地遏制性犯罪人，提高公众安全。

事实证明，这种管理团队的方法在遏制再次犯罪方面非常有效。例如，在俄勒冈州，它的引入降低了再犯率并减少了缓刑/假释被撤销的情况。科罗拉多州的数据则发现，这种管理方法下的犯罪人84%成功完成了假释，而没有处于这种管理方法下的犯罪人只有52%完成了假释。特别是假释完成后第三年，因为再次犯罪而被捕的人，前者只有21%，而后者正好翻了一番，达到了42%。[①]

　　另外，这种"矫治铁三角"被证明可以在各种环境中运行，从缓刑、假释到监狱。科罗拉多州已经开始在监狱管理中采用此模式。

　　但是当这种方式被用到青少年性犯罪人身上时，引发了一定的争议。美国测谎学会建议不要将测谎仪用于年龄小于14岁的青少年。但由于美国存在着不同的司法管辖权，仍有一些地方将它用于年幼的犯罪人。2000年针对北美地区的调查发现，社区矫治的青少年中大约有19%接受了测谎测试。到了2003年，再一次调查发现，接受测谎测试的青少年增长至45%。其中有些州特别突出，如俄勒冈州和科罗拉多州，从20世纪八九十年代开始使用PCSOT技术后，就一直用在青少年身上，没有特别区分成人和青少年。在得克萨斯州，测谎测试在青少年性犯罪人的管理中也是强制性的。

　　可见，由于司法管辖权的特殊性，PCSOT实践的一致性在美国仍然是一个"老大难"问题。此外，测谎的准确性，具体测谎问题的措辞（性行为相关词都比较敏感）、测谎导致无辜者被冤枉、反测谎，以及对心理的影响等，仍然是PCSOT实践中要解决的问题。人们期待，随着从业者经验的增加，能够继续定义和完善PCSOT在美国的使用，为其他国家提供参考依据。

12.4　英国性犯罪人测谎实践

　　从历史上看，在英国，测谎仪几乎没有生存空间。从最初测谎仪试

[①] Levine T. R., Truth-default Theory (TDT) A Theory of Human Deception and Deception Detection, Journal of Language and Social Psychology, 2014, 33(4): pp.378-392.（［美］蒂莫西·莱文：《真相默认理论：人类欺骗和测谎理论》，载《语言与社会心理学期刊》2014年第33卷第4期。）

图进入英国时，当时（1986年）的英国心理学会接受政府委托调查后的结论是：**测谎仪不可靠！**这导致从此以后测谎仪在英国乃至欧洲，都没有找到愿意使用它的政府机构或专业领域，除了偶然的、小范围的研究与探索。但是进入21世纪，特别是近20年来，英国对于性犯罪人的测谎应用开始变得普遍，大有赶超美国同行的趋势。

从20世纪60年代开始，美国一些机构就在向英国推广测谎仪，直到80年代开始，英国政府才首次认真考虑引入。当时想将它作为刑事诉讼审查的一部分，因此皇家委员会派了15名官员前往美国圣路易斯、辛辛那提等地，考察当地警察、律师及其他人士对测谎仪的使用。报告的结论是，美国警方发现测谎仪对他们的案件调查很有帮助。但当时的工党议员没有接受这一说法，并声称英国政府被"美国的技术噱头"骗了。最后交锋的结果是，上议院认定政府有权禁止测谎仪的使用。当时的英国媒体也对测谎仪持负面评价，并用反讽的语气嘲笑说，美国人强迫英国人接受测谎测试，因为美国政府自己发现测谎仪不起作用。作为官方科学界的代表，英国心理学会在自己的审查报告中对测谎仪进行了强烈批评，认为测谎仪有很大可能将无辜者错误认定为有罪。并且指出，一些研究表明，测谎仪的准确率并不比偶然概率高，它和抛硬币的测谎效果一样。最终，科学和政治结合在一起，封杀了测谎仪在英国的首秀。英国的态度也影响到了其他欧洲国家，所以长期以来，测谎仪在欧洲基本都是被禁止的。

2000年夏天开始，几起骇人听闻的恋童案被爆出，引发了全英上下的普遍怒火，包括一些全国性报纸在内的英国民众开展了一场全国性的运动，"点名羞辱"那些被定罪的"恋童癖"，并要求政府出台更严格的措施和法案制裁他们，而测谎仪也得到了"卷土重来"的大好机会。当时在美国，测谎技术早已被纳入了定罪后的性犯罪人矫治计划中，美国测谎学会已经开始将"测谎人员作为犯罪矫治人员"的角色专业化、正规化。而且绝大多数的科学研究也支持性犯罪人测谎技术。而英国几位受人尊敬的精神病学家和心理学家也开始了相关的研究，并支持和帮助英国政府展开相关的试点工作。舆论更是一边倒地支持，可谓"万事俱备只欠东风"，也就是相关的立法。2007年英国出台了《犯罪人管理法案》，其中第28条和第29条允许测谎测试可以用在定罪后的性犯罪人的评估、治疗和监管上。这意味着经过20多年前的失败，测谎仪终于在英国卷土重来，成功登陆。

很快，经过前期筹备，2009年4月，针对性犯罪人测谎的试点工作正式开始，并于2012年顺利结束。试点工作被认为相当成功，这让当时的保守党和自由民主党的联合政府喜出望外。因为它的成功证明了这届政府对"恋童癖"的零容忍，声称"在性犯罪人的管理中引入测谎测试，是我们（英国政府）为管理这个世界所提供的最强硬的手段之一"。

而几乎同时，英国心理学会又出来了。和20年前一样，它发布了新版的关于测谎的专业报告。仍和上次一样，这个新报告高度批评测谎技术。只不过这次的理由有所不同，它认为目前绝大多数已发表的关于测谎有效性的研究都是在实验室内完成的，不代表现实生活中（也就是现场研究）也有这么可靠的效果。而且现实生活中，测谎仪一旦出错，将带来惨重的代价。但这一次却无济于事，相关的立法已经通过，而且民意也不站在这一边。从某种程度上说，"恋童癖"已经成为测谎仪的"最佳销售员"，让英国第一次认真正视测谎仪，并快速地在全国缓刑机构推广。

但反对和质疑的声音在英国并没有消失，有相当的学者还在争论测谎技术是敌人还是朋友。不要忘记，到现在为止，英国还是绝对禁止在刑事案件的调查中使用测谎仪。这也意味着，前面提到的史密斯案，如果发生在英国，最大的不同就是第一次，也就是警方对史密斯进行测谎是不可能出现的。

2000年威尔科克斯（Wilcox）总结了三种反对的理由。首先是对个人隐私的侵犯。其次，毫无疑问，测谎测试应该是在自愿的基础上，一些性犯罪人可以选择不参加。但是我们会怎么看待这些拒绝参加的人呢？虽然从理念上讲，我们要告诉自己，拒绝测谎并不一定意味着有罪，但实践中我们很有可能将拒绝解读为"有罪、不服从管理的迹象"。管理团队也会如我们一样解读。一位英国的法官对此总结得很好：接受测谎的性犯罪人，正是想要证明自己没有风险的人；而很多我们真正想测的、我们关注的人，不会来做测谎。最后还有一个问题就是对犯罪人进行监测测谎，其实就意味着对他们的不信任、不尊重，所以可能对矫治关系产生破坏性的影响。

可见，即使是民心所向的PCSOT技术，因为是和测谎沾边的，所以也无法避免被质疑。所以，整个测谎技术面临的争议与困顿之深，可见一斑。

第十三章

争议与困顿

从表面上看，测谎工作与其他几乎同时出现的司法技术如指纹鉴定差不多，但它却又似乎与这些技术完全不同，因为无论是过去还是现在，测谎技术一直饱受争议。

测谎技术从一诞生（以拉森1921年发明第一台测谎仪开始）就受到警方、军方情报机关等部门的欢迎。同时，随着马斯顿、基勒以及各种媒体的宣传推广，测谎技术应用的领域越来越多，并逐渐进入了美国人事筛选领域，越来越多的政府部门或公司在雇前或雇中使用测谎仪。这种人事筛选到20世纪80年代末达到顶峰，每年有多达200万例行的人事筛选测谎（见第十章）。

这种大规模的民间测谎行为，无疑是对大众隐私权的侵犯。因此，越来越多的人跳出来反对测谎仪的滥用，从而引发了持续而激烈的社会争议。这些争议大致来自两大阵营，一方是支持测谎技术的，他们认为这一技术相当可靠，应该对其毫无保留地加以发展，并广泛应用于社会的各个领域，特别是司法与国家安全领域。另一方则是反对者，历数了测谎仪的种种问题，认为应该限制或完全禁止它的使用。

13.1　倡导者、反对者与背叛者

美国一位历史学家曾经有个很经典的说法，认为现代测谎仪诞生在美国并不是偶然，而是与美国人的民族性格有关，并称"**找出说谎者**

是美国人的痴迷"。也许正是这种痴迷导致测谎仪在美国非常流行，更有一些人满腔热情地研究它、推广它。除了测谎专家（他们是理所当然的推销者），还有一些人，虽然不是科学家，却是测谎仪最尽心尽力的倡导者。

倡导者

1. 沃尔默

第一位有影响的倡导者非沃尔默莫属。正如我们前面提到的（见第六章），这位加州伯克利警察局的局长，本人并不是科学家，但身边围绕着一群年轻人，而他们成为最早发明测谎仪的人。

沃尔默于1909～1932年一直担任伯克利警察局局长，也曾担任国际警察局长协会主席，在美国警察史上举足轻重。他的理念就是用科学技术来"武装"现代警察部队。比如，创建犯罪实验室，引入指纹和笔迹鉴定等技术；提倡社区警务、预防犯罪的思想；等等。

沃尔默受闵斯特伯格的影响，拥有了将测谎技术引入警察工作的兴趣。正是在他的领导下，拉森和基勒等发明了现代测谎仪，并能将之迅速应用到实践中。

沃尔默还积极地帮助推广测谎技术。例如，在1932年的一次会议中，沃尔默向其他警察介绍拉森等人以及他们的测谎技术。沃尔默称赞道：拉森博士和其他科学工作者，如马斯顿，正在开辟一条通往美好未来的道路。应该给予这些不知疲倦的先驱者所有的鼓励和帮助。

同样是在他的鼓励和帮助下，基勒在全国范围内培训负责审讯工作的警察使用测谎仪。测谎仪和会使用测谎仪的警察都成倍增加。沃尔默认为这极大地帮助了那些过度劳累的警察。因为当时"一战"后的美国，经济萧条导致人们生活困难、白人强烈反对黑人向北迁移，犯罪率攀升，警察压力非常大。这时候，测谎仪出现了，只需几个小时就能撬开嫌疑人的嘴巴，所以警察非常欢迎这项新技术。

相比当时在警察中盛行的刑讯逼供，沃尔默倡导使用测谎仪，因为这是"一种经过修改的、简化的和人道的"获得口供的方式，虽然他也承认这也是一种酷刑，也就是所谓的"三级酷刑"。

2. 英鲍与胡佛

继沃尔默以后另一位重量级的倡导者就是佛瑞德·英鲍。与沃尔默不同，英鲍最初是西北大学的刑法学教授，是一名学者，后来成为一名行政长官，长期担任芝加哥犯罪实验室的主任。英鲍与他培养的测谎专家里德一起，成为20世纪50年代测谎技术最重要的倡导者和改进者。他们将测谎技术和传统的审讯手法（包括一些"欺骗"的方法）结合起来，也就是所谓的**里德技术**。这种测谎技术让警察更容易掌握，相比过去，确实是一种"更文明"、更高效的审讯方法。作为学者的英鲍，将这些成果编撰成权威教材，如《真实与欺骗》《测谎与刑事审讯》等。此外，他们也举办了一轮又一轮的课程，培训警察使用他们的测谎技术。结果就是，到了60年代中期，大约有1000名测谎人员，是50年代的10倍；而全美有一半的警察部门使用里德技术，此外，还有13个联邦机构和大约4万家企业使用。英鲍所编撰的教材则影响巨大。也曾有法院在审判中援引《真实与欺骗》一书的说法，"越来越多的人（政府、科学界、法律界和私人企业中的人）认为测谎测试是可靠的"。

不过有意思的是，英鲍在让测谎技术急速扩张的同时，也让其招致了更大的反对与嘲讽。因为他们主张将测谎技术与主观观察结合起来，再辅以一些所谓的"心理策略"，使得测谎测试不再只是单纯地建立在"客观的"仪器上，似乎带来了越来越多的"心理逼供"印象。

与英鲍同时代还有一位测谎技术的倡导者，他是本身就充满争议的人物——埃德加·胡佛（Edgar Hoover）。这位FBI的第一任局长，任职长达48年。在相当长的时间里"非法"调查政治异见者，这可能使得他对包括测谎技术在内的"新"调查技术充满期待。正是在他的支持下，测谎仪的开发一直在向最前沿的方向进行，如脑电测谎。

3.美国测谎学会

个人的力量毕竟是有限的，测谎技术最大的倡导者其实是美国测谎学会，即APA。

APA成立于1966年，是世界上最大的专业测谎组织。目前会员有大约2500名，遍布全世界33个国家或地区。此外，APA还认证了15个美国测谎学院以及4个国际测谎学校，用来培训测谎人员。事实上，美国至少有20个州要求测谎人员必须是APA注册的会员，否则不能从业或合法使用测谎仪。

按照查尔斯·齐默曼（Charles Zimmerman）的说法，APA的成立符合美国人的模式和风格，是模仿美国律师协会和美国医学协会而建立的，同时也模仿了其他协会的专业规范（如心理学和法律）。不过，它的成立还有另一个特别的原因。从1923年的弗赖伊案建立"普遍接受原则"（见第十四章）以后，法院一直在问："测谎技术所在的科学界是否普遍接受这项技术？"但要解答这个问题，要先回答另一个问题："测谎技术所在的科学界是哪个？"APA的成立在某种程度上就是直接回答了这一问题。APA试图通过建立这样一个专业权威机构来代表测谎技术所属的科学界，以证明"测谎技术所在的科学界是普遍接受这项技术的"。

在APA的倡议和推动下，一些法院（如马萨诸塞州法院）会告诉陪审团，测谎专家和其他人如外科医生、建筑师、工程师、弹道专家和笔迹专家都是本领域的专业人士，他们的意见是值得听取的。

APA还有一个重要的贡献，就是它一直在向专业人士（如法官、律师以及测谎人员）及大众灌输一个基本理念：**实施测谎的人和测谎仪一样重要**。要想获得准确的测谎结果，测谎人员的技能和经验与测谎仪本身是同等重要的。所以APA一度声称，如果测谎人员合格、测试程序恰当，测谎的准确率可以高达90%。

但这一说法招致了反对者的强烈质疑，APA后来也不得不放弃了这一说法。此外尽管APA是为了促进测谎的发展而设立的，但是1987年还是在拉斯金的倡议下，承认了测谎技术的不足，并主动采取了一些负面政策，约束测谎在私人企业人事筛选中的滥用。

总的来说，测谎倡导者主张测谎技术是可以帮助我们管理社会的，特别是在司法领域。在案件侦查中，测谎可以筛选众多的犯罪嫌疑人，识别供述的真伪，探测相关物证的去向，并厘清侦查方向；在审判中，法官因为心证未达到可以进行裁判的程度，会借由测谎结论强化心证，而相关当事人有时为表清白，也会通过接受测谎加以证明。正如英鲍所说，以现今的犯罪侦查技术，对于大部分案件，不可能仅凭指纹、毛发等物证就确认凶手，并加以定罪。在那些迅速被侦破的案件中，有许多并不是凭借物证，而是借由在侦讯中获得来自犯罪嫌疑人供述或证人证言中的重要信息才使得案情大白。另外，还有一些测谎人员认为，揭露说谎者可以挽救其良心，并带给被害人以慰藉，如帮助找到被害人的骸骨，让其入土为安等。

反对者

测谎仪变得越流行，反对它的声音就越激烈。这可能是因为测谎仪的使用往往会妨碍当事人的利益。想象一下，你本来满怀希望地想当一名警察，但最后因为没有通过测谎而失败。你觉得测谎失败并不是真的因为你有什么前科，而是测谎仪弄错了。你自然对它怨气满满，自己的命运被一台小小的盒子决定，太不公平了！

因为测谎影响正常工作的还有一个特殊群体——美国能源部的科学家们。出于国家安全的需要，能源部及下属机构都有常规的人事筛选测谎，包括能源部最著名的三个实验室：劳伦斯·利弗莫尔、洛斯·阿拉莫斯和桑迪亚国家实验室。实验室的科学家们在各种媒体上撰写文章痛陈测谎仪的不科学，使得反对测谎的声音越来越大。

1.测谎仪不科学

对于这些科学家反对者来说，如果要指出对方的问题，最擅长的领域就是质疑对方的科学性。他们致力于证明测谎技术其实是一门"伪科学""垃圾科学"。反对者将测谎准确率比喻成"蒙眼为驴子安尾巴"的游戏。指的是，墙上事先画着一头没有尾巴的驴子，然后让人蒙上眼睛，拿着画好的"尾巴"为其安上。这个比喻的寓意十分明显：测谎结论即使是准确的，也是"蒙"上的，更何况这种"蒙上"的概率很低的。[①]

另外，反对者还常常会提到一个戏剧性的例子，来说明测谎其实是一场骗局。1986年，哥伦比亚广播公司（Columbia Broadcasting System，CBS）的王牌电视节目邀请了四名测谎人员（他们分别来自四家不同的测谎公司），来帮助解决公司出现的内盗问题。当测谎人员到达时，CBS的一名负责人接待了他。随后负责人向测谎人员介绍了大致案情：一台贵重相机及镜头失窃，只有四名员工可以使用这一设备。所以，一定是四名员工中的某一个人盗走的。负责人还告诉测谎人员自己觉得某名员工最有可能，但苦于没有证据，所以需要测谎。实际上，没有窃案发生，这是一场骗局。四名测谎人员分别在不同的时间到达CBS，互相完全不知道还有其他测谎人员参与。而负责人对每名测谎人员的说法几乎一样，只是所谓的"头号怀疑对象"每次都是不同的人名。而被测的四名员工被告知在测谎中否认偷了任何相机（即说实话）。作为激励，他们如果成功通过测谎，每人将获得50美元。结果，四名测谎人员在实施测试后都确定了一名"真正的作案人"，而且都与事先负责人的"头号怀疑对象"一致。反对者用这个生动的例子来说明测谎有多么不靠谱，而测谎人员的偏见对测谎结果的影响有多大！

----

① "蒙眼为驴子安尾巴"是西方一个比较流行的游戏，参与者每人拿着一个尾巴，蒙上眼睛，试着将尾巴贴在正确的位置上，最接近正确位置的即为胜者。

为了回应来自科学家的强烈质疑，能源部委托美国国家科学院（National Academy of Sciences, United States NAS）的下属机构国家研究委员会（National Research Council，NRC）"审查测谎仪的科学证据"。该审查项目由卡耐基梅隆大学统计学教授领导，历时19个月，耗费86万美元，最后完成了题为《测谎仪与测谎技术》的研究报告。这份报告对测谎技术的理论发展进行了最严厉的批评。NRC指出：近一个世纪的科学心理学和生理学研究几乎没有为测谎技术提供任何可靠的理论基础。比如，测谎仪的皮电指标究竟测的是什么？一直没有确切的答案。"**心理生理反应与试图说谎的心理状态之间并没有建立起紧密的联系**"，没有理论可以确定某种心理生理反应的出现是因为"**试图说谎**"的心理状态而非其他心理状态导致的。

此外，该报告还排除了通过技术进步改善这些问题的可能性。也就是说，如果只是改进目前这些生理指标，那么测谎仪的准确性很难真正提高，因为这些指标和说谎（或欺骗）没有直接的联系，也就是说目前测谎仪的理论基础是不科学的。

不过值得注意的是，NRC的报告对测谎技术也有好的一面，因为它用非常翔实的数据证明，**在未受过反测谎训练的人群中，测谎测试可以在一定程度上区分说谎和说实话，虽然不够完美，但高于50%的机会水平**。也就是证明测谎不是"蒙眼为驴子安尾巴"，准确性是确实存在的。

除了NRC，测谎还受到了来自心理学专业人士或组织的批评。**美国心理学会认为，没有证据表明任何生理反应模式是欺骗所特有的，没有任何证据表明测谎仪测的心率、血压、出汗和呼吸，与你是否说实话有关**。此外，测谎仪或类似的测谎技术是可以被受过反测谎训练的人打败的。

在英国最初曾试图引进测谎仪时，**英国心理学会**也提出了质疑：其对相关问题的解释过于简单，因为当一名无辜的丈夫，被怀疑谋杀了他心爱的妻子，而被问到关于他妻子的相关问题时，对已故妻子的记忆可能会重新唤醒他对她的强烈感情，而机器可能会将此解释为有罪。也就是测谎仪很有可能冤枉无辜。

以上反对声音都是从科学角度质疑测谎的有效性和可靠性的。而有趣的事实是，**科学家批评者并不反对测谎本身。他们反对的是基于某些情绪（如恐惧、紧张或唤醒）而假定说谎者会出现某些生理线索这样的假设，也就是目前的测谎仪缺乏科学的理论基础。**

此外，对于测谎的批评还有另外一大阵营，他们关注的是测谎仪对个人隐私和人类尊严的威胁。

2. 侵犯人类隐私和尊严

一些反对者认为测谎仪对人类的隐私和尊严构成了广泛的威胁。为支持EPPA立法，一位测谎反对者在国会作证说：

在我看来，测谎测试是对人类的阴暗心理的审查。它提供一种游览人类心灵最隐秘处的交通工具。即使测谎仪是可靠的，也没有理由允许这种"心理窃听"存在……将它用在联邦雇员和求职者身上尤其令人反感，应该立即停止——今天就停止。

从20世纪50年代起，美国公民自由联盟就一直反对测谎技术。联盟的负责人之一杰伊·斯坦利认为，测谎的根本问题在于人的内在精神状态和外部刺激因素之间确实不存在必然可靠的联系……自20世纪70年代以来，我们就一直在强调，即使测谎仪的可靠性达到一定水平，或者有更为准确的测谎技术出现，我们仍然会坚定我们的态度，因为它违反了保障公民自由的基本原则，这一点我们无法接受。直到最近（2012年），美国公民自由联盟和斯坦利仍在呼吁限制测谎仪的使用，因为在我们看来，利用技术窥视人心的做法违反了（美国宪法）第四和第五修正案，也是对人类尊严的严重侮辱。

此外，在很多反对者看来，所有测谎仪都会引起严重的隐私问题。《哈佛法律评论》上有篇文章主张，法律应该赋予个人权力来决定"哪些是（他们的）应向公众提供"。而测谎仪则对这种个人自主权造成了严重的威胁，从而侵犯了个人的隐私、完整性和尊严。因为毕竟，测谎仪的根本目的是侵入个人"内在的、秘密的、私人的和无形的思想"来追求"真相"。

1965年，美国众议院发表了一个谴责性的审查结果：根本就没有真正的测谎仪……人们被一个所谓"测谎人员可以识别真假"的神话骗了。这一说法在很长一段时间都是美国众议院对测谎仪的基本立场，最终导致了EPPA的立法，限制测谎仪的使用。

另外，还有相当多的反对来自法庭，围绕着测谎结论是否可以作为法庭证据使用而展开。关于这方面的内容我们将在接下来的一章（第十四章）专门讨论。

背叛者

俗话说，隔行如隔山。测谎的反对者往往都是别的领域（如法学）的专家、学者，甚至是政府官员。所以不可避免，一些反对意见其实并不准确，从而导致缺乏说服力。比如，英国心理学会在测评测谎时举了一个例子：

> 一名无辜的被测者因为担心自己通不过测谎影响他的未来，所以测谎时非常担忧、紧张；而测谎仪可能会将此解读为是因为"有罪"导致的。

事实上，即使不是专业测谎人员，如本书的一些读者，如果已经阅读完前面的内容（尤其是第七章）就会知道，这种说法并不成立。这种紧张是没有倾向性的，他会对几乎所有的问题都紧张，而有罪带来的紧张则完全不同。有经验的测谎人员会很轻松地区分出来，即使经验不够，也只会给出一个"无法判断"的测谎结论，不太可能出现"冤枉无辜者"的情况。

所以，要想击败对手，还有什么比敌方出现"背叛者"更致命的呢？不知道为什么，测谎阵营里出现"背叛者"的情况特别突出，因为他们的"开国元勋"就背叛了。

1.拉森：科学怪物

约翰·拉森常常被称为第一台现代测谎仪的发明者，但很少有文献告诉大众，从19世纪30年代开始，拉森已经从发明者变成了坚定的批评者，强力反对基勒将测谎仪大规模应用于全国警察部门及私人公司。

拉森认为自己发明测谎仪存在很大的局限性，"我原本希望利用仪器测谎能成为专业警察的合法的科学技术一部分"，但是这种滥用让测谎仪成为套取口供的"三级酷刑"，"我很抱歉我曾经参与研发它"。

拉森指出了测谎界一个隐秘且普遍的问题，就是有时候测谎仪并不是真的在测谎，而是成了获取口供的道具。测谎行业内部有一句俗语："越相信测谎越容易被抓。"如果测谎人员很会表演，让被测者相信测谎仪已经发现自己在撒谎，即使没有测谎结论，被测者也可能认罪。曾经有一位测谎人员在刚开始测试时发现仪器出了问题，但他还是硬着头皮把整个测试"表演"了下来。然后在测后访谈时，这位测谎人员"吓唬"被测者说，测谎已经证明是他做的，如果现在承认可以当成"主动供述"，获得较轻的处罚。最后被测者相信了这一说法，承认是自己做的。

在拉森看来，那些测谎人员已经不去关心测谎仪本身是否科学、可靠，只要让大众相信测谎仪是有效的就行了。因此，测谎仪的真正力量在于说服人们相信它有效。拉森在人生的后四十年里都在揭露测谎仪的问题，但他的声音很少被听到。在生命的尽头，拉森表达了对他的发明的绝望和无奈："我万万没有想到，这台机器变成了'科学怪物

（Frankenstein's monster）'，我已经与它战斗了40多年。"

2. 莱肯：只是噱头

另一位重量级的背叛者就是戴维·莱肯（David Lykken）。莱肯曾任美国心理生理研究协会主席，同时还在临床心理学、行为遗传学等领域颇有建树，曾先后获得美国心理学会和心理生理学协会颁发的"杰出贡献奖"。所以他是一位非常权威的研究人员，他的观点是最具指标意义的。

莱肯在大学医学院做心理学教授时开始对测谎技术感兴趣，并对巴克斯特所倡导的完全客观化的评分方法大加赞赏。但是随着对测谎技术了解的深入，他发现传统测谎方法，也就是CQT存在很大的问题。

CQT的基本假设是无辜者更关注对照问题，而有罪者更关注相关问题，但很难保证一定能达到这种效果，所以巴克斯特提出"心理定势"的概念，希望通过测谎人员的操作尽量让被测者达到测谎需要的心理状态。这已经开始偏离科学技术所需要的独立客观的原则了。但更过分的是，一些操作带有赤裸裸的欺骗手段。也就是在测前访谈部分所实施的激励测试（见第七章）。

关于激励测试中使用欺骗手段的做法一直备受质疑，在测谎行业内部也一直是一个有争议的问题。美国测谎学会就曾公开批评过。支持使用激励测试的人认为，在使用测谎技术时，往往面临这样的提问："测谎技术到底准不准？"对于这样的怀疑，仅凭口头上的说明和举例是远远不够的。如果让提问者亲身经历一次，就会很快地相信测谎仪的有效性。他们还认为激励测试法可以缓解被测者的紧张情绪，并作为预实验来了解被测者的基本生理反应情况，以获得更多的被测者的心理生理状况的线索。反对的人认为，这种方法实施起来总是带有"玩耍"的味道，不仅不能使被测者相信测谎，反而使被测者把整个测试当成一种游戏，从而导致整个测试结果的不正确。另外，这种方法具有一定的风险性，如果测试的结果不准，会对整个测试过程造成巨大的影响。特别是其中的"某些欺骗手段"违背了基本道德。

莱肯也提出了强烈的质疑，并于1958年提出了一种新的测试方法——犯罪知识测试法GKT。这种方法能有效地避免测谎人员使用欺骗手段。

但随着测谎仪被越来越多地滥用，特别是很多私人公司都在使用时，莱肯彻底地站在了反对者阵营里，成为一名反对滥用测谎仪的斗士。1981年莱肯出版了具有代表性的反测谎著作《血液的颤动：测谎仪的使用与滥用》。莱肯以一个研究人员的角度认为，测谎测试只不过是一个精心设计的噱头，没有任何理论或实证数据的基础。而测谎从业人员完全忽略了这一事实，仍在大张旗鼓地使用，感叹从业者和研究人员之间巨大的鸿沟。莱肯说道：**测谎测试的荒谬之处就是，在没有任何国际统一机构或权威组织的情况下，测谎测试仍然能广泛地应用于实践，决定很多人的职业前途，乃至生死。**

除了这些从内部走出的背叛者，测谎领域内部也有相互的质疑和批评。例如，里德就曾批评马斯顿关于他自己的"心血压测谎技术"描述过于夸大，认为这种技术"实际上没用"，并抗议马斯顿声称自己是"唯一的测谎仪之父"的说法。这样的内斗使得测谎行业内部的凝聚力既不健全也不持久，同时也往往使外部人士认为这一技术确实有问题，而保持谨慎或不认可的态度。因为道理很简单：连自己人都不认可，我们为什么要认可呢？

13.2　打败测谎仪——反测谎

反对测谎仪的一个常见理由是：**测谎仪可以被打败，特别是经过"反测谎"训练后。**

所谓"反测谎（countermeasure）"有广义和狭义两种定义。广义的定义是"任何想改变测谎结果的做法"；而一般来说，往往是有罪者希望自己没有被测谎仪发现"说谎"，顺利通过测谎测试，也就是打败测谎仪。所以，"反测谎"的狭义定义为要造成**漏报**结果的企图或方法。我们已经发现的反测谎方法有很多，可谓"八仙过海，各显神通"。为了提高对其认识的有效性，有学者对所有的反测谎行为及有效性进行了归纳整理，将它们分为三大类：

药物反测谎：被测者通过服用药物或酒精改变某项生理指标或整个唤醒水平来反测谎。

心理反测谎：被测者通过对注意、记忆、情绪、认知或唤醒水平的自我操作来试图影响测谎仪记录的生理数据。例如，让被测者在测试过程中从7开始倒数，以此达到减少被测者对问题本身的注意水平。

身体反测谎：被测者通过身体动作来试图影响测谎仪记录的生理数据，如控制呼吸、坐立不安等。这些身体反测谎是直接通过动作来影响生理指标的，因此又称为行为反测谎。与此相对应，在身体反测谎中还有一种亚类型，被测者是通过身体动作影响心理状态，从而再影响到生理状态，这就是疼痛反测谎，如咬舌尖、绷脚（用脚趾抵压地面）。

研究发现，12%的反测谎者都是使用的身体反测谎。还有学者考察了20名被测者，发现他们一共使用了36种身体反测试方法，包括将脚抵住地板、卷曲脚趾、僵直手臂、按压手掌、按压皮电传感器、用手肘抵住椅子扶手，等等。但是身体反测谎的缺点也很明显，被测者的动作很容易被发现。

反对者经常会引用一个反测谎成功的例子来证明测谎技术的不可靠，那就是弗洛伊德·费伊（Floyd Fay）的例子。

按照费伊自己的说法，在一次武装抢劫后，一名生命垂危的被害店员指认费伊是向他开枪的人，费伊被捕。但除了这一指认，检方缺乏任何其他的证据证明费伊是凶手。于是检方与费伊达成了一份"辩诉交易"，也就是认罪协商。费伊同意接受两次测谎测试，如果第一次测谎他通过了，则无罪释放。如果第一次没有通过，他还有机会接受第二次测谎测试。如果第二次测谎测试他仍然没有通过，费伊将对较轻的谋杀罪供认不讳。如果他拒绝这样做，他将被指控犯有严重谋杀罪，而且测谎结果也将作为证据提交给法庭。不幸的是，两次测谎结果费伊都没有通过，但他仍坚持自己无罪，最后被判犯有谋杀罪，重罪，处无期徒刑。但是两年后，另一名男子公认自己才是真正的凶手，费伊被释放。

费伊在被错误监禁的两年多时间里，自学测谎技术。因为他认为自己被测谎仪错误认定有罪，测谎仪根本就不准。他要向世人证明测谎仪是可以被打败的，特别是在被测者经过反测谎训练后。他对27名同监的犯人进行训练（这些人都自愿地对他承认自己是有罪的），让他们学会如何反测谎测试。经过仅仅20分钟的指导，27名犯人中就有23名成功地打败了测谎仪。

除了这个著名案例，一些研究也证明，以皮电、呼吸和血压为判断依据的polygraph测谎测试是可以被反测谎技术或方法打败的。被测者先接受大约30分钟的训练，学会使用身体反测谎（咬舌尖或者用脚趾抵压地面）或心理反测谎（从7开始倒数）。训练以后他们接受了由一名经验丰富的测谎人员实施的CQT测谎。结果发现，心理的和身体的反测谎一样有效，每种反测谎方法都能使大约50%的被测者打败测谎仪。而这名测谎人员（他在测谎上很有经验）只识别出12%的使用身体反测谎的被测者。此外，所有使用心理反测谎的被测者都没有表现出能引起测谎人员怀疑的行为或生理反应。

可以想象，成功的反测谎是对测谎仪的一个重大挑战。如果恐怖分子、间谍和犯罪人知道自己未来将面对测谎仪，那么他们可以提早接受系统训练，那么测谎仪就无效了。

不过，测谎专业人士对反测谎并不是很在意，因为他们认为，反测谎很少能成功。例如，里德和英鲍（1977）就争辩说，对测谎人员进行反测谎培训，是可以发现被测者是否在使用反测谎措施的。美国测谎学会认为，一般人很难成功地运用反测谎措施"打败"测谎仪。比如，被测者试图通过屏住呼吸反测谎，但他无法在整个测试过程中一直屏住呼吸。另外，测谎仪还有专门的设置（如动作传感器）来帮助测谎人员发现反测谎（见第八章）。

而更重要的是，也是本书一直想表达的：**测谎研究与实践有着根本的不同**。在真实案件测谎中进行反测谎是很困难的，因为很多反测谎方法只能在实验室环境中进行。因此，上述反测谎研究的成功率在实验室以外不可能一样成功。例如，在真实杀人案件测谎中，被测者针对提问的细节有选择地进行反测谎，当出现与案件细节符合的问题时采用反测谎措施。那么，这将导致他能很准确地，甚至比侦查人员还准确地依据案情回答问题。而无罪者则不能如此有针对性地反测谎，即使他们希望如此，因为他们不知道哪个问题是与案情吻合的，哪个问题不是。所以很多时候，一些反测谎行为不是帮助有罪者打败测谎仪，反而是"不打自招"。而对于心理反测谎，如数绵羊或者倒数（很显然，是默数而不是出声的），会导致被测者对测谎问题不去关心。测谎人员如果在测后询问一些题目的具体内容，被测者就会露馅儿。因此，测谎人员并不太担心被测者进行反测谎，反而更加关注如何很好地利用它们，更好地作出准确的诊断结论。

事实上，测谎人员更担心的是"精神病态"的被测者。所谓"精神病态"，也就是我们常说的反社会人格的"系列杀手"。和其他犯罪人相比，"精神病态"者主要的特点就是"没有良心"。在个人情感方面，他们无法与别人（哪怕是自己的妻儿）建立深刻的情感联系，缺乏同理心与道德感；漠视一切道德、法律，伤害他人、说谎都毫无愧疚之心，极具欺骗性。

美国测谎学会曾宣称测谎的准确率在90%，而剩下的不准的10%则主要是这些"精神病态者"。而且他们一旦逃过了测谎仪，带来的危险更大。因为这些人虽然很少，但社会上绝大多数的最严重的罪行往往是他们犯下的。不好的信息是，新近的几项研究都发现，测谎测试在这些人身上确实不如其他犯罪人准确。

13.3　测谎仪与CIA

很多时候，我们确实会忧虑测谎测试对个人隐私和人类确实的威胁，但是在国家安全面前，这些都会被忽视掉。

事实上，世界上第一次测谎测试并不是拉森在伯克利警察局所做的尝试。"一战"期间，为了保护国家安全，美国著名科学家创立了国家研究委员会。这些科学家寻找各种科学技术来帮助自己的国家，特别是军队。因此他们找来了马斯顿，让他开展以国家安全为目的的测谎测试尝试。当时最著名的心理学家爱德华·桑戴克（对，就是被称为教育心理学奠基人的桑戴克）审查了马斯顿早期在哈佛的测谎实验，"仍然对他（马斯顿）的结果有些疑虑"，但国家紧急状态很重要，它帮助克服了怀疑，最后认为测谎技术应该得到"一个真正的尝试"的机会。自此，测谎和国家安全联系起来。而有趣的事实是：**测谎和国家安全都与真正的恐惧有关，害怕被发现有罪或害怕外敌威胁**。

1947年，美国成立了中央情报局（CIA）。它首先要创建自己的安全审查方法。这一方法最好能完成两个任务：**反间谍和常规安全审查**。前者用来发现潜在的国外间谍，后者则是为了发现自己的特工被策反。当时的美国陆军向CIA推荐了测谎仪。CIA通过审查认为，只要测谎测试程序处理恰当，不会引起侵犯他人的隐私，因此CIA雇员不会反感此项技术。与此同时CIA派出了两名特工到基勒那里学习测谎，而其中之一就是巴克斯特。所以，大概从1948年开始，CIA就正式使用测谎仪，最初是针对敌方间谍，不久后就扩大到自己人身上，外派海外的CIA特工在离境之前以及回国之后都要接受测谎测试。

1950年开始，麦卡锡主义抬头，美国很多人怀疑自己的情报机构被外国特工严重渗透。这时候，就如尼尔·波兹曼所说的：**机器可以帮助消除复杂性、怀疑和歧义**。当时的艾森豪威尔总统办公室要求CIA成为"一种积极的、秘密的、心理和政治结合的、准军事的组织"，为了高效、安全地完成国家安全任务，可以使用"更有效、更独特的手段，必要时对自己人可以比对敌人更无情。"于是，测谎仪被推了出来，成为CIA捍卫美国情报的安全和完整性的核心工具。

随后，CIA开始要求新特工在入职之前接受测谎测试，并且在入职后接受例行（如两年一次）的测谎。但这样的人事筛选、审查测谎是有问题的，当时民间已经有很多反对和抗议的声音了。CIA也同样经历了测谎合法性危机，但它挺过来了。

首先是以"国家安全"的名义。1955年一项内部调查显示，一段时间以来，所有为CIA工作的人都被要求接受测谎测试。在2万多人中只有6人不愿意接受测谎。调查感叹道：

我们的员工都意识到这种不合常理的要求的必要性。鉴于本机构的工作的敏感性，采取最严格的安全预防措施，是符合国家利益的。他们的合作意志和牺牲精神令人振奋。

可见，CIA为测谎的合法性找到了第二个理由，那就是"自愿原则"。有了这种"自愿"作为前提，反对的声音确实会少很多。比如，当时的国务卿约翰·杜勒斯回应道：

在自愿的基础上，出于国家安全目的，在对政府雇员进行审讯和背景调查将测谎仪作为辅助技术，是可行的。然而，我们不应忘记，测谎仪可能有误，因此应适当小心。

为了让这种"自愿"表达更正式化，CIA还设计了专门的"自愿"接受测谎的知情同意书。个人在申请CIA工作时，需要签署一份表格。在表格上，个人表示：

我已被告知我根据宪法享有的权利，我要做什么是由我的自由意志决定的，没有任何强迫、胁迫、奖励承诺或豁免权，同意接受中央情报局官员的调查询问，在此期间我将参加测谎测试。

个人只有在表格的横线处签上自己的名字表示同意，才有可能申请到这份CIA的工作。同样，CIA现有员工也要有此类的测谎知情同意书，"中央情报局使用测谎测试作为常规程序"，并且"对于每位员工，中央情报局将不定时地要求其参加测谎测试"。

最终，CIA关于测谎仪的使用规则固定下来。首先，测谎变成"例行公事"；其次，CIA员工或特工接受测谎都是"自愿的"。

当冷战结束时，**测谎仪已完全嵌入了中央情报局的安全程序中**。据说在CIA内部流行着一句俏皮话："**我们只相信上帝；至于其他人，我们交给测谎仪去处理。**"

这样做的效果几乎是立竿见影的，CIA确实通过测谎找到了情报系统中的"背叛者"。其中最具代表的例子就是哈罗德·尼克尔森（Harold Nicholson）。

最大的双面间谍：尼克尔森

尼克尔森早期在陆军情报部门任职，1980年加入CIA，随后一直在海外多个地方从事间谍工作。1992年他被调派到马来西亚，担任CIA驻当地办事处副主任。1994年回国到CIA总部的反恐中心任高级官员。1996年，尼克尔森在例行的测谎测试中出现异常。在回答"你是在为外国情报机构工作吗"时他出现了多次的深呼吸。为了进一步确认，CIA又对他进行了两次额外的测谎测试，但都没有通过。

尼克尔森后来承认自己背叛了CIA，向他国出卖情报。不过理由有点匪夷所思，因为他与妻子离婚独自养育三名孩子，在马来西亚工作期间他希望住进一座带游泳池的大房子里，但CIA没有同意。他非常不满，也想给孩子更好的生活，所以通过出卖情报来获得金钱。而更匪夷所思的是，在他因间谍罪定罪服刑期间，还能继续通过自己的儿子（最早只有12岁）继续向他国出卖情报挣钱。所以，尼克尔森是美国历史上第一次出现因间谍罪入狱的CIA特工在服刑期间继续从事间谍活动的（美国司法部评价）。同时他也是美国有史以来因为外国势力从事间谍活动而被定罪的最高级别的CIA官员。

间谍测谎测试（TES）

在CIA不断追求测谎测试规范化的努力下，美国现在已经发展出了比较成熟的、标准化的用于识别间谍的测谎测试——间谍和破坏行为测试（Test for Espionage and Sabotage，TES）。与一般的测谎测试不同，TES只能由FBI、CIA等机构的测谎人员进行，而且这些测谎人员也都是经过专门的间谍测谎测试培训的。

TES主要采用的是对照问题测试法，所以一般都只针对某一主题，如泄露机密信息。编题示例如下：

表 13-1　TES 编题示例

题号	问题类型	问题
1	不相关问题（I）	你的名字是叫杰克吗？
2	不相关问题（I）	你现在是身处汉密尔顿大楼吗？
3	牺牲相关问题（Sr）	对于安全相关的问题，你是否打算如实回答？
4	对照问题（C）	你是否曾拿过任何政府的东西供你个人使用？
5	相关问题（R）	你是否有故意错误处理过任何机密信息？
6	相关问题（R）	你是否故意未能妥善处理任何机密信息？
7	对照问题（C）	你是否曾对你的前任主管撒过谎？
8	相关问题（R）	你是否有故意错误处理过任何机密信息？
9	相关问题（R）	你是否故意未能妥善处理任何机密信息？
10	对照问题（C）	你是否曾拿过任何政府的东西供你个人使用？
11	相关问题（R）	你是否有故意错误处理过任何机密信息？
12	相关问题（R）	你是否故意未能妥善处理任何机密信息？
13	对照问题（C）	你是否曾对你的前任主管撒过谎？

13.4　测谎准确率

围绕着测谎仪的最大的争议可能就是："它是否科学？"如果用更直白的语言描述这个问题，那就是："它准不准？"对于这个问题，最简单的回答就是给出一个数字，也就是准确率。

但测谎技术发展到今天，我们其实已经有了共识：笼统地给出测谎的准确率是不科学的。但在此之前，关于测谎的准确率一直是一场尚未解决的大论战。我们将这些一一列举出来，给大家做一个参考。

最早的是那些测谎仪的发明者，他们所宣称的准确率大多是接近100%。例如，本努西的研究结论就是，如果排除反测谎行为的干扰，他所提出的通过呼吸测谎的准确率可达100%。[①]

1936年，萨默斯神父利用皮电进行测谎，在大约6000人次的实验室研究和50例真实案件测谎的数据上，宣称获得了98% ~ 100%的准确率。[②]

马斯顿在不同的场合给出的准确率不大一样，但大致在95% ~ 100%。[③]

基勒和里德则更客观一点，他们给出的准确率大约在70% ~ 90%。需要特别指出的是，在1935年一次法庭听证会上，基勒被问及测谎仪的准确率情况。他坦诚道：**"我不想给出这个概率，因为对一个人定罪不能依靠这些历史性的数据。"**这是一个特别专业，也是特别值得推荐的回答！[④]

同样是在法庭听证会上作证，里德则报告说，在分析了35000例测谎测试结果后发现，对于那些经验丰富的测谎人员来说，其测谎准确率能超过91%。[⑤]

而随着反对测谎仪的声音越来越多，关于测谎准确率的说法"画风大变"。按照学者的说法，关于测谎准确率的研究结论呈现两种完全对立的立场。一方是测谎技术的拥趸发表在传统警察期刊上的研究，其报告的准确率较高（总体准确率大概为90%）；而另一方则是发表在接

① 转引自 Larson J. A., Lying and Its Detection, University of Chicago Press, 1932.（转引自［美］约翰·拉森：《谎言与识别》，芝加哥大学出版社1932年版。）

② Summers W. G., Science Can Get the Confession, Fordham Law Review, 1939, 8: pp.334–354.（［美］沃尔特·萨默斯：《科学可以获得供述》，载《福特汉姆法律评论》1939年第8期。）

③ Marston W. M., The Lie Detector Test, R. R. Smith, 1938.（［美］威廉·马斯顿：《测谎仪测试》，R.R.史密斯出版社，1938年版。）

④ Vollmer A., Crime, Crooks, and Cops, New York: Funk and Wagnalls, 1937.（［美］奥古斯特·沃尔默：《犯罪、骗子和警察》，芬克和瓦格纳尔出版社1937年版。）

⑤ Reid J. E., Inbau F. E., Williams and Wilkins Co, et al., Truth and Deception–the polygraph（'lie-detector'）Technology, 2d. ed., Baltimore, MD: The Williams & Wilkins Co, 1977.（［美］约翰·里德等：《真实与欺骗——测谎仪技术（第二版）》，威廉姆斯与威尔金斯出版社1977年版。）

受同侪审查的学术期刊上的研究，所报告的准确性较低（对无辜者的认定准确率平均为57%，而对有罪者的认定准确率平均为76%）。

不过这种两极化的现象从1983年开始有所好转。1983年，美国国会技术评估办公室（OTA）为了撰写评估报告《Polygraph测谎的科学效度：研究综述与评估》（见第六章）做了系统的调查。他们整理了以往所有的关于测谎准确率的研究，并从中选择了10项最有价值的。把这些研究综合起来，得到的测谎准确率是：对于有罪者，测谎准确率为88%，错误率为10%，无法判断为2%；而对于无辜者，准确度为78%，错误率20%，无法判断2%。换种比较简单的说法，认定有罪的准确率是90%，排除无辜的准确率是80%，**平均下来的整体准确率是85%**。OTA认为，尽管测谎的准确率还达不到理想的水平，但远远大于那些批评者所说的准确率。而且OTA还认为，在实践中，**如果测谎人员得到足够的训练，有更丰富的经验，那么测谎的准确率将会大于85%**。[①]

到了1996年，美国测谎学会发表了一篇文章——《Polygraph测谎技术的问与答》（*Polygraph*：*Issues and Answers*）。对于最常被问到的问题："它的准确率是多少？"美国测谎学会回答道：

在过去的75年间，有超过250篇研究提及了测谎准确率，这些研究的数据显示，如果测谎人员合格，测试程序恰当，polygraph测谎的准确率应介于85 % 至95 %。

85% ~ 95%的准确率，如果平均一下就是90%。这就是为什么我们经常看到**美国测谎学会APA（或测谎权威机构）给出的测谎准确率**

----

① Office of Technology Assessment，Scientific Validity of Polygraph Testing: A Research Review and Evaluation——A Technical Memorandum, Rep. TM–H–15. Washington, DC: U.S.Congress: Office of Technology Assessment,1983.（［美］技术评估办公室：《Polygraph测谎的科学效度：研究综述与评估——技术备忘录》，美国国会技术评估办公室，1983年。）

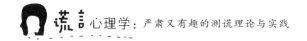

是90%这种说法的出处。

1997年，当时顶尖的测谎专家汉斯（Honts）和彼得森（Peterson）应美国最高法院的要求提交了他们关于测谎准确率的报告。他们在9项研究数据的基础上，报告说**认定有罪的准确率是90%，排除无辜的准确率为91%**。此外，他们还特别说明，这个准确率只针对对照问题测试法CQT而言。

而在2003年NRC的《测谎仪与测谎技术》的报告中，不是使用传统的认定有罪、排除无辜或总体准确率来报告，而是使用了ROC曲线下面积A（见第九章）来表达。NRC（2003）根据自己的筛选标准，最后选出了57项研究进行元分析。需要说明的是，NRC是应美国能源部人事筛选工作的要求进行的研究，因此所选取的57项研究都是针对人事筛选测谎准确率的。因此，对于司法背景下的测谎准确率的借鉴作用需有所保留。此外，报告还区分了实验室研究和实案研究两种情况。实验室研究获得的ROC准确率AUC指标A在0.81 ～ 0.91；而现场研究的AUC指标A则在0.71 ～ 0.99。换句话说，**NRC得出的测谎的准确率大约在0.86左右，并且认为在实践中，如果各方面都表现良好，最高能达到0.99的准确率**。不过这个准确率数字和传统的准确率不是一个概念，它是AUC指标A。

最后，NRC给出的结论如下：

尽管测谎的准确率远低于完美，但在有些情况下（如编题恰当、被测者没有使用反测谎对抗等）测谎仪识别真话和假话的准确率远高于概率水平（即50%的瞎猜水平）；但测谎仪的准确性其实是难以评估的，并且可能因不同的应用领域（如用于犯罪调查与用于安全审查）而有很大差异。而所有的准确率都是来自特定的领域（如犯罪调查），将它们简单概括起来代表整个测谎的准确性是不合理的。

所以，事实是：**所谓"测谎的准确率"这种说法本身就不对。** 当我们看到一些具体的准确率数字时，如80%、90%、0.81，一定要记得，它只是一个参考而已。具体到不同案件、不同编题技术、不同情景……可能完全不同。

从2003年NRC的这个报告发表，到目前为止，还没有新的政府层面的大规模准确率调查研究，但也有少数几个来自学者的个人调查研究结果。

2004年，马西普（Masip）等人对以往的研究进行总结后发现：对于对照问题测试法CQT，认定有罪者的准确率介于80%至90%；而排除无辜者的准确率介于53%至93%。而对于GKT，认定有罪者的准确率大于80%，排除无辜者的准确率则大于90%。而最新的2018年的一项研究，获得的准确率达到了81%～91%的高精度。此外，也有研究分不同的测试方法报告了准确率，从高到低分别是：

表13-2 不同测试方法的准确率

测试方法		准确率
对照问题测试法 CQT	区域对照测试法ZCT	89%
	间谍测谎测试法TES	88%
	里德技术Reid	83%
犯罪知识测试法GKT		80%

可见，总体上CQT测试法优于GKT。而中国目前主要使用的是GKT测试法，所以准确率可能有所不同。关于测谎在中国的准确率，常见的一种说法是："排除无辜准确率达100%；知情相关、嫌疑认定准确率达98%。"显然有所夸大，也有研究者给出了更为确实的数据：基于82例测谎结果得到的总准确率为87.8%。日本也主要使用GKT，他们的相关数据也可以作为参考。日本报告的测谎准确率在82%左右。

总之，如果一定要给出一个测谎准确率（虽然这种说法并不对），80%～90%是一个比较主流、也比较客观的数据。

这样的准确率是什么概念呢？按照美国国会技术评估办公室OTA和国家研究委员会NRC的说法，远非完美。但是有学者做了一个比较，将测谎和其他刑事司法中常用的调查方法进行比较，其结果如下：

表13-3　测谎与其他调查方法的比较

调查方法	正确	错误	无结论
测谎测试	18	1	1
笔迹鉴定	17	1	2
目击证人	7	4	9
指纹鉴定	4	0	10

可以看出，测谎技术与笔迹鉴定、目击证人和指纹鉴定相比，准确率不相上下，甚至还高于其中的一些方法。而其他的调查方法都可以作为法庭证据使用，而测谎结果却一般不能。所以正如谢弗案（见第十四章）所指出的：**法庭拒绝测谎仪，并不是完全因为它的准确率不完美或它不可靠，而是因为它本身所带的神秘色彩，会对陪审团产生无法控制的影响。**

13.5　神秘光环与不确定性

一百多年来，围绕着测谎技术，众多的倡导者来来去去，众多的反对者来来去去。唯一没有改变的是需要证明这项技术是否真的可以识别谎言。造成这一局面的最根本原因是测谎背后的理论是不明的。至少从目前主流的测谎方法来看，包括行为、言语以及仪器测谎，都是分两步走。第一步是找到特定的线索，如视线闪躲、皮电反应；第二步是解释这些特定线索的出现是因为说谎或者有罪。第一步问题不大，只要我们找到合适的测量方法就能准确捕捉。最大的问题是第二步。正如

NRC的报告中指出的：

> 测谎仪所测的生理反应（特定线索，如皮电反应上升）与试图说谎的心理状态之间并没有建立起紧密的联系，没有理论可以确定某种生理反应的出现是因为"试图说谎"的心理状态而非其他心理状态导致的。

为了解释这种联系，测谎领域已经出现很多不同的解释，包括被测者的压力、恐惧、负罪感、愤怒、兴奋、焦虑或认知唤醒等心理状态所对应的生理反应都被指是测谎的基础。我们将对其中比较有代表性的理论进行介绍。

战斗或逃跑反应理论

对于测谎人员来说，当他们向被测者介绍测谎时，最常用的理论就是战斗或逃跑反应（fight or flight reaction）理论，或者又称为应激反应理论。在一些一般性的文献中，解释测谎原理时，也是用的这一理论。可以说，压力理论或应激反应理论是最主流的测谎的"科学基础"。关于战斗或逃跑反应，前面我们已经详细介绍过了（见第三章）。而将这一理论应用于解释测谎的根据则是：对于有罪者，相关问题是具有威胁性的刺激，会引发其应激反应，从而产生上述生理反应。而对于无辜者，是对照问题而非相关问题具有威胁，因为对对照问题的生理反应较为强烈。

朝向反应理论

不过有一些学者认为测谎基础不是应激反应，而是朝向反应。因为按照应激反应理论，有罪者在测试时出现的应激反应，会带来心跳加快、血压增高、呼吸加速的生理反应。但是在实验室研究中，常常会观察到的被测者的生理反应几乎是相反的，即出现的是血压的下降、呼吸的抑制。而这种生理反应并非应激反应的成分，而是朝向反应的重要特征。朝向反应是由一种新异或者对自己有特殊意义的刺激引起机体的一种反射活动，表现为机体现行活动的突然中止，头、面部甚至整个机体转向此刺激发出的方向。想象一下自己身处某鸡尾酒会，周围人身嘈杂，有可能面对面说话都听不太清。但是突然听到有人叫自己的名字，我们会立即转过头去看是谁在叫自己。这就是朝向反应，也被称为"鸡尾酒会效应"。而血压的下降、呼吸的抑制等生理反应是典型的朝向反应指标。

恐惧理论或惩罚理论

对于非专业的普通人士，如果让他解释测谎的理论基础，他最可能想到的就是恐惧理论。所以这一理论是最早的测谎技术的基础理论，此领域的先行者们大都持这一观念。例如，马斯顿就指出，在测谎时被测者的血压明确增高，这无疑是恐惧心理状态的生理反应。拉森也认为测谎所利用的自主反应（呼吸、血压、脉搏等）正是来自有罪者对可能面临的惩罚的恐惧。

心理定势理论

还有一些理论与具体的测谎测试方法有关，如区域对照测试法 ZCT 是目前全世界最主流的测试技术。所以，当测谎人员想要更专业地解释测谎原理时，他可能会用到巴克斯特的心理定势理论。在心理学中，"定势（set）"被定义为对某种刺激或某类刺激的暂时朝向或准备状态，包括认知定势、动力定势、神经定势，等等。而巴克斯特的心理定势是指在测谎测试中，被测者对某类问题给予的特别注意。正如前面提到的，巴克斯特将心理定势与应激反应中的第三种状态"冻结反应"看成是一件事。所以他认为，对于那些想在相关问题上说谎的被测者，他们会认为相关问题比其他类型问题（如对照问题、无关问题或症候问题等）对自己的威胁更大，因此对其更为注意，也具有更高的心理唤醒水平。同样，对于无辜者而言，他们会认为对照问题更具威胁，因为更多关注的是对照问题而非相关问题。

唤醒理论

一般认为，将"唤醒理论"引入测谎领域的是犯罪知识测试法GKT的提出者莱肯。但事实上，里德和巴克斯特都曾对"唤醒"有所提及，不过他们更多指的是"情绪唤醒"。而莱肯为了强调自己的观念，即测谎并不是在检验"说谎"或情绪本身，而是在检测对犯罪细节的记忆，而将此称为"认知唤醒"，并将此作为GKT的理论基础。这一理论认为，由于有罪者具有对具体犯罪细节的记忆，当符合真实犯罪细节的关键刺激出现时，会出现较高的心理唤醒水平，从而导致其生理唤醒水平也增强。并且刺激越强，唤醒反应也就越强。而无辜者因不知道具体案情，不会出现有指向性的认知唤醒。

条件反应理论

条件反应理论受到了巴甫洛夫的经典条件反射理论的启发，认为个体从小被灌输"说谎或欺骗"是不良的、应受惩罚的行为的观念（无条件刺激），并建立起与这一观念相对应的情绪反应（无条件反应）。这一联系因是从小植入，并已潜移默化到个体的内心，所以是无条件反射。而个体实施了一次违法犯罪行为，虽然不是多次练习，但由于违法犯罪是一种强烈的经历，因此可以在上述无条件反射基础上建立起条件反射，即这一具体违法犯罪行为（条件刺激）与特定情绪反应（条件反应）也建立了联系。因此，当测试时相关问题（涉及具体违法犯罪行为，也就是条件刺激）出现时，个体会不由自主地出现情绪反应，而伴随这一情绪反应出现的生理反应就会被观察到。所以，测谎所要探测的特异

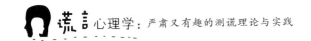

心理生理反应其实就是一种条件反应。而对于无辜者而言，其由于没有建立此类条件反射，就不会出现此类条件反应。

心理冲突理论

心理冲突理论认为，有罪者在回答问题时会"说谎"，而说谎时会产生两个心理意向，一个是来自对事实的认识，另一个则是来自对"谎言"的认识。这两个完全相反的意向会带来强烈的心理冲突。而对于无辜者而言，他只是陈述自己对事实的认识，因此只有一个意向，不会出现心理冲突。具有强烈心理冲突的被测者的生理反应会比没有心理冲突的强烈，从而能够很好地区分说谎者与诚实者。

动机理论

这一理论是在前人的恐惧理论基础上更深入了一步，认为由于有罪者面临着较高的被惩罚的风险，他们具有更强的打败测谎仪的动机，而强烈的动机状态将会引发强烈的生理反应。

二分法理论

在朝向反应理论的基础上，以色列学者本—沙卡（Ben-Shakhar）提出了二分法理论来解释KGT的理论基础。这一理论认为，在有罪者的眼中，所有的问题都会分成两个基本的类型：相关问题和中性问题。而对于无辜者，所有问题都是中性的，则没有这样的二分法。所以有罪者会对相关问题出现朝向反应，而无辜者则不会。

如此众多的理论学说，没有一个是被完全认可的，而且相互之间有相似的，也有不同的，甚至还有完全相反的。这充分说明测谎的理论基础存在很大的不确定性。"与说谎相关的心理状态是什么？"不确定！"这些心理状态会出现哪些特定的生理反应或线索？"也不确定！

正是因为这种不确定性，使得相关的科学界常常对它的科学性持怀疑态度。莱肯曾经做了一个学术意见调查，调查对象是美国心理研究协会和美国心理学会普通心理学分会的心理学家。结果发现，这些心理学家几乎都不认为测谎技术是以科学、合理的心理学原理为基础的。特别是美国心理学会及英国心理学会，都曾对测谎技术发出负面的声明，指出没有证据表明该技术可以准确识别谎言或欺骗。

神秘光环

很多人在回顾测谎技术的百年历史时，总是感叹"这真是一种神奇的技术"。它几乎是一出现就受到争议；它的发明者最后说它是"科学怪物"；科学界也不认可……但是它幸存下来，而且似乎越来越流行。而测谎仪之所以能屹立不倒，在很大程度上，是因为它本身所带的神秘光环。

首先，它所识别的对象——谎言就是一个很神奇的人类现象。从进化论的角度看，有效欺骗他人是一种有价值的能力。人类天然会学会说谎或欺骗，但是在道德上却总是将说谎作为不道德、应禁止的行为。所以，人类对于说谎行为非常矛盾，我们几乎每天都说谎，但仍然认为自己是正派的人，不应该说谎，会因为自己说谎而感到羞愧，也会害怕因此受到惩罚。

其次，什么是谎言？缺乏明确的定义。如高贵的谎言、夸大的谎言、白色谎言、巧妙的谎言……众多的谎言分类以及语言学的研究都表明，什么是谎言？是无法确切回答的。也就是**谎言本身就是具有不确定性的**。

此外，人类对谎言的态度也是模棱两可的。对于一些日常社交中的说谎，我们几乎每天都在说，甚至让我们的孩子从小学习。但对于另一些谎言，我们又深恶痛绝，一直在追求一种快速、准确的识别技术。

谎言本身的不确定性，以及这些矛盾、模棱两可的态度，让所谓的测谎技术看起来很难实现。但19世纪末科学心理学的出现，让它找到了落脚之处。从当时的心理学家的角度看，他们只是想找到测谎特定情绪的生理指标，完全符合生理心理学基本原理。还记得最早的先驱莫索吗？他只是想知道与恐惧相关的生理指标是什么，但逐渐发展成为与说谎相关的生理指标。很多学者认为这个转变在很大程度上归功于马斯顿。正是他将原本生理描记仪称为测谎仪，并宣称"人类长期以来寻找识别谎言与真实的努力之途已经结束"。所以测谎仪起源于科学仪器，带有科学家族的光环——客观、精准。早期的测谎开发者和倡导者正是依靠这个光环让它流行起来，如今仍然在使用它。例如，我国官方将它称为"心理测试仪""心理生理测谎仪"，不都是在给它增加"科学的光环"吗？

另外，它似乎实现了人类长期存在的学会"读心术"的梦想，很多的文学作品，如科幻小说、马斯顿的漫画都给测谎仪戴上了"艺术的神秘色彩"。

所以测谎仪的神秘光环来自两个方面，一是科学，二是文学作品。

正是在这样的神秘光环下，普通人众，可能从来没接受过测谎测试，但一想到自己将来可能会被测——即使只是出于类似游戏体验的目的——也会让人有点紧张。或者只是作为旁观者，知道别人接受了测谎测试，其感受也与听说他接受了DNA鉴定完全不同。而这些都会影响到测谎结论在法庭审判中的地位。

第十四章 测谎与法律：被拒于法庭之外

现代测谎技术从一开始就受到了警方的欢迎，广泛地使用起来。但是警察获得的测谎结论最终还是要随着案件诉讼送到法庭上，等待被采纳作为证据使用。所以，仅仅是测谎技术正式使用后的两年，即1923年，它就出现在美国一项刑事案件的审判法庭上，这就是弗赖伊案。

弗赖伊案拒绝将测谎结论作为证据，并导致在此后长达70多年的时间里，测谎技术都被法庭拒之门外。**但这扇大门并没有完全关死，被人来回敲打**。这也就导致，在美国法律界出现了一系列的经典案例，它们的共同特点就是，围绕着测谎结论能否作为证据使用而展开。

14.1 那些经典的案件

弗赖伊案：将测谎仪排除在法庭之外

1921年，华盛顿特区的一名黑人名医詹姆斯·布朗被人枪杀，经鉴定他是被一把0.45口径的左轮手枪击中头部死亡的。有目击证人声称凶手是一名"浅棕色皮肤、二十四五岁左右、体重约135磅"的男子。除了目击证人，现场还找到了左轮手枪，警方也悬赏1150美元以获取更多信息。但案情一直没有进展。直到1923年，两名警探在调查伪造文件时逮捕了19岁的詹姆斯·弗赖伊（James Frye）。弗赖伊马上就承认伪造文件及盗窃钻石戒指的罪行。不过除此之外，他符合先前布朗被害案凶手的特征，特别是随后他也供认自己杀害了布朗医生，但他很快又推翻了这一供述，声称之前的供述是因为其中一名警探曾提出，如果他承认谋杀，可以与他平分悬赏金。不过有理由相信，他的律师也全程参与了这一谋划。他之所以接受这一做法，是因为他有可靠的不在场证明，所以即使后面他因谋杀罪受审，但最后并不会被定罪。可是，当审判临近，可以证明他不在场的证人找不到了。他和律师一时不知所措，慌忙之中找到了当时的测谎专家马斯顿来测谎。马斯顿在华盛顿大学给弗赖伊进行了测谎，使用的是自己发明的"心血压测谎仪"。最后谎言测试得出的结论是：弗赖伊在否认谋杀布朗医生上说的是实话。在随后的初审中，弗赖伊的律师就试图将测谎结论提交给法庭做证据使用，并提供证据证明马斯顿已经从事了10年的测谎工作，其测谎准确性高达95%。而作为控方的检察官提出了异议：马斯顿使用的测谎仪是单一参数（心血压）的，是不够的，至少不是最先进的，因为当时还有拉森的测谎仪是双参数的（呼吸和血压），更先进。最后，初审法官不仅拒绝将测谎结论作为证据，也拒绝让马斯顿作为专家在法庭上进行测谎，并判弗赖伊有罪。弗赖伊随后到上诉巡回法院提起上诉，理由是初审法官有错误——排除了马斯顿的证词。

但上诉法院肯定了初审法院的判决裁定：由马斯顿采用的"心血压测谎技术"得到的测试结论不能作为证据使用。也就是针对这个全世界首次试图将测谎结论引入法庭程序的尝试，给出了以下裁定意见：

法庭在接受专家证言时要经过一个比较长的过程，而这些证言必须是从公认的原理和发现推论出来的，并且这些推论出来的东西在它所属的特定领域内得到认可。我们认为心血压测谎技术还未得到生理学和心理学权威的科学认可，因此不能作为从发现、发明和实验中推论出的专家证言在法庭上使用。

这就是著名的**弗赖伊规则**。它规定：**是否接受测谎测试结论作为证**

据使用，**标准只有一个，即它是否被所在的科学界普遍接受**。所以弗赖伊规则又被称为"**普遍接受原则**"。而要确定是否符合"普遍接受"这一标准需要通过以下两个步骤进行：

第一步：确定这一技术所属的特定领域和相关的科学界；

第二步：再确定这一相关科学界是否普遍接受这一技术。

而当时的法官显然认为马斯顿的测谎技术尚未得到当时的相关科学界的普遍认同，所以拒绝将其采纳为证据。不过，随着测谎技术的发展，科学界对它的看法其实已发生了改变。我们可以通过1982年的一项民事案件审判来说明，并以此对"普遍接受原则"如何确立加以说明。在此案中，被告方试图把测谎结论引入法庭证据中。为了支持自己的观念，被告方提供了一项科学调查的发现。这一调查表明了相关科学界的科学家对测谎技术的看法和态度。当时，在这一调查中，心理生理学研究协会1/15的成员（共137名，都有博士学位）接受了个人访谈。结果发现，30%的被调查者曾经使用过测谎技术来得到证据，其中19%用于教学和研究，11%用于专业应用。当被调查者被问及"当一个受过系统训练的测谎人员在判断被测者说谎与否时，你对这名测谎人员的判断有何看法，以下几种陈述中哪一项最能表达你的观念"时，137名被调查者的回答结果如下：

表14-1　被调查者的回答

观念	百分比
它是十分可靠的方法，可以单独作为决定因素	1%
当和其他的信息结合起来考虑，它是一个有效的判断手段	62%
它的有用性还值得怀疑，与其他的信息相比，所占的权重比较小	34%
毫无用处	1%
不知道	1%
其他	1%

可见，这项调查将测谎技术所在的科学界定为"心理生理学"领域，而此科学界的多数科学家对测谎技术在获取证据方面的有用性持肯定态度。这些被调查者都具有博士学位，并且都认为自己对测谎有着足够的了解。其中只有一个人认为测谎是没有用的。

弗赖伊最后被判犯有二级谋杀罪，免于死刑，并在18年后假释出狱。当他被释放时，他的名字已经成为一项重要法律原则的一部分。这一原则规定，任何科学证据应具备"普遍接受原则"，才可能被法庭接受。

弗赖伊案的判决也直接导致了测谎技术在随后近70年的时间内几乎都被排除在法庭之外。因为弗赖伊案的巨大影响，美国法庭（包括军事法庭）对待测谎结论几乎都采用一种"本身排除原则"，即无论处于何种情形下，只要是测谎，其结论都要排除在法庭证据之外。这种情况一直延续至1993年的道伯特案。

道伯特案：重点是是否可靠

道伯特案涉及两名患有先天肢体残疾的婴儿，其中一名叫杰森·道伯特（Jason Daubert）。他们的父母认为此缺陷是由于其母亲在怀孕期间服用被告公司——梅里尔·道制药公司（Merrell Dow Pharmaceutical Inc）所销售的药物镇吐灵（Bendectin）所致，提起民事诉讼。

镇吐灵是一种治疗孕妇呕吐或眩晕的特效药，曾在世界范围内广泛销售。据估计，到1983年，全世界有超过3300万妇女使用过此药。后有先天肢体残疾的患儿母亲多回忆怀孕期间曾服用此药，因而渐有患儿家属对销售商梅里尔·道制药公司提起民事诉讼。也就是说，实际上，在道伯特案之前，针对镇吐灵的诉讼案件已经是风起云涌。

道伯特案在加州地方法院审理时，因涉及药物科学类专业问题，法院允许原被告双方自行聘请专家证人作证。被告沿用了以前相关诉讼的专家鉴定，认为镇吐灵并不会造成婴儿肢体残疾。原告则提出了阵容可观的八名专家，认为通过动物活体试验、药物化学结构分析和对现有流行病学资料的再分析证明，此药物确实可导致婴儿畸形。地方法院在审理后认为这些证据不符合"弗赖伊规则"，不能作为证据。因此，地区法院也如此前此类案件一样，判被告制药公司胜诉。

此案上诉到联邦第九巡回法院，法官仍援引"弗赖伊规则"维持了原判。

原告最后又上诉到联邦最高法院，理由是1975年美国已制定并开始实施《联邦证据规则》，而其中第702条规定：

如果科学、技术或者其他专门知识能够帮助事实的审问者了解证据或者判定争议中的事实，那么满足作为专家要求的知识、技能、经验、训练或者教育的证人就可以专家意见或者其他形式作证。

原告认为，联邦第九巡回法院法官应该依据《联邦证据规则》而非弗赖伊规则来判案。随后最高法院据此进行了审查，提出了判断科学证据可采性的"综合观察"标准，即一项科学技术或方法能否作为证据被法庭接受，需要满足以下五个标准之一：

（1）是否具有可验证性；
（2）理论或技术是否经过同侪审查；
（3）其错误率是否已经知晓；
（4）是否存在和维护控制其操作的标准；
（5）是否为相关科学界所普遍接受。

这就是所谓的道伯特规则。另外它还要求法官必须具备相关科学领域中的一些专门知识，担任好科学证据"看门人（gatekeeper）"的角色，过滤掉那些缺少科学可靠性的证据。

虽然道伯特案最终以原告的败诉而结束，但此案确立的"道伯特规则"，取代了1923年弗赖伊案所确立的"普遍接受原则"。

在比较"弗赖伊规则"和"道伯特规则"之间的区别时，我们可以发现，"道伯特规则"更为宽容。"弗赖伊规则"要求必须证明该方法（如测谎）是基于科学界普遍接受的方法。但事实上，很多方法本身在科学界内会争论几十年，甚至上百年，根本达不到。而"道伯特规则"虽然标准更多（有五条），但其实都是对方法的"可靠性"作出的规定。所以，在道伯特的原则之下，重点就是证明方法是否可靠。也就是即使是科学界少数人接受的方法，也可能很可靠，也可以被作为证据使用。

不过，虽然一般认为"弗赖伊规则"已被"道伯特规则"所取代，但事实上，直到21世纪的今天，在美国某些州作裁决时，"弗赖伊规则"仍然被使用。在美国超过一半的州在审查测谎结论是否可以作为证据使用时仍然使用的是弗赖伊的"普遍接受原则"。这可能是因为道伯特案本身是关于是否采信某些专家证词（即认为是镇吐灵导致原告出生缺陷），与测谎并没有直接的相关。但它影响巨大，导致其后对所有类型的专家证词都有影响，包括测谎专家的测谎结论。

谢弗案：不仅是可靠性，还有神秘色彩

因为道伯特案并不是直接针对测谎的，所以此后关于测谎结论是否可以作为证据，法官仍采用的是"普遍接受原则"。这种情况直到1998年的谢弗案后才有改观。

1992年，驻扎在加利福尼亚马奇空军基地的飞行员爱德华·谢弗（Edward Scheffer）自愿担任空军特别调查办公室的毒品调查线人。在卧底期间，他会不时被要求接受毒品检测以及测谎。一次，在接受毒品检测之后，测试结果没有出来之前，他接受了测谎测试。测谎结果显示，自从加入空军以来，他没有吸毒。可是随后毒品检测结果出来，验出了他曾吸食过冰毒（甲基苯丙胺）。最后，他被指控吸毒以及一些其他问题，接受军事法庭的审判。他自己辩称，是因为做卧底而吸食了药物，

属于"无辜摄入"。但检方质疑，因为这种说法与他早些时候对空军特别调查办公室的说法不同。于是谢弗提出要将测谎结论引入法庭，证明他没有故意吸毒。但是军事法庭根据《军事证据规则》第707条拒绝了。

此条规则就是长期在弗赖伊"普遍接受原则"影响下，形成的一项基于"本身排除原则"，即：

尽管有任何其他法律规定，但军事法庭都禁止引入测谎结论、测谎人员的证词以及任何关于被告是否拒绝或同意进行测谎的文件，这些都不得承认为证据。

这使测谎结论在军事法庭上无法作为证据，因此谢弗的所有罪名被定罪，被判监禁30个月、没收所有工资所得并降到最低入伍等级。此案上诉至军事上诉法庭，因为新出现的"道伯特规则"，上诉法庭认为对于测谎是否可以作为证据，应由法官作为"看门人"加以斟酌，而前军事法庭将有利于被告的测谎结论直接排除，有违美国宪法第六修正案，即损害了宪法赋予被告的辩护权。美国司法部不同意此裁定而向联邦最高法院提起上诉。

美国最高法院的九名大法官对是否采信测谎结论观点各异。其中四名法官赞同"本身排除原则"，理由是目前在科学界对于测谎技术的可靠性并未形成一致意见。另外有四名法官认为《军事证据规则》第707条并不违宪，但"本身排除原则"是不公正的，主张：

是否采纳测谎结论作为证据，每个审判程序可以根据具体情况作出不同的判决。

九名法官中只有一名法官认为"本身排除原则"违宪。并且指出，如在此案中指出测谎不够准确这样的判断，这显然与政府广泛使用测谎进行人事筛选的现实相矛盾。

值得一提的是，有四名法官还特别提到，陪审团会深受测谎结论证据的影响，并倾向赋予其更强的证明力。同时，即使只将测谎结论作为间接证据使用，但实际的效果往往是它的出现会分散陪审团对主要证据的注意力。因此，他们认为将不可靠的测谎结论排除在证据之外并不违宪。

最后，最高法官遵循多数意见裁决说，对测谎结论采取"本身排除原则"，并不违宪（九名法官中有八名持此意见）但也不公正（九名法官中有五名持此意见），法官可根据个案情况来确定是否采纳其为证据使用。因此，最高法院维持了原判，判谢弗有罪。

谢弗案是在"道伯特规则"后，对测谎结论是否可以作为证据使用的直接讨论，虽然谢弗案本身最后是拒绝了测谎，但是它将法庭的大门打开了一道缝，让测谎结论成为证据有了一些可能。不过我们还看到，法庭拒绝测谎仪，有时候并不是完全基于它是否可靠，而有着更广泛的司法关切。因为它本身带有的神秘色彩，会对陪审团乃至普通大众产生无法控制的影响。所以将测谎仪排除在法庭之外也许符合更广泛的利益，以及整个社会的控制。

马洛里案和皮奇诺纳案：知情同意很重要

除了可靠性和神秘色彩，测谎证据还面对其他的法律问题，包括可能会妨害当事人的自由陈述、不自证其罪或保持沉默等权利。而对此等问题作出解决尝试的则是马洛里（Mallory）案和皮奇诺纳（Piccinonna）案。

马洛里因涉嫌强奸被警方拘留，并被要求接受测谎测试。但测谎时仅有被告与测谎人员（同时也是此案侦查人员）在场，且房门紧闭。当时没有人告知马洛里，其有权保持缄默、有权委任律师，其所作出的不利陈述将作为法庭证据使用等话语（米兰达警告）。最后在测谎诊断其"有罪"且将会获死刑的情况下，马洛里与警方达成了辩诉交易，作出认罪供述。后在法庭审判中，陪审团作出了判处死刑的结论。此案上诉至联邦最高法院，法院认为：本案被告被迫接受测谎，且测谎前未被告知其具有保持沉默、委任律师的权利，也未被告知其所为不利陈述将作为呈堂证据，因此被告的供述不能被采纳为证据使用。此案所建立的规则就是：对被告进行测谎测试之前，应告知其相关权利（宣布米兰达警告），此后所获得的被告陈述才能采纳为证据。

而在1989年的皮奇诺纳案中，美国第11上诉巡回法院指出：

近年来在测谎技术方面取得意义重大的进步……以至于其检测结果作为法庭证据已被科学界所认可……此次测谎结论可被法庭采信，但必须满足下面两个条件之一：要么诉讼双方同意采信测谎结论，要么由法官根据第11巡回法庭建立的标准决定采信测谎结论。

也就是说，在美国某些地区，如果诉讼双方同意，测谎结论是可以作为证据的。虽然从弗赖伊案到谢弗案，测谎结论都被拒绝作为证据使用，但是测谎技术在警方、执法部门和私人侦探机构得到越来越广泛的使用，法庭的大门不得不逐渐打开。不过在此之前，测谎技术本身也在不断提高其可靠性，或者换句话说，不断去争取符合"道伯特规则"中的标准。为此，测谎技术本身也要具有以下条件或基础：

1. 所使用的特定测试技术（如CQT）可以（并且已经具备）经过科学检验；
2. 具有经证实的有效性和可靠性；
3. 确定其潜在错误率；
4. 最好经过同行评审和公开发表；
5. 控制其运行的实践标准的存在，并得以维护；
6. 获得相关科学界的普遍认可；

7. 测谎测试正确；

8. 由受过适当培训且具有职业资格的测谎人员实施；

9. 整个测试有录像或至少有录音记录。

随着这些标准逐步符合，美国法庭对测谎结论的接受程度有了较大的改变。到2003年，美国有19个州，12个联邦巡回法院中有9个已经明确表示，在符合一定条件下（如一方或双方同意），接受测谎结论作为证据使用。最重要的是，美国的司法制度中，法官在审判过程扮演着重要的角色，因此，测谎结论是否能作为证据使用，最终还依赖法官的决定，如果法官认为测谎达到了以上的标准，或双方同意，往往也不会拒绝测谎结论作为证据使用。

不过总体上，美国法庭不大接受测谎结论**直接**作为证据使用。因为法律人士一般都认为：**测谎仪在某些情况下是有效的调查工具，但不是判断真伪的工具**。所以，测谎仪在美国更多的是作为一种辅助侦查或调查的技术，较少直接作为法庭证据使用。事实上，自从1921年拉森警官首次运用测谎仪进行案件调查以来，美国各地的警察机构已普遍把测谎仪作为犯罪调查的一种必备技术。

14.2　中国的情况

1980年，公安部的一个刑侦技术考察组赴日本考察，撰写了一份《关于考察日本刑事技术情况的报告》，报告中说，"测谎仪是有科学依据的，过去持全盘否定态度是错误的"。[①]

----

① 常青山、苏剑君：《我国犯罪心理测试技术的历史沿革与发展综述》，载《铁道警官高等专科学校学报》2004年第14卷第1期。

1991年年初公安部正式立项，由公安部科技情报所、中科院自动化所等单位的技术人员组成了课题组。同年5月，我国自主研制出了第一台测谎仪——"PG–I型多道心理测试仪"，并成功应用于真实案件。[①]

细心的读者可能会发现，我国给自己研发的测谎仪的正式名称是"心理测试仪"或"多道心理测试仪"。据说为了避免"测谎仪"这一称谓带来的"神秘色彩"影响。我国测谎领域的学科先锋在一开始就倡议将它称为"心理测试仪"。所以在我国，特别是在官方机构和文件中，更多的是用的"心理测试技术"或"心理测试仪"之类的说法。例如，2004年7月中国刑事科学技术协会下设了"心理测试专业委员会"。

目前，我国一些司法部门已经在广泛地使用测谎仪，北京、上海、辽宁、山东、广东、江苏和浙江等28个省市的公安、检察等具有侦查权的部门配置了100多台测谎仪，主要用于案件的侦查和调查工作。有个别法院（如沈阳市中级人民法院）还曾将测谎直接运用于审判活动之中。

我国目前使用的测谎仪都是自主研发的，也主要测量的是皮电、呼吸和血压（或脉搏）。而且与美国不同，我国主要使用的是GKT而非CQT技术。

当测谎技术在我国司法领域越来越广泛地运用时，和美国的经历一样，相关人士开始询问测谎结论是否可以作为证据使用。1999年，四川省人民检察院就测谎结论能否作为诉讼证据使用问题向最高人民检察院进行请示。同年9月，最高人民检察院在给四川省人民检察院的批复如下：

你院川检发研〔1999〕20号《关于CPS多道心理测试鉴定结论能否作为诉讼证据使用的请示》收悉。经研究，批复如下：CPS多道心理测试（俗称测谎）鉴定结论与刑事诉讼法规定的鉴定结论不同，不属于

[①] 常青山、苏剑君：《我国犯罪心理测试技术的历史沿革与发展综述》，载《铁道警官高等专科学校学报》2004年第14卷第1期。

刑事诉讼法规定的证据种类。人民检察院办理案件，可以使用 CPS 多道心理测试鉴定结论帮助审查、判断证据，但不能将 CPS 多道心理测试鉴定结论作为证据使用。

其中的 CPS 多道心理测试就是计算机化的 polygraph 测谎系统，其中 CPS 指计算机化测谎系统（Computerized Polygraph System，CPS）。

到了 2007 年，最高人民检察院颁布和实施了《人民检察院鉴定机构登记管理办法》。其中将"心理测试技术"与其他鉴定业务门类一并纳入规范管理范围，第 11 条规定："鉴定机构可以申请登记下列鉴定业务：（一）法医类鉴定；（二）物证类鉴定；（三）声像资料鉴定；（四）司法会计鉴定；（五）心理测试。"

而在此之前，也就是 2006 年，公安部已经颁布和施行了《公安机关鉴定机构登记管理办法》，其中第 12 条和第 13 条规定："公安机关的鉴定机构可以申报登记开展下列检验鉴定项目"，其中包括"心理测试"一项。

可见，根据我国目前已经颁布实施的《公安机关鉴定机构登记管理办法》和《人民检察院鉴定机构登记管理办法》，这一技术均已经作为"鉴定"的一类。但是我国法院没有相关的规定，所以仍不能作为证据使用。

14.3　其他国家或地区的情况

根据巴兰德的说法，到目前为止，除了美国，还有大概 55 个国家或地区使用测谎仪，其中至少有 15 个国家或地区将测谎仪作为执法部门常规的侦查或调查工具，但测谎结论通常都不能作为法庭证据使用。所以，一个基本的事实是：**世界上没有一个国家完全依赖测谎仪**，哪怕是美国。

不过，在有些使用测谎仪的国家，使用的具体测谎技术是不同的。因为在一些国家，对于是否可以使用一些欺骗性的调查程序，法律规定是不一样的。在美国，在一定条件下是可以允许警察对嫌疑人撒谎的，因此他们更多的是使用CQT技术。但在其他国家，特别是一些西欧国家，警察使用一些欺骗性的调查程序是不可接受的，因此进行CQT是非法的，只能使用GKT。最常使用GKT测试法的国家是日本和以色列。

日本警察机关早年和我们一样，对测谎技术持否定态度。20世纪70年代后期开始从美国引进测谎技术。例如，东京警视厅技术搜查研究所就设有心理研究室，测谎是其中常规的技术之一。根据日本2002年的统计数据，日本每年在刑事调查中，有70种测谎仪共进行5000次的GKT测谎测试。日本之所以能使用GKT技术还有一个原因就是，与大多数西方国家相比，日本执法机构能更好地控制犯罪现场，以及控制公开或不公开哪些案件相关信息。此外，在日本进行正式测谎前，必须获得被测者本人的书面同意（可以咨询律师，但不需要获得律师同意）。而被测者可以拒绝，但他们很少有人拒绝。

以色列是测谎技术比较领先的国家，除了主流的polygraph测谎仪，以色列在声音压力测谎、眼动测谎，以及脑电测谎方面的开发也相当领先。特别是声音压力测谎仪是目前世界上除polygraph外最畅销的测谎仪了。不过，这些测谎仪常常被用在商业活动中。例如，以色列一些保险公司在合同中加入条款，在保险受益人同意的情况下，测谎结论可以作为证据。如果受益人自愿同意该条款，签署合同并接受测试，则未来涉及诉讼时法院将考虑将测谎结论作为证据。在其他民事案件中，在当事人事先同意的情况下，测谎结论也可以作为证据使用，但以色列刑事审判一般都是拒绝测谎作为证据的。

加拿大1964年引进测谎技术，1966年，加拿大皇家骑警队把这项技术推广到全国，并向武装部门介绍。1976年成立了加拿大警用测谎协会，1979年渥太华加拿大警察学院开设了测谎专业。

与其他国家不同，欧洲国家一般都拒绝使用测谎仪。在前面我们已经提到了测谎仪在英国的历史（见第十二章），作为刑事侦查或人事雇佣调查的测谎技术在英国基本是被禁止使用的。而在其他欧洲国家，也都拒绝使用此类测谎测试，主要理由是因为其可能"侵犯了保持沉默的权利"。但近年来，英国已将测谎测试作为假释的高风险性犯罪人的强制性测试（见第十二章）。

从1921年正式诞生开始，虽然普遍不被法庭接受，虽然围绕着种种质疑和争议，测谎仪还是在反对者的各种攻击中幸存下来。特别是进入21世纪后，我们似乎感觉到，谎言变得比以前更多了。根据德国哲学家格奥尔格·齐美尔（Georg Simmel）的说法，这种感觉是对的，现在不仅是我们说谎多了，而且谎言也变得更具破坏性。部分原因是技术的多样性，导致我们的社交形式和社会关系的扩散，如假新闻在网络上广泛传播。所以我们不是不需要测谎，而是需要更为科学、有效的测谎技术。这是测谎技术未来发展的方向。

第十五章

未来的方向

测谎技术的百年发展，还是让我们有了新的进步。我们已经放弃了追求类似"读心术或测谎石"的技术梦想，转而去寻找那些可以帮我们更好地观察、描绘、记录人类认知和情感的技术，以便有一天我们可以战胜谎言的不确定性、打破神秘。

未来的测谎技术可能有三种发展方向：

1. 在现有测谎技术的基础上增加新的信息来源，如增加新的生理指标；

2. 出现一种完全不同的测谎技术或思路来替代现有的；

3. 对于说谎或欺骗的机制或理论有了重大突破。

如果是第三种方向，也就是未来技术揭示了关于说谎或欺骗的新发现，那么所有"测谎技术"都会水涨船高。换句话说，**我们对人类欺骗过程了解得越多，测谎就会越有效**，无论是何种形式的测谎。

如果是第二种，新的思路的测谎可以让我们摆脱传统测谎一些似乎永远无法克服的问题。

不过无论是第三种还是第二种，目前都少有研究者涉及，大多数人还是选择了第一种方向，就是找到新的生理测谎指标。事实上，我们在前面已经陆陆续续看到了。比如，fMRI测谎技术、热成像测谎技术、声音压力分析仪、眼动或瞳孔测量，等等。但其中大部分好像并不如其发明者声称的"比传统测谎仪更好"，有个别的技术甚至被判处了"极刑"，被称为"最不被期待的新技术"。

但其中有一个技术似乎不太一样，就是fMRI测谎技术。我们除了用它来测谎，还通过它来了解说谎或欺骗时"大脑在想什么"，所以它似乎也属于第三种方向。而与fMRI技术相似的，还有一种大脑认知神经技术——脑电，它也被用于测谎，并且还被应用在真实案件上了。

15.1　脑电（脑指纹）测谎

脑电和fMRI技术之所以备受期待，是因为传统测谎技术所测量的生理指标都是来自**外周神经系统，即自主神经系统**的反应。虽然自主神经系统与**中枢神经系统**有着不可分割的紧密联系，但是它并不等于中枢神经系统。也就正如兰格尔本在神经科学年会上所说的，"polygraph测谎仪测量的是说谎时的脉搏、血压、呼吸和皮电。这些测量指标反映的是外周而不是中枢神经系统活动，并不是直接测量大脑"。而且，从前面提到的各类反测谎方法中，我们可以很容易地看出，要想人为地干扰外周神经系统的生理指标并不是件非常困难的事情。

因此，我们可以设想：如果对现有测谎技术纳入新的反应指标，而这一指标又直接来自中枢神经系统，那么其作用将非常值得期待。因为直接来自中枢神经系统的数据可能是更为准确的测谎指标。而20世纪后半叶兴起的大脑认知神经科学技术为这一设想提供了实现的可能性。

直接利用认知神经科学的新技术进行测谎研究，实际上最早是应用在脑电而非fMRI技术上。1987年美国西北大学教授彼得·罗森菲尔德（Peter Rosenfeld）报告说，他们在实验室内进行测谎获得了成功，并宣称这是人类首次利用脑电技术进行的测谎。但是劳伦斯·法威尔（Lawrence Farwell）并不认同这一说法，因为早在1986年，法威尔及其博士导师就曾在某次学术会议上报告了利用脑电测谎的有效性。随后也有一些研究者报告了一系列利用脑电技术进行测谎的研究，所报告的准确率都相当高。在他们看来，由于脑电与人类记忆和再认等认知加工过程有着直接的联系，所以脑电测谎可能提供了一种更灵敏、更有效的测谎方法。

不过，需要澄清的事实是：其实说脑电测谎并不准确，而应该称为**"事件相关电位（event-related potential，ERP）"**，简称"ERP测谎"。

不是脑电，是ERP

早在1875年，科学家就从兔子的大脑皮层表面记录到电位变化。1929年，德国学者伯格（Berger）首次报告记录到人类脑部的电位活动。通过贴于头皮上的电极收集电信号，经过滤波、放大等过程就得到了波形图谱，伯格将其命名为脑电图（electroencephalogram），简称脑电或EEG。脑电图其实是一系列脑电波组成，其中包括我们都知道的 δ 波、α 波等。这些波是自发形成的，而且振幅通常较大（介于50μV ～ 100μV）。对于正常人来说，EEG没有什么特异性，所以，看起来似乎是杂乱无章的。

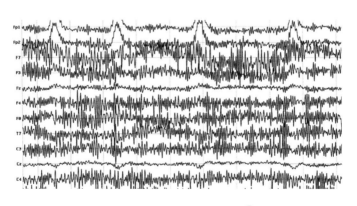

图15-1 "杂乱无章"的EEG[①]

在1939年，戴维斯首先注意到EEG与外在事件的相关性。他观察到，在某次听觉刺激出现后的100 ～ 200毫秒，EEG出现了一个大的负

---

① 图源自本人实验研究。

向波。但对这一现象进行系统、深入分析的则是萨顿（Sutton），1965年他明确将其称为"事件相关电位"，指的是当对个体在给予刺激（也就是一个事件发生）时，经过大脑对该刺激加工处理后，在大脑头皮相应部位可检出与刺激有特定关系的生物电反应。这种由事件引发的ERP电位的振幅都很小，约为$1\mu V \sim 10\mu V$，所以在正常情况下ERP是被淹没在EEG中的。但是研究者利用ERP两个自身的重要特性将其从EEG中提取了出来。这两个特性就是ERP波形恒定和潜伏期恒定。也就是说，只要是同样的刺激作用于个体，那么每次刺激后所诱发的ERP在波形和潜伏期上都是一样的。而EEG则与刺激没有这样的对应关系。所以，当把同一刺激重复多次（一般为20次以上）的脑电信号叠加在一起时，EEG信号会相互抵消，而ERP信号由于在波幅和时间上都是相同的，所以叠加之后总波幅会随相加次数成比例地增大，而基本波形保持不变。这样，ERP就从EEG的背景中突显出来了。最后，再将此ERP按照叠加的次数进行平均，就得到了平均单次刺激所诱发的ERP波形图，表示随着时间的变化电位所发生的相应变化。

一个典型的ERP波形图如下图所示。按一般传统习惯，横坐标代表刺激出现的时间，图中表示的是刺激出现前100毫秒到刺激出现后700毫秒的时间段。纵坐标代表电压，上方为负电压，下方为正电压。因此相应的，向上波动的一个波为一个负波（negative wave，N），向下波动的一个波为一个正波（positive wave，P）。一个波就叫作一个ERP成分。**成分**是ERP研究中一个非常重要的概念，也是主要的ERP研究对象，也是按传统习惯，每一成分一般都以正负两极（P、N）和该波在波形中的位置或该波达到峰值的时间点命名。如下图2，P1表示第一个出现的正波成分，P2则是第二个出现的正波成分，而P300表示从刺激呈现到约300毫秒时达到峰值的正波成分。同样，N1、N2分别表示第一个和第二个出现的负波成分，而N400则表示在潜伏期约为400毫秒时达到峰值的负波成分。

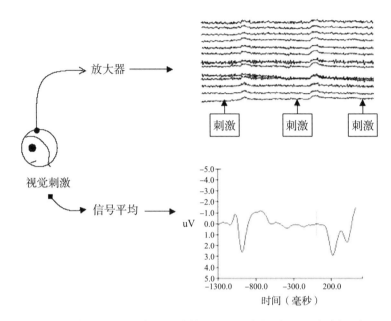

图15-2　提取ERP的过程，正常情况下ERP被淹没在EEG中（右上），
经过叠加平均后就能获得单一的ERP波形图（右下）[1]

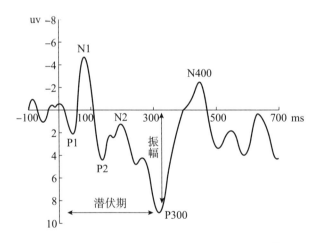

图15-3　通过叠加平均后得到的视觉ERP波形图[2]

----

[1]［美］迈克尔·拉格等：《事件相关/诱发电位》，载《国际社会和行为科学百科全书》2001
　　年第41卷第1期。

[2] 图源自本人实验研究。

经过40多年的研究积累，研究者已经发现了一些经典的ERP成分。目前比较公认的是，ERP成分中P300（后又分为P3a和P3b）和N400（或N4）都可以用来测谎。所以，所谓的脑电测谎，应该叫ERP测谎，或者更精准地说"P300测谎""N400测谎"。而前面提到的，无论是罗森菲尔德还是法威尔，其实都是P300测谎。

罗森菲尔德的P300测谎

1987年，罗森菲尔德以10名大学生为被测者，要求他们先到一间无人的房间，从放着9件物品的箱子里任选一件物品，如收音机、录像机、手表、钱包等，模拟犯罪情景。然后让被测者接受ERP测试，要求被测者注视计算机屏幕上随机出现的9个不同的物品的"名称"。对于被测者而言，9个名称中有1个是他们曾经"选择的物品"。研究者要求被测者尽量不对刺激做出任何反应，包括行为上或情绪上的反应，并鼓励他们"打败"此测谎测试。最后他们报告说，在10名被测者中，有9名被测者在"选择的物品"上出现了潜伏期在400 ~ 700毫秒的明显的正波，而对其他物品则没有出现类似的正波。罗森菲尔德等人认为，这一正波成分正是P300，据此宣称，利用P300测谎具有广阔的前景。

而1991年，罗森菲尔德又进行了一项P300测谎的改进研究。其最大的亮点在于，使用了CQT技术，而之前都是GKT。研究随机选取了大约一半的大学生被测者参加模拟犯罪（如间谍活动），另外一半则没有。另外，在研究前就已经知道参加研究的被测者中有很多人曾经在过去的五年中"使用过假身份证"。在美国，学生使用假身份证比较常见，因为很多时候他们需要证明自己已经成年（但事实上没有），如购买酒精类饮料、进入一些娱乐场所等。这样的设计，对于已经熟知测谎编题技术的我们来说，其目的显而易见。模拟犯罪的相关的刺激词组对应的是传统测谎的相关问题；"使用假身份证"则类似于传统测谎中的对照问题；而其他词组则为无关问题。判断"有罪"与否的标准也如CQT

范式，如果被测者在对照问题上的P300波幅低于相关问题，则诊断其为"有罪"；反之则诊断为"无辜"。研究结果非常有意思：当ERP测试在模拟犯罪活动进行的当天进行时，13名有罪者中有12名根据上述判断标准被正确识别出来，同时15名无辜者则有13名被准确识别；研究中有部分被测者是在上述模拟犯罪活动完成几天后再接受的ERP测试，虽然在ERP测试之前，被测者又对"犯罪"事件进行了回顾，但是8名接受测试的被测者中只有3名被正确识别出来。这清楚地证明了P300测谎的脆弱性，它非常容易受到被测者忘记了相关信息的影响。

法威尔："脑指纹"

法威尔的博士生导师是研究ERP的权威，可能是这个原因，法威尔攻读博士期间就开始了P300测谎研究。1991年他和导师一起报告了他们的测谎研究。研究招募了20名被测者，首先实施了模拟犯罪。研究者通过采用两个模拟犯罪场景（1和2）。让一半被测者（10名）参加模拟犯罪场景1，另一半被测者（10名）参加模拟犯罪场景2，两组被测者互为实验组和控制组。效果等同于有40名被测者，其中20名为"犯罪组"，另外20名为"无辜组"。两个模拟犯罪基本一样，要求被测者和一个陌生人见面，并通过密码"接头"，最后被测者从陌生人那里获得一份涉及"特殊设计图"的机密文件。很显然，这是模拟的"出卖机密情报"的间谍犯罪活动。测试包括两个，一个是ERP测谎测试，另一个则是传统polygraph收集皮电指标来测谎。

对于有罪组，绝大部分被测者都出现了明显的P300成分；但无辜者则几乎都没有出现明显的P300成分。但是，还是有个别被测者，P300成分出现情况与大部分被测者并不相同。此外，研究还发现，40名"被测者"（当然实际上是20名）中有18名被判断为"有罪"，17名被判断为"无辜"，还有5名的诊断结果为"无法判断"。因此，如果排除"无法判断"的案例，此研究所得的P300测谎总体准确率为100%，如果不排除"无法判断"的案例，则总体准确率为87.5%。

博士毕业后法威尔致力于将自己的研究成果商业化，开发了自己的脑电测谎技术，并申请了美国专利，专利上将此项技术称为记忆和编码相关多层面脑电图仪反应（memory and encoding related multifaceted electroencephalographic response），缩写为Mermer。有人认为Mermer其实就是利用P300成分来测谎，但法威尔本人否认这一说法，声称Mermer利用的是P300及其他的晚期成分。但遗憾的是，对那些除P300以外的晚期成分，法威尔并没有加以明确说明，他声称这是出于"专利权"的考虑。为了让他的技术易于被普通大众认识和理解，他给这项技术起了一个通俗的名字——"脑指纹"，意思是就像人们利用指纹破案一样，脑指纹也是一种利用大脑相关机制的破案技术。

像他的前辈马斯顿一样，法威尔也经常出现在媒体上，积极推广自己的技术，并声称其准确率可达99.9%。很快，媒体曝光度带来了成效，促使了人类历史上第一次将脑电测谎带入法庭审判中。

1977年7月22日，美国的一个停车场发生了一起谋杀案。被害人施维尔是一名退休警察，当时在此停车场做巡夜保安。有一名目击证人指认特里·哈林顿（Terry Harrington）和另一个人在偷车时杀害了施维尔，哈林顿因此锒铛入狱。但在此后的20年间哈林顿一直申诉自己是无辜的，自己当时不在犯罪现场，但均未获得成功。直到他在狱中看到了媒体报道关于法威尔以及他的"脑指纹"测谎技术。法威尔要求接受这一测谎测试来证明自己的清白。于是，在2000年，法威尔对哈林顿进行了测试，并向法庭提交了"脑指纹"测谎报告，"经过测试认为哈林顿本人头脑中并不具有关于此案犯罪现场的记忆"。但他并没有直接给出哈林顿是否"有罪"的诊断结论。后来结合其他证人证言，法庭宣判哈林顿无罪释放。此案法官也明确承认将法威尔的"脑指纹"测谎结果纳入法庭证据中，并说明其经过审查认为，此技术符合"道伯特规则"。

面对这样的判例，当时不少人，特别是一些法学家们都惊呼，这预示着测谎技术取得了重大进展，而认知神经科学介入司法领域的时代已经到来。事实上，这样的担忧大可不必。哈林顿案是第一起，也是最后一起使用"脑指纹"测谎的案例。因为这项技术其实并不如其发明者声称的那么强大。

无论是兰格尔本的 fMRI 测谎，还是法威尔"脑指纹"测谎，他们都声称**利用大脑相关技术的优点之一，就是可以打败"反测谎"**。大脑的活动不能被说谎者操纵，以往他们使用的控制呼吸、踩图钉、咬舌尖等方法都不会奏效。这种说法是真的，因为面对外来刺激（如提问），大脑会做出最直接、最真实的反应，正如法威尔所说，证词可能不真实，而大脑从不说谎。fMRI 和 ERP 都记录的是此时的反应。而当你意识后才想着去反测谎，这时候时间已经过去了，你不可能去影响或改变已经发生的事情。

此外，法威尔还声称自己的测谎技术更精确，是因为与传统测谎不同，它测谎不依赖情绪而是依赖记忆：

在正常情况下，一个人对重大事件的记忆（例如犯下重大罪行）是完好无损的，即使在事件发生很久之后……一个训练有素的恐怖分子冒充无辜的学生，但他已经将获得的有关恐怖分子训练、程序等信息存储在他大脑中。这些信息就像指纹一样印在他的大脑中，我们只需要检测他的大脑中有没有这些信息，就可以将恐怖分子与无辜者区别开来……这就像做指纹鉴定一样。

在无辜者和有罪者之间，是有罪者犯下了罪行，所以相关的犯罪记忆是记录存储在有罪者的大脑中。现在我们有办法确保科学地测量到它们。

简言之，借用笛福的说法，如果传统测谎仪测量的是血液震颤，而脑指纹测谎测量的是大脑震颤。

　　所以，在发明者的口中，或者一般大众眼中，fMRI和ERP指标似乎比其他类型的数据更客观和真实，因为它们"似乎"是直接观察或测量的大脑（或心理），这些技术只是将大脑可视化或"成像"了而已。但事实是：以上的说法**是神话而非事实**，即使使用fMRI和ERP等技术，大脑对于我们来说仍然是个"黑箱"，他们离我们梦想的"读心术"还差很远。

　　越来越多的科学家已经发现：ERP的每一种成分（如P300），其实都是一个复合成分，涉及多种认知过程。比如，P300，现在发现其实可以分为P3a和P3b。而被P3a主要在前扣带回皮层，与注意力有关；P3b则与多个不同的大脑区域的活动有关，并且似乎与决策有关。虽然法威尔声称脑指纹测谎是依赖记忆，但是记忆不是完全独立的，它是和注意、决策、抑制、唤醒、意动等多种认知过程一起，参与了个体说谎或欺骗行为。事实上，法威尔也从未说清楚自己脑指纹所利用的ERP成分究竟是什么？也许并不只是"专利权"的考虑，而是"真的说不清"。

　　所以，虽然这些认知神经技术有了很大的进步，但是一些根本性的问题仍没有完全解决。

　　1.测量的也不是谎言本身，而是谎言相关的认知过程。也就是说，仍然缺少与说谎直接相关的唯一线索。

　　2.不能打败所有的反测谎方法。比如，药物反测谎，它影响的可能是大脑的第一反应，那么就有可能成功。

　　3.仍然无法解决个体差异问题。前面的研究都曾发现有个别被测者的反应与大多数人不一致的情况。

　　所以，最后的结论是，与fMRI的研究发现一样，我们唯一能确定

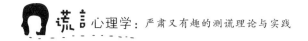

的是：**说谎是一个比说实话更复杂的过程**，涉及了包括注意、记忆、决策等在内的高级认知过程。

15.2 AI技术：测谎机器人

如果说 fMRI 和 "脑指纹测谎" 代表第一种和第三种发展方向有所阻碍，那么第二种方向：尝试一种完全不同的测谎思路来替代现有的技术，是否可行呢？我们一直困扰于很多测谎技术并不是 "测量的谎言本身"，这增加了不确定性。那么我们可不可以直接测量谎言——也就是语言本身呢？

事实上，我们以前的语言文本分析测谎就属于此类，但它似乎并没有取得很好的效果，因为语言是一个很复杂的现象，将其量化来研究非常困难。回想下，我们前面提到的文本分析，基本都是阅读理解式的。测谎人员通过自己对文本进行简单的、人工加工，从中找到一些符合相关的标准的内容，并没有完全利用到所有文本信息。而如今的 AI 技术似乎能让这些工作更深入、更完整。

AI 也会 "读心术"

AI 全称是 Artificial Intelligence，即人工智能，AI 为英文缩写。关于什么是 AI 技术，其实目前并没有一个统一的答案。一个比较通俗但却不太准确的定义是：AI 就是可以让机器模拟人类行为的技术。国际上一些比较权威的教科书则将它定义为，任何能够感知其环境，并采取行动以最大限度地实现其目标的系统。

近年来，AI 技术发展迅猛，似乎各个领域都在使用，比如我们最常熟悉的购物、娱乐、社交网站上推荐系统、自动驾驶，还有打败棋王的 AlphaGo……而与测谎或说谎相关的 AI 技术，则莫过于曾经风靡一时的"微软小冰·读心术"的小游戏了。在你玩游戏之前，心里想一位名人的名字，然后小冰会问你一些问题，你只用做出"是""不是"或"不知道"的回答。一般只用问10个左右的问题，小冰就能准确地猜出你刚才心里想的人是谁。

对于不了解原理，最后被小冰准确猜出答案的人来说，会觉得比较神奇，似乎有那么点"读心术"的意思。而且如果你多次玩这个游戏，可能会发现小冰猜得越来越准，后来可能只需要四五个问题就能猜对。事实上，这个"读心术"后面就有着最基本的AI技术支持。其中最重要的部分包括大数据、算法及其优化，以及计算机的快速运算。

具体来说，小冰首先要有世界上所有名人的信息，比如性别、国籍、是否属于偶像团体，等等。这就形成了一个很大的数据库，也就是我们经常听说的大数据。如果数据库里没有这位名人，那么最后读心术肯定失败。所以数据库越大，信息越全面，就越能保证结果准确。AI领域有种说法，"数据为王"，指的就是巨量数据的价值。

其次，需要有个基本算法，如类似分类的决策树算法。一开始这个算法表现并不好，但是随着反馈结果，也就是猜对了还是没猜对，计算机（也就是机器）可以自己不断优化算法，最终找到最优的算法。在这个过程中，机器似乎有了一种类似人的学习过程，所以我们也将之称为"机器学习"。这种解决问题的方法特别适合复杂的问题。因为当问题太复杂时，我们可能只了解一个基本的解决方案，而且也可能不太准确，所以我们让机器自己去找到更好的或者最优的解决方案。而说谎也是个相当复杂的问题，前面我们已经充分领教了这一点。所以，机器学习或者说AI技术应该能为测谎带来新的希望。而其中最有希望的可能就是自然语言处理工具在测谎上的应用了。

自然语言处理工具：LIWC

自然语言处理（natural language processing，NLP）是目前AI技术中最热门的领域之一，是指通过计算机技术探讨如何处理及运用自然语言，开发出可以对语言文本内容进行量化分析的软件系统。

使用NLP可以有效避免以往对文本内容评价时的主观性，并可以节约大量的时间。虽然NLP技术还处在发展阶段，但已经取得了一定的成果，其中最常用的软件系统是语言获得和词汇计数（linguistic inquiry and word count，LIWC）。

LIWC是一种基于心理学的文本分析软件系统，由德州奥斯汀大学的心理学家詹姆斯·潘尼贝克（James Pennebaker）研发。它是一个旨在用计算机程序取代"人工"，来对语言文本进行分析的软件程序。它以"词语"为单位对文本进行自动分析，把文本中所有的词语与词典进行比较，将所有的词语分成不同的类型（尤其是心理学类的），并计算每个类型的词语占总体词语数量的比例。

LIWC经过十余年的发展、修改与扩充，日益稳定。它主要包括两个部分：程序主体和词典。其中，核心为词典，词典定义了词语归属的类别名称以及字词列表。程序通过导入词典和文本，将文本中的词语与词典进行一一比对，最后输出各类词语的词频结果。目前的LIWC2007包含4个一般描述性类别（总词数、每句词数、超过六字母字词、抓取率）、22个语言特性类别（如人称代词、助动词、连词、介词）、32个心理特性类别（如社会过程词、情感过程词、认知过程词、生理过程词等）、7个个人化类别（如工作、休闲、家庭、金钱等）、3个副语言学类别（如应和词、停顿赘词、填充赘词等）以及12个标点符号类别（如句号、逗号、冒号、分号等），总计拥有80个字词类别、约4500个字词。

LIWC的分析结果可以被用来预测很多变量，包括人格、社会判断、心理调节、心理健康等。此外，也有研究者将其用于谎言识别领域，并发现其具有一定的效果。

事实上，在此之前，测谎领域已经有了通过词性来测谎的方法，如前面我们提到的SCAN，就曾经利用代词等来识别谎言（见第五章）。此外，还有一种利用"语言接近度"来测谎的方法。所谓"语言接近度"，是指通过词汇、句法和修辞所造成的心理上的接近或远离感，利用它可以分析文本所反映的态度和情感，其实就是一种语言的情感分析。例如，当两个人交流时，"我和你"和"我们"表达的内涵是完全一致的，但后者比前者在心理上显得更为接近。如果分析发现语言接近度越低，说明说话者表现出更多的回避和排斥。由于说谎者总是试图回避被骗的人，因此"语言接近度"，也就是情感词分析，可以被用来测谎。但是以前的这些文本分析方法都是研究者自己加工的，效率低，而且不够客观。此外，数据也非常少，准确率其实并不是稳定、可靠。而LIWC软件系统则可以帮助克服这些问题。

不过从某种意义上讲，LIWC仅仅是一种自然语言处理的工具，并不能直接用来测谎。在实际使用时，研究者需要从测谎相关理论（如"真实监测RM"）出发，选择出研究者认为可以区分谎言和实话的一些标准，再根据这些标准进行测谎分析。

LIWC开发者本人潘尼贝克也曾利用自己的程序来进行文本内容的测谎分析。潘尼贝克所使用的测谎标准：

说谎者会减少第一人称的使用，陈述过程与自我有关的内容大大减少，以便推卸掉主要责任。

说谎者的陈述中还会掺杂仇恨、哀伤等负性情感，透露出他们内心的紧张和负罪感。

说谎者很少使用"除非""但是""没有"这样司空见惯的排除性词汇，说谎导致的认知负荷，让他们丧失了使用更复杂语言的能力。

可见，潘尼贝克所使用的测谎标准或者说测谎线索包括了三类：代词运用、情感分析（情绪性词汇）和认知负荷。最后，潘尼贝克报告这套基于LIWC软件系统的测谎准确率为67%，超过50%的概率水平。[①]

不过当时的LIWC还不够完善，潘尼贝克所使用的测谎标准也缺乏系统的理论支持。2005年，有学者使用了"真实监测"理论来构建测谎标准，结合LIWC来进行文本分析。这样做的好处显而易见，计算机化的分析比手动快得多，并且因为所有研究人员都使用相同的计算机程序，也排除了主观差异的影响。研究先用LIWC分析出文本中的大量单词，并将这些单词归类。它包含许多类别：感知、空间、时间和情感……这些都与真实监测RM的标准有关。但结果却不是很理想，可谓喜忧参半。说实话者在感知信息上的得分高于说谎者，但在空间信息的得分低于说谎者。也就是说，前一个发现与RM相一致，而后一个发现则与RM自相矛盾。而且现有的所有关于空间信息的研究，都一致认为说实话者的空间信息更多。所以利用LIWC这一自动化程序的结果应该是错的。研究者自己也认为，出现这样的结果并不意外。因为尽管LIWC分出的类别可能很类似RM的标准，但它本身不是在RM理论的基础上开发的。这可能导致两者的一些说法一致，但是具体的内容不同。比如，文本中出现"我觉得她当时穿了件红色衣服"，如果只分析这一句，LIWC会将它归类为"认知操作"。但是在测谎人员分析时，结合上下文，并没有将此视为"认知操作"。所以，这种自然语言处理工具对于说谎这类复杂的语言现象，可能还需要进一步的改进，更接近真实环境。

总之，目前已有的基于自然语言处理NLP的测谎研究总体准确率一般在60%以上，还有很大的改进空间。

[①] ［美］蒂姆·科尔、劳拉·利茨、詹姆斯·潘尼贝克：《欺骗性信息处理：依恋风格和言语亲密标记在欺骗性信息判断中的作用》，载《传播学》2002年第53卷第1期。

"测谎机器人"：iCub

自然语言处理的AI测谎技术与普通大众的期待似乎不太一样，因为我们常将人工智能或AI与机器人联系在一起，虽然这种"AI=机器人"观点并不准确。而幸运的是，目前确实已经出现了尝试测谎的机器人，这就是来自意大利技术研究院（Istituto Italiano di Tecnologia，itt）的"iCub"。

iCub名字中的"i"是"我"的意思，而"Cub"则来自吉普林所写的小说《丛林王子》中的"man-cub"，意为"幼崽"，所以"iCub"的意思就是"幼崽机器人"。而iCub也被设计成了身高只有1.04米、形象类似5岁孩童的模样。

需要特别说明的是，iCub本身并不是为测谎而开发的，也不太常被用来研究测谎相关领域。按照其开发者itt的说法，iCub是一款研究级人形机器人，旨在帮助开发和测试最新人工智能算法。简单来说，它是被专门设计用来支持AI研究的机器人，致力于学习人类的思维方式。

图15-4　世界上最有名的机器人之一iCub[①]

---

① 图源自iCub开发团队意大利技术研究院。

2009年，其开发团队的成员冈萨雷斯、比兰登等人[1]利用iCub进行了说谎或欺骗相关的研究，希望使用AI和社交机器人方面的新技术解决目前测谎准确率不高的问题。

在这项研究中，iCub机器人被作为测谎人员（RI），同时还有真正的人类测谎人员（HI）。而被测者均为招募的志愿者，并被事前告知，如果成功完成研究任务，可以得到15欧元的奖励。这样，研究就有两种测谎询问模式，即人—机交互（HII）以及人—人交互（HHI）。

而研究纳入的测谎线索包括言语（主要是说话时长）、反应潜伏期（提问到回答的时间）、扫视次数、注视次数、眨眼次数、平均瞳孔直径、最大瞳孔直径、最小瞳孔直径。

结果发现，当"测谎人员"无论是机器人还是真人，说谎者和说实话者之间的行为模式相同。唯一的例外是，与人—机交互（HII）相比，人—人交互（HHI）时被测者的平均和最小瞳孔直径更大，但这与欺骗无关，而是因为被测者对iCub本身很有兴趣导致的。由此，研究者得出初步结论：机器人可以替代人类作为测谎人员或者审讯人员。

研究还进一步探讨了利用机器学习方法来获得最优的测谎模型。机器学习所用的数据就是来自前一段研究所收集的实验数据。研究者将这些数据的80%作为训练数据，其余20%用于测试数据，并选择**随机森林算法**作为最初的模型（即基本算法）。通过机器学习不断的迭代和优化，最后找到了最佳的预测模型（即自动判断是否说谎的模型）。

----

[1] Gonzalez–Billandon, J. , Aroyo, A. M. , Tonelli, A. , Pasquali, D. , & Rea, F. . (2019). Can a robot catch you lying? a machine learning system to detect lies during interactions. Frontiers in Robotics and AI，6，64.

　　此模型测谎的准确性结果如下：人—机交互（HII）情况下，机器人测谎的准确率为65%，AUC指标A为0.76；人—人交互（HHI）情况下，真人测谎准确率为69%，AUC指标A得分为0.74。如果不将机器人和真人分开考虑，最佳模型总的准确率能达到73%，AUC指标A为0.77。

　　总的来看，目前基于AI技术的测谎结果都不是很理想，远远低于传统测谎仪，特别是polygraph测谎仪90%的准确率。但仍然是测谎领域最值得期待的发展方向。

参考文献

一、著作（或报告）类

［美］珍妮丝·尼德霍弗：《神经语言编程》，2001年美国测谎仪学会年度研讨会。

［美］保罗·埃克曼：《说谎：商业、政治和婚姻中的欺骗线索》，W.W.诺顿出版社2001年版。

［美］克利夫·巴克斯特：《主要感知：与植物、活体食物和人体细胞的生物通信》，美国白玫瑰千年出版社2003年版。

［美］诺曼·安斯利：《真理与科学：关于检测欺骗和测谎技术的国际文献综合索引》，美国测谎仪协会，1983年。

［美］乔·塞吉：《来自密码的故事：亚马逊神奇女侠受到审查制度的约束》，漫画法律辩护基金，2014年10月4日。

［美］诺曼·安斯利：《真理与科学：关于检测欺骗和测谎技术的国际文献综合索引》，美国测谎仪协会，1983年。

Donnelly M. P., Diehl D., Big Book of Pain: Torture & Punishment Through History. The History Press, 2012: p.1.（［美］马克·唐纳利、丹尼尔·迪尔：《苦痛之书：历史上的酷刑与惩罚》，历史出版社2012年版，第1页。）

Bunn G. C.,The Truth Machine: A Social History of the Lie Detector, JHU Press, 2012: p.28. (［英］杰弗里·布恩：《真相机器：测谎仪的社会学史》，约翰霍普金斯大学出版社第2012年版，第28页。)

Brown P., Everyone Has to Lie in Tzeltal, In S. Blum–Kulka, and C. E. Snow（eds.），Talking to Adults: The Contribution of Multiparty Discourse to Language Acquisition, Mahwah: Lawrence Erlbaum Associates, 2002: pp.241–275. (［荷兰］佩内洛普·布朗：《在泽塔族每个人都必须说谎》，载肖莎娜·布鲁姆–库尔卡等人主编《与成年人交谈：多方话语对语言习得的贡献》，劳伦斯艾尔伯集团出版社2002年版，第241–275页。)

Serban G., Lying: Man's Second Nature, Praeger, 2001. (［美］乔治·塞尔班：《说谎：人的第二天性》，普雷格出版社2001年版。)

Hall H. V., Pritchard D. A., Detecting Malingering and Deception: Forensic Distortion Analysis（FDA），CRC Press, 1996.(［美］哈罗德·霍尔、大卫·普里查德：《识别诈病与欺骗：法医失真分析》，CRC出版社1996年版。)

Vrij A., Detecting Lies and Deceit: The Psychology of Lying and Implications for Professional Practice. Wiley, 2000.(［英］阿德顿·维吉：《谎言和欺骗：谎言心理学及其对专业实践的启示》，威利出版社2000年版。)

Aitchison J., The Language of Speech: Language Origin and Evolution, Cambridge: Cambridge University Press, 2000. (［英］简·艾奇逊：《言语的萌发：语言起源与进化》，剑桥出版社2000年版。)

Raskin D. C., Orienting and Defensive Reflexes in the Detection of Deception, In H. D. Kimmel, I. H. Van Olst, & J. F. Orlebeke（Eds.），The Orienting Reflex in Humans, Hillsdale, N.J.: Erlbaum, 1980: pp.587–605. (［美］大卫·拉斯金：《欺骗识别中的定向和防御反射》，载塞缪尔·科森等人主编《人类的定向反射》，艾尔伯出版社1980年版，第

587–605页。）

Sporer S., Reality Monitoring and Detection of Deception, in P. Granhag & L. Strömwall（Eds.），The Detection of Deception in Forensic Contexts, Cambridge: Cambridge University Press, 2004: pp.64–102.（［德］西格弗里德·施波雷：《真实监测与测谎》，载帕尔·安德斯·格兰哈格等人主编《司法背景下的测谎测试》，剑桥大学出版社2004年版，第64–102页。）

Gordon N. J., Essentials of Polygraph and Polygraph Testing, CRC Press, 2016.（［美］内森·戈登：《测谎仪与测谎测试精要》，CRC出版社2016年版。）

Josephson M., 1998 Report Card on the Ethics of American Youth, Los Angeles, C. A.: Josephson Institute of Ethics, 1998.（［美］迈克尔·约瑟森：《1998美国青年道德规范报告》，约瑟森道德研究中心，1998年。）

Meyer P., How to Spot A Liar, Pamela Meyer［Electronic resource］, https://www. ted. com/talks/pamela_meyer_how_to_spot_ a_liar, 2011.（转引自［美］帕梅拉·梅耶：《如何识别说谎者》，TED演讲，2011年。https://www.ted.com/talks/pamela_meyer_how_to_spot_ a_liar。）

Pollina D. A., Ryan A. H., The Relationship between Facial Skin Surface Temperature Reactivity and Traditional Polygraph Measures Used in the Psychophysiological Detection of Deception: A Preliminary Investigation, Department of Defense Polygraph Inst Fort Jackson S. C., 2002.（［美］迪安·波利纳等：《面部皮肤表面温度反应性与传统心理生理测谎的测量指标之间的关系：初步研究》，南卡罗来纳州杰克逊堡国防部测谎仪研究所，2002年。）

Höfer E., Akehurst L. and Metzger G., Reality Monitoring: A Chance for Further Development of CBCA, Annual Meeting of the European Association on Psychology and Law, Sienna, Italy, 1996.（［德］埃伯哈

德·霍夫等:《真实监测:CBCA进一步发展的契机》,欧洲心理学和法律学会年会,1996年。)

Larson J. A., Lying and Its Detection, University of Chicago Press, 1932.(转引自［美］约翰·拉森:《谎言与识别》,芝加哥大学出版社1932年版。)

Marston W. M., The Lie Detector Test, R. R. Smith, 1938.(［美］威廉·马斯顿:《测谎仪测试》,R.R.史密斯出版社,1938年版。)

Vollmer A., Crime, Crooks, and Cops, New York: Funk and Wagnalls, 1937.(［美］奥古斯特·沃尔默:《犯罪、骗子和警察》,芬克和瓦格纳尔出版社1937年版。)

Reid J. E., Inbau F. E., Williams and Wilkins Co, et al., Truth and Deception–the polygraph（'lie–detector'）Technology, 2d. ed., Baltimore, MD: The Williams & Wilkins Co, 1977.(［美］约翰·里德等:《真实与欺骗——测谎仪技术(第二版)》,威廉姆斯与威尔金斯出版社1977年版。)

Office of Technology Assessment,Scientific Validity of Polygraph Testing: A Research Review and Evaluation——A Technical Memorandum, Rep. TM–H–15. Washington, DC: U.S.Congress: Office of Technology Assessment,1983.(［美］技术评估办公室:《Polygraph 测谎的科学效度:研究综述与评估——技术备忘录》,美国国会技术评估办公室,1983年。)

二、期刊类

常青山、苏剑君:《我国犯罪心理测试技术的历史沿革与发展综述》,载《铁道警官高等专科学校学报》2004年第14卷第1期。

［美］海伦·塔格–弗卢斯伯格:《评估自闭症的心理理论假设》,载《心理科学的当前方向》2007年第16卷第6期。

［美］扬尼斯·帕夫里迪斯:《使用热成像技术测谎》,载《国际光学工程学会论文集》2004年第5405期。

［美］玛丽亚·埃克斯泰因等：《对于认知和认知发展，眼动追踪还能揭示除了注视之外其他什么呢？》，载《发展认知神经科学》2017年第25期。

［美］威廉·马斯顿：《欺骗中的收缩压变化》，载《实验心理学期刊》1917年第2卷第2期。

［美］达芙妮·罗森布拉特：《1902年对朱塞佩·穆索利诺的审判中的科学专业知识和情感政治》，载《人文科学史》2017年第30卷第3期。

［美］斯特凡诺·桑德罗内等：《用天平称量大脑活动：安吉洛·莫索的原始手稿曝光》，载《大脑》2013年第137卷第2期。

［美］迈克尔·拉格等：《事件相关/诱发电位》，载《国际社会和行为科学百科全书》2001年第41卷第1期。

［美］蒂姆·科尔、劳拉·利茨、詹姆斯·潘尼贝克：《欺骗性信息处理：依恋风格和言语亲密标记在欺骗性信息判断中的作用》，载《传播学》2002年第53卷第1期。

［德］海蒂·赫伯特·沃顿：《德国测谎与识别：德国早期测谎的历史回顾》，载《测谎》1982年第11卷第3期。

［英］萨曼莎·曼等：《识别真实谎言：警察侦破嫌疑人谎言的能力》，载《应用心理学期刊》2004年第89卷第1期。

Prater T. & Kiser S. B., Lies, Lies, and More Lies, SAM Advanced Management Journal, 2002,2(67): pp.9–36.（［美］塔米·普拉特，萨拉·凯瑟：《谎言，谎言，更多的谎言》，载《SAM高级管理期刊》2002年第2卷第67期。）

Robinson W. P., Shepherd A., Heywood J. Truth, Equivocation Concealment, and Lies in Job Applications and Doctor-patient Communication, Journal of Language and Social Psychology, 1998, 17(2): pp.149–164.（［英］温迪·罗宾逊等：《求职申请和医患沟通中的真相、

隐瞒与谎言》，载《语言与社会心理学期刊》1998年第17卷第2期。）

DePaulo B. M., Lindsay J. J. Malone B. E., et al., Cues to Deception. Psychological Bulletin, 2003, 129(1): pp.74–118.（［美］贝拉·狄宝萝等：《欺骗的线索》，载《心理学公报》2003年第129卷第1期。）

Saarni C., An Observational Study of Children's Attempts to Monitor Their Expressive Behavior, Child Development, 1984, 55: pp.1504–1513. （［美］卡罗琳·萨尔尼：《一项关于儿童试图监控其表达行为的观察性研究》，载《儿童发展》1984年第55期。）

Talwar V. & Lee K., Development of Lying to Conceal a Transgression: Children's Control of Expressive Behavior during Verbal Deception, International Journal of Behavioral Development, 2002, 5（26）: pp. 436–444.（［加拿大］维多利亚·塔瓦尔等：《掩饰越轨行为谎言的发展：儿童在言语欺骗期对表达行为的控制》，载《国际行为发展期刊》2002年第5卷第26期。）

Lewis M., Stanger C., Sullivan M. W., Deception in 3-year-olds, Developmental Psychology, 1989, 25（3）: pp.439-443.（［美］迈克尔·李维斯等人：《3岁儿童的欺骗行为》，载《发展心理学》1989年第25卷第3期。）

Povinelli D. J., Giambrone S., Reasoning about Beliefs: A Human Specialization, Child Development, 2001, 72（3）: pp. 691–695.（［美］丹尼尔·波维内利等：《信念推理：人类的特长》，载《儿童发展》2001年第72卷第3期。）

Masip J., Garrido E., Herrero C., The Nonverbal Approach to the Detection of Deception: Judgmental Accuracy, Psychology in Spain, 2004, 8（1）: pp.48-59.（［西班牙］海梅·马西普等：《检测欺骗的非语言方法：测谎准确性》，载《西班牙心理学》2004年第8卷第1期。）

Pavlidis I. T., Lie Detection Using Thermal Imaging, Proceedings of

SPIE, 2004, 5405: pp.270-279. (〔美〕扬尼斯·帕夫里迪斯：《使用热成像技术测谎》，载《国际光学工程学会论文集》2004年第5405期，第270-279页。)

DePaulo B. M., Pfeifer R L. On-the-Job Experience and Skill at Detecting Deception, Journal of Applied Social Psychology, 1986, 16（3）: pp.249-267. (〔美〕贝拉·狄宝萝等：《职场测谎的经验与技巧》，载《应用社会心理学期刊》1986年第16卷第3期。)

Mann S., Vrij A., Bull R., Detecting True Lies: Police Officers' Ability to Detect Suspects' Lies, Journal of Applied Psychology, 2004, 89（1）: pp.137-149. (〔英〕萨曼莎·曼等：《识别真实谎言：警察侦破嫌疑人谎言的能力》，载《应用心理学期刊》2004年第89卷第1期。)

Bond Jr C. F., DePaulo B. M., Accuracy of Deception Judgments, Personality and Social Psychology Review, 2006, 10（3）: pp.214-234. (〔美〕查尔斯·邦德等：《欺骗识别的准确性》，载《人格与社会心理学评论》2006年第10卷第3期。)

Global Deception Research Team, A World of Lies. Journal of Cross-cultural Psychology, 2006, 37（1）: pp.60-74. (全球欺骗研究团队：《谎言的世界》，载《跨文化心理学期刊》2006年第37卷第1期。)

Mann S., Vrij A., Bull R., Detecting True Lies: Police Officers' Ability to Detect Suspects' Lies, Journal of Applied Psychology, 2004, 89(1): pp.137-149. (〔英〕萨曼莎·曼等：《识别真实谎言：警察侦破嫌疑人谎言的能力》，载《应用心理学期刊》2004年第89卷第1期。)

Vrij A., Winkel W., Social Skills, Distorted Perception and being Suspect: Studies in Impression Formation and the Ability to Deceive, Journal of Police and Criminal Psychology, 1992, 8（1）: pp.2-5. (〔英〕阿德顿·维吉等：《社交技能、扭曲的感知和被怀疑：印象形成和欺骗能力研究》，载《警察与犯罪心理学期刊》1992年第8卷第1期。)

Mann S., Vrij A., Bull R., Detecting True Lies: Police Officers' Ability to Detect Suspects' Lies, Journal of Applied Psychology, 2004, 89(1): pp.137–149.（［英］萨曼莎·曼等：《识别真实谎言：警察侦破嫌疑人谎言的能力》，载《应用心理学期刊》2004年第89卷第1期。）

Frank M. G., Ekman P., The Ability to Detect Deceit Generalizes across Different Types of High-stake Lies, Journal of Personality and Social Psychology, 1997, 72（6）: pp.1429–1439.（［美］马克·弗兰克、保罗·埃克曼：《适用于不同类型高风险谎言的测谎能力》，载《人格与社会心理学杂志》1997年第72卷第1期。）

Reid J. E., A Revised Questioning Technique in Lie-detection Tests, Journal of Criminal Law and Criminology, 1947, 37（6）: pp.542–547.（［美］约翰·里德：《测谎测试中的改进提问技术》，载《刑法与犯罪学杂志》1947年第37卷第6期。）

Vrij A., Akehurst L., Soukara S., et al., Let Me Inform You How to Tell A Convincing Story: CBCA and Reality Monitoring Scores as A Function of Age, Coaching and Deception, Canadian Journal of Behavioural Science/Revue Canadienne des Sciences du Comportement, 2004, 36（2）: pp.113–126.（［英］阿德顿·维吉等：《让我告诉你如何讲述一个令人信服的故事：基于年龄、培训和欺骗的CBCA和真实监测的评分系统》，载《加拿大行为科学期刊/加拿大行为科学评论》2004年第36卷第2期。）

Hart C. L., Curtis D. A., Williams N. M., et al., Do as I Say, Not as I Do: Benevolent Deception in Romantic Relationships, Journal of Relationships Research, 2014, 5.（［美］克里斯蒂安·哈特等：《照我说的做，而非照我做的做：浪漫关系中的善意欺骗》，载《关系研究期刊》2014年第5期。）

Levine T. R., Truth-default Theory（TDT）A Theory of Human Deception and Deception Detection, Journal of Language and Social

Psychology, 2014, 33（4）: pp.378-392.（［美］蒂莫西·莱文:《真相默认理论：人类欺骗和测谎理论》，载《语言与社会心理学期刊》2014年第33卷第4期。）

Levine T. R., Truth-default Theory (TDT) A Theory of Human Deception and Deception Detection, Journal of Language and Social Psychology, 2014, 33(4): pp.378-392.（［美］蒂莫西·莱文:《真相默认理论：人类欺骗和测谎理论》，载《语言与社会心理学期刊》2014年第33卷第4期。）

Summers W. G., Science Can Get the Confession, Fordham Law Review, 1939, 8: pp.334-354.（［美］沃尔特·萨默斯:《科学可以获得供述》，载《福特汉姆法律评论》1939年第8期。）